ALEXANDRE DUMAS FILS

DE L'ACADÉMIE FRANÇAISE

THÉATRE
COMPLET
AVEC NOTES INÉDITES
VII

LA PRINCESSE DE BAGDAD — DENISE

FRANCILLON

PARIS
CALMANN LÉVY, ÉDITEUR
3, RUE AUBER, 3

1899

Droits de reproduction et de traduction réservés.

THÉATRE COMPLET

DE

ALEXANDRE DUMAS FILS

DE L'ACADÉMIE FRANÇAISE

VII

CALMANN LÉVY, ÉDITEUR

ŒUVRES COMPLÈTES

D'ALEXANDRE DUMAS FILS
DE L'ACADÉMIE FRANÇAISE

Format grand in-18.

AFFAIRE CLÉMENCEAU. — Mémoire de l'accusé.....	1 vol.
ANTONINE..	1 —
AVENTURES DE QUATRE FEMMES...................	1 —
LA BOITE D'ARGENT....................................	1 —
CONTES ET NOUVELLES................................	1 —
LA DAME AUX CAMÉLIAS..............................	1 —
LA DAME AUX PERLES.................................	1 —
DIANE DE LYS...	1 —
LE DOCTEUR SERVANS.................................	1 —
ENTR'ACTES..	3 —
LE RÉGENT MUSTEL.....................................	1 —
LE ROMAN D'UNE FEMME.............................	1
SOPHIE PRINTEMS.......................................	1 —
THÉATRE COMPLET, avec préfaces inédites.........	6 —
THÉRÈSE..	1 —
TRISTAN LE ROUX.......................................	1 —
TROIS HOMMES FORTS.................................	1 —
LA VIE A VINGT ANS....................................	1 —

ÉMILE COLIN — IMPRIMERIE DE LAGNY

LA PRINCESSE DE BAGDAD

PIÈCE EN TROIS ACTES

Représentée pour la première fois
à Paris sur le Théatre-Français, le 31 janvier 1881.

A

MA CHÈRE FILLE

MADAME COLETTE LIPPMANN

« Sois toujours une honnête femme; c'est le fond des choses ! »

LA PRINCESSE DE BAGDAD, acte II scène I.

PERSONNAGES

Acteurs qui ont créé les rôles.

JEAN DE HUN	MM. Frédéric Febvre.
NOURVADY	Worms.
GOLDER	Thiron.
RICHARD	Garraud.
TRÉVELÉ	Baillet.
Un Commissaire de police	Sylvain.
LIONNETTE	Mmes Croizette.
RAOUL DE HUN (six ans)	Suzanne Aumon.
Une Femme de Chambre	Jamaux.
Une Gouvernante anglaise	Aumon.
ANTOINE	MM. Roger.
Un Domestique	Bénard.
Un Secrétaire du commissaire de police	Auguste.

Deux Agents.

A Paris.

LA
PRINCESSE DE BAGDAD

ACTE PREMIER

Un grand salon très élégant donnant sur un jardin. — Porte-fenêtre avec balcon au fond à droite. — Serre à gauche, au fond. — A droite, porte donnant dans l'appartement de Lionnette. — A gauche, porte donnant dans l'appartement de Jean.

SCÈNE PREMIÈRE

RICHARD, Le Domestique, puis JEAN et LIONNETTE.

LE DOMESTIQUE, à Richard qui attend, assis près d'une table en feuilletant des papiers.

Monsieur le comte me suit.

Jean entre, le domestique sort.

JEAN.

Je suis tout à vous, maître Richard, mais je regrette que vous vous soyez dérangé.

RICHARD.

D'abord, je demeure à deux pas d'ici, et tous les soirs,

après mon dîner, je fais une petite promenade. Seulement, je suis en redingote et vous avez du monde.

JEAN.

Des hommes seulement, des amis du cercle. Lionnette est avec eux dans la serre. Je vous écoute.

RICHARD.

Prenez votre courage à deux mains.

JEAN.

Nous sommes ruinés?

RICHARD.

Oui.

JEAN.

Pauvre Lionnette!

RICHARD.

Hélas! c'est un peu sa faute.

JEAN.

C'est la faute de sa mère qui l'a élevée dans le luxe et dans le désordre. C'est ma faute à moi, qui n'étais pas aussi riche qu'amoureux, qui non seulement ne savais rien lui refuser, mais qui ne lui laissais même pas le temps de désirer quelque chose, qui lui disais d'acheter tout ce qu'elle voulait.

RICHARD.

Et qui lui avez donné par procuration — grave imprudence — le droit d'acquérir, de vendre, de disposer de son bien, et par conséquent du vôtre, comme bon lui semblerait. — Vous devez un million cent sept mille cent vingt-sept francs cinquante-deux centimes. Quand je dis : vous devez, c'est une façon de parler : votre femme doit. — Là-dessus, il n'y a que trente-huit mille francs de dettes qui vous soient personnelles, et dont, personnellement, vous ayez à répondre, puisque vous êtes marié sous le régime de la séparation de biens.

JEAN.

J'ai autorisé ma femme à faire des dettes, ces dettes sont donc miennes. Or, comme elle n'a pas d'argent, c'est à moi de payer. Mon actif?

RICHARD.

Il y a cet hôtel où nous sommes, qui vaut huit cent mille francs quand on n'a pas besoin de le vendre, qui en vaut de cinq cent cinquante à cinq cent quatre-vingt mille, le jour où l'on est forcé de s'en défaire; il est hypothéqué pour quatre cent cinquante mille francs... il y a les chevaux, les meubles, les dentelles, les bijoux...

JEAN.

Très peu de bijoux. Depuis un an, Lionnette a vendu tout ce qu'elle avait de bijoux avec cette insouciance, cette gaieté, cette crânerie, qui sont le fond de son caractère et que vous connaissez.

RICHARD.

Eh bien! quand vous aurez vendu tout ce que vous pourrez vendre, il vous restera environ quatre cent mille francs...

JEAN.

De capital?

RICHARD.

De dettes.

JEAN.

Et mon majorat!

RICHARD.

Dix mille livres de rentes, incessibles et insaisissables, heureusement.

JEAN.

Impossible d'en réaliser le capital?

RICHARD.

Impossible. — Votre oncle avait prévu ce qui arrive, et en présence de vos habitudes et des volontés de votre mère, il a voulu, lui, que vous eussiez toujours un morceau de pain. Reste votre sœur.

JEAN, avec le ton du doute.

Oui, ma sœur !

RICHARD.

Quand vous vous êtes marié, vous savez dans quelles conditions, il y a sept ans, vous n'aviez plus que ce qui vous restait de la fortune de votre père, huit ou neuf cent mille francs environ. Vous avez fait des sommations légales à votre mère pour épouser Lionnette, — j'appelle votre femme Lionnette tout court parce que je l'ai vu naître, — et votre mère, même à l'heure de sa mort, ne vous a pas pardonné. Elle a avantagé votre sœur et, sur les six millions qu'elle avait, elle ne vous en a laissé que deux, dont la moitié a passé à payer les dettes que vous aviez déjà alors. Votre mère était une femme de tête...

JEAN.

Oui, mais elle aurait dû comprendre...

RICHARD.

Ce n'est pas facile de comprendre et d'excuser ce qui nous blesse dans nos sentiments les plus chers et dans nos traditions les plus sacrées. Madame la comtesse de Hun, votre mère, ne voulait pas pour vous du mariage que vous avez fait. Elle vous savait homme de première impression, incapable de résister à votre premier mouvement. Ces dispositions-là sont dangereuses, non seulement pour celui qui les a, mais pour ceux qui l'entourent. Mon âge m'autorise à vous parler ainsi. Madame votre mère a donc fait ce que toute mère prudente, sensée, aimant son fils, aurait fait à sa place. Vous avez, malgré tout, épousé mademoiselle de Quansas. Je ne dis pas que vous avez eu tort; je fais simplement, comme avoué et comme ami, le résumé d'une situation morale et légale, et, devant les difficultés présentes, je cherche ce que nous pouvons en tirer. Votre sœur est mariée, elle a un mari chef de la communauté, cinq enfants, un héritage consigné aux acquêts, la part qui devait vous revenir ayant été laissée et attribuée par votre mère aux enfants mineurs; votre mère a fait jurer à votre sœur de ne jamais rien modifier à ses résolutions. Ce sont là d'excellentes raisons pour garder l'argent de son frère. Je suis avoué; je connais ces légitimes scrupules de la conscience.

JEAN.

Je partirai dès demain pour Rennes, j'irai voir ma sœur, elle consentira peut-être pour l'honneur du nom.

RICHARD.

Ce nom n'est plus le sien.

JEAN.

J'essaierai toujours.

RICHARD.

Espérons, ne comptons pas. Votre femme aussi avait une dernière espérance, et elle a fait une dernière tentative auprès de la famille de... son père : elle a échoué.

JEAN.

Oui.

RICHARD.

Il y a encore un moyen.

JEAN.

C'est...

RICHARD.

C'est de convoquer les créanciers et de leur offrir tant pour cent.

JEAN.

Jamais!

LIONNETTE, qui est entrée sur ces dernières paroles.

Jamais! — Si nous avons une somme supérieure ou égale à nos dettes, il faut les payer intégralement; si nous n'avons qu'une somme inférieure, il faut la donner en acompte et chercher les moyens de nous procurer le reste; si nous ne le pouvons pas, alors nous avons volé tous ces fournisseurs confiants et nous n'avons plus qu'une chose à faire, mon mari et moi, c'est de nous enfermer dans une chambre bien calfeutrée et bien close, d'allumer un réchaud de charbon et de mourir ensemble. La mort ne paye pas les créanciers, mais elle excuse un peu et elle châtie les débiteurs.

JEAN, lui baisant les mains.

Je t'adore!

RICHARD.

Oui, c'est très gentil, mais c'est du drame ou du roman, ce n'est pas de la réalité.

LIONNETTE.

C'est tout ce qu'il y a de plus simple, au contraire, — pour moi, du moins : — ou la vie avec tout ce qu'elle peut donner, ou la mort avec tout ce qu'elle peut promettre; je ne comprends pas autre chose. Croyez-vous qu'après avoir vécu comme je l'ai fait, à mon âge, je vais me mettre à vivre dans une mansarde, à aller au marché et à compter avec la blanchisseuse et la bonne à tout faire. Je n'ai pas besoin d'essayer, je ne pourrais pas. Chien de chasse, chien de berger, si vous voulez : chien d'aveugle, jamais!

RICHARD.

Et votre fils?

LIONNETTE.

Mon fils, je ne le tuerai pas avec nous, c'est bien évident; mais il a six ans, mon fils; on peut encore l'élever autrement qu'on ne m'a élevée, moi! On peut lui faire prendre des habitudes de travail et de médiocrité que je n'ai jamais eues. Il aura les dix mille livres de rente de son père, le majorat inaliénable, qui seraient la misère pour nous, qui seront l'indépendance pour lui. Les hommes n'ont pas besoin d'argent; ils n'en ont besoin que pour leur femme. Ce sera à lui de ne pas aimer une prodigue comme moi, et notre exemple lui servira peut-être.

RICHARD.

Là! — maintenant que nous avons bien dit, ou plutôt que vous avez bien dit l'inutile et l'insensé, parlons du possible. Il y a longtemps que vous n'avez vu la baronne de Spadetta?

LIONNETTE.

Je vois le moins de femmes possible, mon cher Richard, vous le savez bien. Celles qui viendraient à moi, je ne désire pas les voir; d'autres ont eu l'air de vouloir trop se faire prier, qu'elles restent chez elles; chacun est libre. Les femmes, d'ailleurs, ne sont pour les autres femmes que des ennemies ou des complices; des ennemies, j'en ai bien assez au dehors, sans en attirer chez moi; des complices, je n'en ai pas encore eu besoin et j'espère continuer. Je me contente de la société des hommes; au moins, avec eux, on sait à quoi s'en tenir, on sait bien ce qu'ils veulent. Quant à madame de Spadetta, cela va tout seul : elle m'a volée. Alors, je l'ai mise à la porte, ou à peu près. En tout cas, je ne veux plus la voir.

RICHARD.

Elle vous a volée! comment?

LIONNETTE.

Elle connaissait ma mère depuis mon enfance : elle était quelquefois notre intermédiaire, à ma mère et à moi, auprès de mon père, pour les questions d'intérêt, puisqu'elle occupait une charge importante auprès de lui. — Très peu de temps avant sa mort, mon père me dit : « Si je viens à mourir, madame de Spadetta te remettra quinze cent mille francs. » Mon père ne pouvait rien me laisser dans un testament officiel et public, et il était incapable de me dire une chose comme celle-là si elle n'avait pas été vraie. — Il a été laissé à madame de Spadetta deux millions, avec cette note : « Je suis certain que madame de Spadetta fera un bon emploi de cette somme. » C'est clair. Elle a tout gardé : c'est simple.

JEAN.

Tu ne m'avais jamais parlé de cela !

LIONNETTE.

A quoi bon ?

JEAN.

Lui as-tu réclamé cette somme ?

LIONNETTE.

Évidemment. Elle a nié.

JEAN, à Richard.

On peut la poursuivre.

RICHARD.

Non ; c'est le fidéicommis. La loi ne le reconnaît pas, et d'ailleurs...

LIONNETTE.

Je n'ai que ma parole à l'appui de mon dire. Madame de Spadetta m'a répondu que ce que mon père lui avait laissé était en rémunération des services que son mari et elle avaient rendus à mon père depuis trente ans. La vérité est que, sur ces deux millions, il y avait cinq cent mille francs pour ce qu'elle appelle ses services et quinze cent mille francs pour moi. C'est alors que je l'ai mise à la porte.

ACTE PREMIER.

RICHARD.

Sachant que je suis chargé de vos affaires, elle est venue me trouver...

LIONNETTE.

Pour...

RICHARD.

Pour vous offrir cinq cent mille francs.

LIONNETTE.

De la part de qui? car c'est une personne propre à toutes les ambassades.

RICHARD.

De la part de la famille de votre père.

LIONNETTE.

Qui demande en échange?...

RICHARD.

La remise...

LIONNETTE.

De toutes les lettres de mon père.

RICHARD.

Oui; vous le saviez?

LIONNETTE.

Je m'en doutais, à quelques mots qu'elle m'avait dits. Je refuse.

RICHARD.

Votre mère, avant de mourir, a cédé contre une somme moins importante les lettres qu'elle avait aussi de votre père.

LIONNETTE.

Ma mère a fait ce qu'elle a voulu; moi, je fais ce que je veux; et, comme ma mère est morte, je ne dis pas tout ce que je pense.

RICHARD.

Pourquoi tenez-vous tant à ces lettres?

LIONNETTE.

Vous le demandez, monsieur Richard? Pourquoi tient-on aux lettres d'un père qu'on aimait, qui vous aimait, qui était l'homme qu'était mon père et qui est mort?

RICHARD.

Qu'est-ce que vous comptez en faire?

LIONNETTE.

Les garder, les relire, comme cela m'arrive de temps en temps, lorsque les vivants m'ennuient ou me dégoûtent; et quand je mourrai, les emporter avec moi pour les lui rendre — à lui — s'il est vrai qu'on se retrouve dans la mort quand on s'est aimé dans la vie. Qui sait? Après avoir été si puissant sur la terre, il n'aura peut-être que moi au ciel. Il faut bien que je garde quelque chose pour me faire reconnaître — là haut — puisqu'il n'a pas pu me reconnaître ici-bas.

JEAN, à Richard.

Comment ne pas adorer cette femme-là. (Il lui prend la tête dans les mains et lui baise les cheveux). Tiens.... tiens....

RICHARD, prenant la main de Lionnette.

Le fait est qu'elle a de la race, et qu'on vous a bien nommée en vous nommant Lionnette — petite lionne — mais malheureusement ce n'est pas avec ça qu'on paie les créanciers, et je vous ai offert le seul moyen qui vous reste.

LIONNETTE.

Dieu a donné; Dieu donnera; s'il n'y pense pas, au petit bonheur!

SCÈNE II

Les Mêmes, GODLER, NOURVADY, TRÉVELÉ.

TRÉVELÉ, allant à Lionnette.

Voyons, comtesse, sommes-nous, oui ou non, Godler toujours jeune, Nourvady toujours grave, et moi, Trévelé, toujours fou, sommes-nous, oui ou non, invités par vous, toujours belle, et par votre mari, toujours heureux — il serait bien difficile s'il ne l'était pas; — sommes-nous, oui ou non, invités à dîner à votre table et ensuite à passer la soirée avec vous?

LIONNETTE.

Oui!

TRÉVELÉ.

Alors, belle comtesse, permettez-moi de vous faire observer que vous n'êtes jamais où nous sommes. Veuillez donc nous renseigner. Quand on vous voit, on vous aime; mais quand on vous aime, où vous voit-on?

LIONNETTE, souriant,

Ici.

TRÉVELÉ.

Nous l'avons supposé, mais voilà deux heures...

LIONNETTE.

Oh! pas deux heures...

TRÉVELÉ.

Voilà trois heures que vous nous avez abandonnés au milieu de la serre. Un domestique est d'abord venu chercher le comte : nous avons accepté cette épreuve; mais, à votre tour, vous avez disparu sans qu'on eût même besoin de venir vous chercher. Eh bien, nous sommes charmants tous les trois, Godler, Nourvady et moi; il est difficile de trouver trois hommes plus aimables et plus spirituels, mais nous avons une telle habitude de nous voir que nous ne nous amusons plus du tout quand nous sommes seuls ensemble. Donc, si après nous avoir eus depuis sept heures, vous trouvez qu'en voilà assez, dites-nous-le tout bonnement. Nous allons remonter en voiture et nous en aller au cercle où nous ferons une bonne partie de baccara ; nous tâcherons, Godler et moi, de gagner une centaine de mille francs à ce millionnaire de Nourvady ; ça le déridera peut-être un peu.

LIONNETTE.

Messieurs, je vous fais toutes sortes d'excuses. Il s'agissait d'une affaire imprévue, importante. (Elle présente Richard.) Maître Richard, avoué, un vieil ami à moi. (Elle présente les hommes.) Monsieur de Trévelé, monsieur Godler, monsieur Nourvady. (Les hommes saluent.) Et maintenant, pour vous remettre de toutes vos fatigues et de tous vos chagrins, je vais vous offrir une tasse de thé, ou de café glacé ou de chocolat.

Elle s'est approchée de la table, sur laquelle, pendant cette tirade, les domestiques ont apporté les objets désignés.

RAOUL, entrant avec sa gouvernante, qui reste près de la porte, et allant à sa mère.

Maman !

LIONNETTE.

Messieurs, voici monsieur mon fils, que je vous demande la permission de vous présenter. Salue, Raoul.

Raoul salue déjà comme un homme du monde en réunissant ses talons et en baissant la tête, Trévelé et Godler l'embrassent, Nourvady lui baise la main après avoir hésité un moment. Raoul revient à sa mère qui l'embrasse en le prenant par le cou.

RAOUL.

Prends garde, tu vas me chiffonner mon col.

LIONNETTE.

Je te demande pardon, c'est que j'avais besoin de t'embrasser. Tu ne m'aimes donc pas ?

RAOUL.

Si ! je t'aime bien.

LIONNETTE.

Alors, tu vas m'aider à servir le thé.

RAOUL.

Non. Je viens te demander de ne pas me coucher encore. J'aime mieux aller jouer avec le petit neveu de miss Jane qui est venu la voir avec sa mère, mais elle ne veut pas sans ta permission.

LIONNETTE.

Eh bien, je permets. Va mon enfant, va.

RAOUL.

Adieu !
Il court pour sortir.

LIONNETTE.

Et tu sors comme cela ? (Raoul salue de nouveau et veut sortir. Lionnette lui montrant Richard.) Et monsieur Richard ? Et ton père ?

A chaque nom prononcé Raoul passe à la personne nommée qui l'embrasse. On voit qu'il a hâte de s'en aller. Quand il arrive à Jean, Jean le prend dans ses bras et l'embrasse avec effusion.

JEAN.

Sois tranquille, je ne chiffonnerai pas ton col.
Il remet l'enfant à terre et celui-ci va de nouveau pour sortir.

LIONNETTE, qui pendant ce temps-là sert le thé.

Et moi, Raoul ?
Raoul revient sur ses pas et embrasse sa mère.

LIONNETTE, avec un soupir.

Va jouer, mon enfant, va ; et amuse-toi bien.

Lionnette, une tasse dans chaque main, présente l'une à Godler l'autre à Trévelé.

GODLER, approchant ses lèvres de la main de Lionnette.

Baiserai-je, papa?

LIONNETTE.

Si vous voulez!

TRÉVELÉ.

Et moi?

LIONNETTE.

Et vous aussi. Seulement prenez les tasses, parce que vous allez me brûler les mains avec le thé.

GODLER.

A vous, Nourvady!

NOURVADY.

Merci, je ne demande rien, moi, pas même du thé.

Jean cause dans un coin avec Richard.

TRÉVELÉ.

Et la comtesse aura raison de ne jamais rien vous donner. Les gens qui ne demandent rien sont souvent ceux qui veulent trop. Sous prétexte qu'il a quarante millions...

NOURVADY.

Mon argent n'a rien à faire ici.

TRÉVELÉ.

Évidemment; mais c'est égal, quand on a quarante millions, on trouve une foule de choses plus faciles que quand on n'en a plus qu'un, comme moi. Eh bien, il faut le dire à la louange de Nourvady, il a beau avoir deux millions de rente au moins, — parce que c'est un monsieur qui sait faire valoir ses capitaux, — c'est encore celui de nous trois qui est le plus sentimental, et qui prend le plus l'amour au sérieux. C'est un Antony millionnaire, et, à notre époque, c'est curieux!

GODLER.

Et utile.

Richard et Jean, qui ont causé dans un coin, du salon s'acheminent vers la terrasse où ils causent encore en vue du public.

NOURVADY.

Je ne sais pas pourquoi Trévelé me prend toujours à partie à propos de ma fortune, dont je parle cependant le moins possible. Je suis riche ; ce n'est pas ma faute. Si cela eût dépendu de moi seul, cela ne fût certainement pas arrivé. Je suis un trop petit esprit pour pouvoir gagner quarante millions. Heureusement, j'avais un père très intelligent et en même temps très honnête. Ce père avait, à Vienne, une grande maison de banque qui a prospéré. Il est mort me laissant quarante millions. Il m'a bien fallu me résigner à les prendre.

LIONNETTE, riant.

Résignation facile, je crois et que j'aurais comme vous.

NOURVADY.

Hé! madame, la fortune est une charge comme une autre, pour un homme du moins, car les femmes ont pour dépenser l'argent plus de grâce et d'esprit que nous. Mais avec beaucoup de simplicité, quelques efforts intellectuels, un peu d'ingéniosité dans la manière de rendre service, il y a quelquefois moyen de s'en tirer, pour un homme.

TRÉVELÉ.

Et vous vous en tirez très bien, mon cher! Si nous vous plaisantons sur vos millions, c'est qu'ils sont la seule chose qu'on puisse plaisanter en vous.

NOURVADY, lui tendant la main.

Croyez bien, mon cher Trévelé, que je ne me blesse jamais de vos plaisanteries.

GODLER, à Trévelé.

Et c'est bien heureux pour toi, parce que si Nourvady était susceptible, tu passerais un mauvais quart d'heure.

TRÉVELÉ.

Parce que?

GODLER.

Parce qu'il tue cinquante pigeons sur cinquante coups de fusil.

TRÉVELÉ.

Mais je ne suis pas un pigeon.

GODLER.

Qu'il fait onze mouches pleines sur douze balles et que la douzième balle écorne.

NOURVADY.

Heureusement, j'ai un bon caractère que je me suis fait à force de volonté, car j'étais violent et facilement irritable.

GODLER.

Ce pauvre Marnepont en a su quelque chose.

NOURVADY.

Ne parlons pas de cela.

LIONNETTE.

Mais si, parlons-en. Je l'ai connu beaucoup, M. de Marnepont, et l'on m'a dit, en effet, qu'il avait été tué. — Par vous, alors?

NOURVADY.

Hélas! oui, madame.

LIONNETTE.

En duel?

NOURVADY.

Évidemment. Je ne l'ai pas assassiné.

LIONNETTE, riant.

Il était bien ennuyeux.

NOURVADY.

Ce n'a pas été la seule raison de sa mort. Il avait d'autres défauts. Il était insolent et surtout menteur.

LIONNETTE.

Quelle insolence avait-il dite? Quel mensonge avait-il fait? Je parie qu'il s'agissait d'une femme.

Richard est parti. Jean entend tout ce qui se dit appuyé sur le dossier du canapé sur lequel sa femme est assise.

NOURVADY.

Non, madame; il s'agissait piètrement de moi. M. de Marnepont m'avait calomnié; il avait dit que j'étais bossu, ce n'était pas vrai. J'ai seulement une épaule, la gauche, un peu plus haute que l'autre.

LIONNETTE.

Cela ne se voit pas.

NOURVADY.

Cela ne se voit plus, depuis ce duel surtout. En tout cas, personne ne le dit plus. Mon père avait vraiment le dos rond, lui, à la fin de sa vie, principalement; il avait beaucoup travaillé, penché sur un bureau. Cela voûte à la longue. Pauvre père! il me disait : « Tu as une épaule plus haute que l'autre, la gauche; tu tiens cela de moi; je t'en demande pardon, et je tâcherai de te laisser de quoi te le faire oublier. Mais il y aura des gens qui se moqueront d'autant plus volontiers de toi que tu seras très riche. Sois donc très fort à toutes les armes : cela égalisera tout. » J'ai suivi le conseil de mon père et je m'en suis trouvé à merveille. Du reste, M. de Marnepont tirait très bien le pistolet; c'est pour cela que j'avais choisi cette arme. J'étais l'offensé, je voulais lui faire la partie belle. On pouvait tirer à volonté, il a tiré le premier, il m'a mis une balle dans l'épaule droite, ce qui naturellement, m'a fait faire ce mouvement-là (Il lève un peu l'épaule droite), car ce fut très douloureux, et j'en souffre encore assez souvent. Il y a des jours où j'ai le bras droit comme paralysé. Qui voudrait avoir raison de moi, si je l'avais offensé, n'aurait qu'à choisir l'épée ; je serais tué probablement à la seconde passe.

TRÉVELÉ.

Et Marnepont?

NOURVADY.

Eh bien, en faisant ce mouvement occasionné par la douleur, cette épaule-ci s'est trouvée un moment plus haute que cette épaule-là. (Il lève un peu l'épaule droite.) « Tiens ! s'est écrié mon adversaire en riant, je me suis trompé, c'est la droite qui est la plus haute ». Ce n'était pas bête, — pour lui, — mais c'était de mauvais goût. Alors, j'ai tiré. C'était la première fois que ce pauvre garçon avait de l'esprit ; il n'en avait pas l'habitude, il en est mort.

GODLER, bas, à Trévelé.

C'est un malin ! Il veut monter la tête à la bourgeoise.

LIONNETTE, regardant Nourvady, qui se rapproche de Godler et de Trévelé, l'un assis, l'autre debout, de l'autre côté de la scène.

Il est bizarre, cet homme.

JEAN.

Tu le trouves bizarre?

LIONNETTE.

Oui, il ne ressemble pas à tout le monde.

JEAN.

En effet?

LIONNETTE.

Qu'est-ce que tu as? A quoi penses-tu?

JEAN.

Je pense que cet homme bizarre est bien heureux.

ACTE PREMIER.

LIONNETTE.

D'avoir l'épaule gauche plus haute que la droite, et une balle dans celle-ci?

JEAN.

D'avoir ce que je n'ai pas, d'avoir quarante millions!

LIONNETTE.

Ah! oui, ça nous tirerait d'affaire.

JEAN.

Ma pauvre Lionnette, je suis très malheureux.

LIONNETTE.

Parce que?

JEAN.

Parce que je ne peux plus te donner ce que je te donnais.

LIONNETTE.

Je m'en passerai.

JEAN.

Tu en es incapable; tu le disais toi-même tout à l'heure.

LIONNETTE.

Il y a des moments où je ne sais plus très bien ce que je dis; il ne faut pas y faire attention. Le hasard a tant fait pour moi, dans ma vie, qu'il trouvera encore un moyen.

JEAN.

Et si le hasard se lasse? Et si tu en fais autant!. Je ne te dirai pas: « Si tu ne m'aimes plus »; au fond tu ne m'as jamais aimé.

LIONNETTE.

Pourquoi t'ai-je épousé alors?

JEAN.

Parce que ta mère te l'a conseillé.

LIONNETTE.

C'est probablement le seul bon conseil qu'elle m'ait jamais donné, et je t'assure que je t'ai été très reconnaissante de ce que tu as fait pour moi.

JEAN.

De la reconnaissance, ce n'est pas de l'amour.

LIONNETTE.

L'amour vient après.

JEAN.

Longtemps après, car il n'est pas encore venu.

LIONNETTE.

La plus belle fille du monde ne peut donner que ce qu'elle a. Je t'ai donné tout ce que j'avais. Est-ce de l'amour? N'en est-ce pas? Je n'en sais rien, je n'ai pas de point de comparaison, n'ayant jamais donné qu'à **toi.**

Elle hésite au moment de continuer.

JEAN.

Tu allais dire encore quelque chose?

LIONNETTE.

Non.

JEAN.

Si. Dis-le, quoi que ce soit.

Il ramène par la main Lionnette près de lui.

GODLER.

Voilà les conciliabules qui recommencent. Drôle de maison!

Les trois personnages s'en vont sur la terrasse et de là dans le jardin où on ne les voit plus.

LIONNETTE.

J'allais dire que tu trouves peut-être que je ne t'aime pas assez, parce que tu m'aimes trop. Alors tu as été trop bon pour moi; tu as fait tout ce que j'ai voulu; tu as eu tort. Il fallait être plus mon maître, il fallait contrebalancer la mauvaise influence de ma mère, changer mes habitudes, me résister davantage, me sauver de moi-même.

JEAN.

Te sauver? Qu'est-ce que tu as donc fait?

LIONNETTE.

Je t'ai ruiné.

JEAN.

Voilà tout?.

LIONNETTE.

C'est bien assez.

JEAN.

Tu n'as jamais pensé à?...

LIONNETTE.

A quoi?

JEAN.

A un autre!

LIONNETTE, riant.

Tu es fou! Tu as toujours été un peu fou! Il est vrai! que si tu n'avais pas été fou, tu ne m'aurais pas épousée.

JEAN.

Que je sois fou ou non, réponds-moi.

LIONNETTE.

Non, tu peux être tranquille; je n'ai jamais pensé à un autre.

JEAN.

Et si je mourais, si je me tuais, si tu devenais veuve enfin, et que cet homme qui est là, cet homme bizarre, ce millionnaire, t'offrit de l'épouser, tu l'épouserais!

LIONNETTE.

Nous n'en sommes pas là.

JEAN.

Qui sait? En attendant, cet homme t'aime et veut arriver, sans attendre ma mort, à se faire aimer de toi. Tu l'as vu aussi bien que moi.

LIONNETTE.

Quelle est la femme qui ne voit pas ces choses-là? Demande à celles à qui on n'a jamais dit ou laissé voir qu'on les aimait, ce qu'elles pensent de la vie. Notre rêve, c'est d'entendre des déclarations, notre art, c'est de les écouter, notre esprit et notre force, de ne pas y croire.

JEAN.

Il s'est déclaré

LIONNETTE.

Jamais.

JEAN.

Ta parole ?

LIONNETTE.

D'honneur.

JEAN.

Il y arrivera.

LIONNETTE.

Il ne sera pas le dernier, j'espère : où veux-tu en venir?

JEAN.

Il se déclarera peut-être au moment où tu n'auras plus que la misère ou le suicide : l'un et l'autre sont bien durs pour une femme jeune et belle.

LIONNETTE, sérieuse et fière.

Tu me confonds avec quelque autre femme que tu as aimée avant moi. Est-ce que je prête vraiment à ces suppositions par mes façons d'être? Eh bien, non! J'ai beaucoup de défauts, mais je ne me crois pas de vices; et, malgré mes inquiétudes pour l'avenir, je n'ai pas encore pensé à ces moyens-là. J'espère bien n'y penser jamais.

JEAN.

Comme je t'aime! Tu es ce qu'il y a de plus beau et de plus étrange au monde. Tu as sur moi un pouvoir surhumain. Je ne pense qu'à toi, je ne cherche que toi, je ne rêve qu'à toi. Quand je te soupçonne, c'est que je t'aime. Quand tu n'es pas là, je ne vis pas; quand je te retrouve, je tremble comme un enfant. Je t'en supplie, ne joue jamais avec cet amour à la fois profond et inquiet. Je ne te demande pas de m'aimer plus que tu ne peux aimer, mais n'en aime pas un autre plus que moi. Tu ne sais pas, je ne sais pas moi-même ce qui pourrait en résulter. Quand je pense à l'avenir, j'ai le vertige. (D'une voix basse et chaude.) Je t'adore! je t'adore!

Pendant les derniers mots, Nourvady est rentré en scène, il a regardé Jean et Lionnette, et il prend son chapeau. Godler et Trévelé le suivent.

LIONNETTE, à Jean.

Ne parle pas si bas, on t'entendrait!

JEAN.

Embrasse-moi, alors.

LIONNETTE.

Comment, que je t'embrasse! Ici!

JEAN.

Ici!

LIONNETTE.

Devant tout le monde?

JEAN.

Devant lui.

LIONNETTE.

Encore! Prends garde, tu lui fais bien de l'honneur.

JEAN.

C'est une idée que j'ai.

LIONNETTE.

Tu le veux?

JEAN.

Oui.

LIONNETTE.

Tu le sais, il ne faut me défier de rien.

JEAN.

Je t'en supplie.

LIONNETTE.

Une fois, deux fois, trois fois. (L'embrassant sur les deux joues.) Tant pis pour toi! Tiens!

GODLER, riant.

Hé! mes amis, hé! Vous avez décidément une manière à vous de recevoir.

LE DOMESTIQUE, entrant.

On demande monsieur le comte.

GODLER.

Trop tard, mon garçon, trop tard. Il fallait arriver une minute trop tôt.

LE DOMESTIQUE.

Monsieur dit?

GODLER.

Allez, allez! Ce serait trop long à expliquer.

JEAN, au domestique.

Qui est-ce qui me demande?

LE DOMESTIQUE.

C'est un clerc de Me Richard.

JEAN.

C'est bien, j'y vais. (A Godler et à Trévelé.) Je reviens tout de suite.

GODLER.

Faites donc! faites donc!

Godler et Trévelé accompagnent un peu Jean dans la chambre au fond où ils restent à causer quelques instants en vue du public, et quand Jean est sorti, ils s'y promènent pendant la scène de Lionnette et de Nourvady.

NOURVADY va à Lionnette, son chapeau à la main.

Adieu, comtesse.

LIONNETTE.

Vous nous quittez, monsieur?

NOURVADY.

Oui, votre maison est dans une agitation visible. Il y a moins d'indiscrétion à s'en apercevoir qu'à rester.

LIONNETTE.

Quand vous reverrons-nous?

NOURVADY.

Jamais!

LIONNETTE.

Vous partez?

NOURVADY.

Non, mais je ne viendrai plus ici..

LIONNETTE, riant.

Vous avez mal dîné?

NOURVADY.

Faites-moi l'honneur de m'écouter jusqu'au bout.

GODLER, à Trévelé, en voyant Lionnette se rasseoir et Nourvady se rapprocher d'elle.

Allons bon! à l'autre maintenant.

NOURVADY.

Je vous aime. (Mouvement de Lionnette.) Vous le savez, et vous avez dû prévoir que je vous le dirais un jour!

LIONNETTE.

Oui, il n'y a pas cinq minutes que nous en parlions, mon mari et moi.

NOURVADY.

Ne riez pas. Vous sentez, au ton de ma voix, que je suis très sérieux. Je vous aime passionnément. Vous ne m'aimez pas, vous ne pensez même pas à moi ; il est probable que vous ne m'aimerez jamais. Je n'ai rien de ce qu'il faut pour troubler une femme comme vous, — excepté la fortune.

LIONNETTE, se levant pour se retirer.

Monsieur !

NOURVADY.

Patience ! Je ne puis pas avoir l'intention de vous manquer de respect, puisque je vous aime. Vous êtes ruinée, irréparablement ruinée. Vous pouvez accepter, il est vrai, les propositions que madame de Spadetta vous fait faire et vous libérer de cette façon. Ce ne serait plus la dette, mais ce serait la gêne et peut-être la misère, sans compter que ce serait un grand chagrin pour vous de vous séparer de certaines lettres, chagrin que quiconque vous aime doit vous épargner.

LIONNETTE, se rasseyant.

Comment savez-vous cela ?

NOURVADY.

Avec de l'argent, on sait tout ce qu'on veut savoir, surtout quand madame de Spadetta peut fournir les renseignements dont on a besoin. Vous souvient-il, comtesse, qu'un jour, passant dans les Champs-Élysées avec votre mari et moi, vous avez remarqué, au numéro 20, un hôtel dont on venait d'achever la construction, il y a de cela quelques mois.

LIONNETTE.

Oui.

NOURVADY

Vous avez admiré l'élégance extérieure de cet hôtel. Cela suffisait pour que je ne voulusse pas qu'un homme l'habitât. Une autre fois, en passant, vous auriez pu regarder machinalement de ce côté, et le propriétaire, à sa fenêtre, eût pu s'imaginer que c'était lui que la belle comtesse de Hun regardait. J'ai acheté cette maison et je l'ai fait meubler aussi élégamment que possible. Si, dans un an, dans deux ans, dans dix ans, si — demain, — les circonstances vous forçaient à vendre cet hôtel où nous sommes en ce moment, rappelez-vous cette maison des Champs-Élysées que nul n'a jamais habitée. Les voitures attendent sous les remises, les chevaux dans les écuries, les valets dans les antichambres. La petite porte que cette clef ouvre n'est que pour vous. (Il montre une petite clef.) Cette porte, vous la reconnaîtrez facilement. Votre chiffre est dessus. Dès que vous la franchirez, si vous la franchissez un jour, vous n'aurez même plus la peine d'en ouvrir une autre ; toutes les portes seront ouvertes sur le chemin qui conduit à votre appartement. Dans le salon se trouve un coffret arabe d'un travail merveilleux ; ce coffret contient un million en or, frappé exprès pour vous ; c'est de l'or vierge, tel que doit être l'or que vos petites mains daigneraient toucher. Vous pouvez puiser à même dans ce coffre ; quand il sera vide, il se remplira tout seul, il y a un secret pour cela. Les titres qui vous constituent la propriété de cet hôtel sont déposés dans un des meubles de ce salon. Vous n'aurez qu'à les signer le jour où vous voudrez bien légalement être propriétaire. Ai-je besoin d'ajouter que vous ne devrez rien à qui que ce soit en échange et que vous resterez absolument libre et maîtresse de vos actions. Demain, je passerai la journée dans cette maison, à m'assurer que tout y est bien en état de vous recevoir, et je n'y reparaîtrai plus que si vous m'avez dit vous-même d'y revenir — ou d'y rester.

<small>Lionnette prend la clef que Nourvady a déposée sur la table tout en parlant, se lève, va la jeter par la fenêtre ouverte et passe devant Nourvady pour aller rejoindre Godler et Trévelé.</small>

NOURVADY, pendant qu'elle passe devant lui.

Cette fenêtre donne sur votre jardin, comtesse, et non sur la rue. Dans un jardin, une clef se retrouve.

<small>Il salue et s'éloigne pour sortir.</small>

LIONNETTE, à demi-voix.

L'insolent !

MISS JANE, entrant, à Lionnette.

M. Raoul ne veut pas se coucher, madame.

LIONNETTE.

C'est bien, j'y vais.

<small>Elle sort par la porte d'où miss Jane lui a parlé.</small>

TRÉVELÉ, à Godler.

Encore une sortie ! c'est trop fort ; cette fois, allons-nous-en !

NOURVADY.

Non, restez, je crois qu'on va avoir besoin de vous ici. Bonsoir.

<small>Il sort.</small>

SCÈNE III

GODLER, TRÉVELÉ.

TRÉVELÉ, à Godler, en mangeant un gâteau.

Je t'assure que Nourvady est un personnage à part. Voyons, mangeons tous les gâteaux, buvons toute la limonade, et, pendant ce temps-là, donne-moi le mot de

ACTE PREMIER.

l'énigme, car enfin tu dois savoir ce qui se passe dans cette maison, toi qui as été un ami de la marquise de Quansas. On dit même...

GODLER, après avoir regardé autour de lui.

En 1853...

TRÉVELÉ.

Tu te décides.

GODLER.

En 1853...

TRÉVELÉ.

Pourquoi ne l'as-tu jamais dit ?

GODLER.

En 1853, il y avait une madame Duranton qui tenait un magasin rue Traversière.

TRÉVELÉ.

Où prends-tu la rue Traversière?

GODLER.

C'était une petite rue transversale et compromise qui allait de la rue Saint-Honoré à la rue Richelieu. Madame Duranton, veuve — on ne pouvait pas être plus veuve — était marchande à la toilette. Tu vois ça d'ici...

TRÉVELÉ.

Je vois, je vois, dépêche-toi.

GODLER.

Madame Duranton, chez qui, deux ou trois amis et moi, nous allions quelquefois passer la soirée, et qui nous donnait du cidre et des marrons dans son arrière-boutique...

TRÉVELÉ.

En 1853?

GODLER.

En 1853.

TRÉVELÉ.

Quel âge avais-tu?

GODLER.

J'avais trente-neuf ans.

TRÉVELÉ.

Tu es vieux alors.

GODLER.

J'ai soixante-six ans.

TRÉVELÉ.

Tu ne les parais pas.

GODLER.

Parce que je me teins très bien.

TRÉVELÉ.

Quel bon garçon! continue.

GODLER.

Mais veux-tu que nous fassions un pari?

TRÉVELÉ.

Non, tu le gagnerais, Florimonde me l'a dit.

GODLER, qui s'est assis.

Eh bien, va fermer la fenêtre et donne-moi à boire.

TRÉVELÉ.

Continue.

GODLER.

Madame Duranton avait une fille.

TRÉVELÉ.

A qui tu faisais la cour?

GODLER.

A qui nous faisions tous la cour, pour le mauvais motif, bien entendu. La petite, âgée alors de dix-huit à dix-neuf ans, était ravissante, avec des cheveux naturellement dorés, comme les femmes les ont aujourd'hui artificiellement, avec des yeux bleu iris, des joues rose du Bengale, des lèvres et des dents semblables à des amandes tombées dans des cerises.

<small>Pendant ce dialogue, Godler a de temps en temps arrangé ses favoris et une mèche de cheveux qui lui revient sur le front, avec un petit peigne qu'il tire de sa poche.</small>

TRÉVELÉ.

On en mangerait. Tu es poète !

GODLER.

Ça m'est resté de ma jeunesse. En ce même temps...

TRÉVELÉ.

Dans ta jeunesse ?

GODLER.

Non, en 1853, il y avait un roi et une reine.

TRÉVELÉ.

Qui régnaient ?

GODLER.

Parfaitement.

TRÉVELÉ.

Temps heureux ! Où régnaient-ils ?

GODLER.

A Bagdad.

TRÉVELÉ.

Merci.

GODLER.

Ce roi et cette reine avaient un fils unique qui devait leur succéder. Ce fils, âgé de vingt-trois ans, prenait au sérieux son rôle d'héritier présomptif. Mais à quoi bon hériter d'une couronne, si l'on ne doit pas avoir, à son tour, un héritier à qui la laisser. Or rien n'indiquait, chez notre jeune prince, la moindre disposition, la moindre aptitude à l'amour, légitime ou non.

TRÉVELÉ.

Il n'était pas comme toi.

GODLER.

Il n'était pas comme moi.

TRÉVELÉ.

Continue.

GODLER.

L'étude toujours, la réflexion toujours, l'indifférence toujours.

TRÉVELÉ.

Prince étrange !

GODLER.

Les ambassadeurs entamaient inutilement à l'étranger négociations sur négociations, en vue d'une alliance politique. Plusieurs jeunes princesses des pays environnants, de l'Hindoustan, de la Perse et même de l'Europe...

TRÉVELÉ.

Que tu racontes bien !

GODLER.

Attendaient tout habillées, toutes coiffées, toutes parfumées, que le roi de Bagdad fît demander leur main pour son fils. Le télégraphe répondait toujours : « Attendez ! Attendez ! »

TRÉVELÉ.

Dépêche-toi.

GODLER.

Un chambellan eut une idée très simple.

TRÉVELÉ.

En général, les idées des chambellans sont très simples.

GODLER.

Ce fut de faire voyager le prince, de lui faire voir

d'autres femmes que celles de Bagdad, puisque celles-ci étaient reconnues insuffisantes, et de l'envoyer directement à Paris.

TRÉVELÉ.

Aux grands maux les grands remèdes.

GODLER.

Mais ce n'était pas tout; il fallait que la beauté à la recherche de laquelle on était fût d'une qualité particulière, et que celle qu'on n'épouserait pas ne différât que par le rang de celle qu'on épouserait. Bref, ce n'était pas une Lycœnion, c'était une véritable Chloé que l'on cherchait pour l'instruction de ce Daphnis et il ne fallait pas que ce fussent jeux de petits enfants.

TRÉVELÉ.

Je vois poindre la jeune Lionnette. Mais comment les choses arrivèrent-elles?

GODLER.

C'est ce qui fera le sujet du chapitre suivant. L'ambassadeur de Bagdad venait quelquefois avec nous, le soir, manger des marrons et boire du cidre chez la mère Duranton.

TRÉVELÉ.

Et il trouva moyen d'amener le jeune prince à manger les cerises et les amandes!

GODLER.

Lequel prit tellement goût à ces fruits exquis, qu'il ne voulait plus manger autre chose, qu'il ne voulait plus s'en aller, qu'il ne voulait plus étudier, qu'il ne voulait plus régner; il voulait épouser. Cependant le roi, renseigné et rassuré, rappelait son fils. Il fallait retourner à Bagdad. Daphnis pleurait, Chloé aussi.

TRÉVELÉ.

Vous êtes roi, vous pleurez et je pars.

GODLER.

Et c'est ainsi que la belle Lionnette vint au monde, ayant pour père légal un marquis de Quansas, gentilhomme ruiné, quelque peu taré, qui se trouva justement là pour toucher une dot, donner son nom à la mère et à la fille, et mourir, peu de temps après, sans passer par la police correctionnelle, comme chacun s'attendait à l'y voir.

TRÉVELÉ.

Alors la comtesse est fille d'un prince?

GODLER.

Fille d'un roi, même, car le prince succéda à son père.

TRÉVELÉ.

Drôle de pays !

GODLER.

Fille d'un roi et d'une aventurière, fille elle-même on ne sait de qui. De là, sans doute, de par les lois de l'hérédité, les étrangetés de la nature de Lionnette, que nous, qui connaissions l'aventure, nous avions surnommée, quand elle était petite, la princesse de Bagdad. Les gens ne savaient pas ce que cela voulait dire, mais il est inutile que les gens sachent ce que quelque chose veut dire.

TRÉVELÉ.

Et la mère, la marquise de Quansas, a-t-elle revu le roi depuis cette aventure?

GODLER.

Souvent, et pendant plusieurs années. De là le grand luxe et le grand équipage de la maison. Mais elle a été si légère et elle a tant abusé, que le roi, devenu tout de même, pendant ce temps-là, père d'une nombreuse famille, comme tout le faisait espérer depuis son voyage à Paris, que le roi, la marquise vieillissant par là-dessus, a perdu patience et ne donnait plus d'argent qu'à sa fille qu'il adorait et qu'il voyait en cachette ; mais il est mort tout à coup.

TRÉVELÉ.

Je sais qui c'est.

GODLER.

Alors nous le savons tous les deux, cela suffit. Après la mort du roi, toutes les ressources ont disparu. Heureusement l'amour et le mariage de notre ami le comte Jean de Hun se sont trouvés à point nommé pour maintenir pendant quelque temps le grand état de la maison ; mais, à cette heure, je crois que la débâcle n'est pas loin, et toutes ces allées et venues d'aujourd'hui pourraient bien en être les derniers indices. Tous les moyens légitimes sont épuisés, il ne reste plus que les autres.

TRÉVELÉ.

Qui sont heureusement les plus nombreux. C'est trop cher pour nous, mon vieux Godler. Pour le moment, c'est l'affaire du millionnaire ténébreux ; nous verrons après. Il n'y a plus rien à boire ; on nous a complètement oubliés ; remets ton peigne dans ta poche, ta mèche est très bien comme ça, et allons-nous-en. Drôle de maison ! Où est mon chapeau ?

Pendant qu'ils cherchent tous deux leurs chapeaux en tournant le dos au fond, Jean entre très pâle et visiblement ému.

SCÈNE IV

Les Mêmes, JEAN.

JEAN.

Je vous demande pardon, messieurs, de vous avoir abandonnés si longtemps seuls chez moi, mais j'ai été appelé subitement dehors. Je comptais revenir plus tôt. Et...

Il passe la main sur son front.

GODLER.

Vous êtes souffrant?

JEAN.

Ce n'est rien... un peu de fatigue, il fait très chaud.

TRÉVELÉ.

Nous nous retirons.

JEAN.

Cependant, il se peut que j'aie besoin de deux amis sûrs. Puis-je compter sur vous.

TRÉVELÉ, à part.

Nourvady avait raison.

GODLER.

Certainement ; nous déjeunerons demain, Trévelé et moi, au cercle, à midi. Si vous avez quelque chose à nous faire dire...

JEAN.

Merci. A demain.

GODLER, en sortant, à part.

Pauvre garçon, il n'a pas l'air d'en mener large.

TRÉVELÉ, en partant, à part.

Voilà le temps qui se chagrine, comme disent les marins.

Ils sortent.

SCÈNE V

JEAN seul d'abord, puis LIONNETTE.

Jean, resté seul, s'appuie un moment, la main sur le haut d'une chaise, puis il arrache sa cravate et élargit le col de sa chemise, comme s'il étouffait et voulait se donner plus de respiration. Il va ensuite à la fenêtre, aspire l'air fortement deux ou trois fois, et marche vers la porte par laquelle est sortie Lionnette. Lionnette entre par cette même porte quand il est à moitié chemin.

JEAN, s'arrêtant.

D'où venez-vous?

ACTE PREMIER.

LIONNETTE.

Je viens de coucher l'enfant qui était très désobéissant ce soir, et je venais retrouver ces messieurs.

JEAN.

Ils sont partis tous les trois.

LIONNETTE.

Qu'est-ce que tu as? tu es tout pâle... Qu'arrive-t-il encore?

JEAN.

Vous le demandez?

LIONNETTE.

Mais oui, je le demande.

JEAN, marchant sur elle en étendant le poing vers son visage.

Quand je pense que j'ai manqué de respect à ma mère et qu'elle est morte en me maudissant, pour cette créature.

LIONNETTE, passant devant lui.

Je ne comprends pas!

JEAN.

Tu ne comprends pas?

LIONNETTE.

Non; je crois, j'espère que vous êtes encore plus fou que de coutume, qu'y a-t-il?

JEAN, tirant des papiers de sa poche.

Ce qu'il y a? Il y a que M. Nourvady a fait payer toutes vos dettes. Il a bien voulu me faire l'honneur de ne pas payer les miennes; mais vous, vous ne devez plus rien. Voilà ce qu'il y a. Comprenez-vous maintenant?

LIONNETTE, stupéfaite.

M. Nourvady!

JEAN.

Oui, M. Nourvady, votre amant!

LIONNETTE, indignée.

Mon amant!

JEAN.

Oui, votre amant, à qui vous avez vendu votre personne et mon nom, votre honneur et le mien, contre quelques centaines de mille francs. Pour votre honneur à vous, c'est trop, mais pour le mien ce n'est pas assez.

LIONNETTE.

Qu'est-ce que c'est que cette histoire-là?

JEAN.

M. Richard vient de m'envoyer chercher; en rentrant chez lui, ce soir, il a trouvé toutes les notes que vos créanciers lui renvoyaient acquittées, en lui écrivant qu'ils étaient intégralement payés. Par qui? vous le savez.

Il jette les papiers sur la table.

LIONNETTE.

Je vous jure...

JEAN, fou de colère.

Vous mentez! vous mentez! Il y avait un moyen, pénible pour vous, de vous acquitter, on vous l'a proposé tantôt; vous avez refusé obstinément. Vous aviez vos raisons; c'était inutile; le marché était conclu et exécuté. Depuis quand?

LIONNETTE.

Ah çà! quand aurez-vous fini de m'insulter! Je vous dis que ce dont vous m'accusez n'est pas vrai. Maintenant, si vous ne me croyez pas, faites tout ce que vous voudrez.

JEAN, exaspéré.

Je vous chasse.

LIONNETTE.

Malheureusement je suis chez moi ici, et j'y reste.

JEAN.

C'est vrai, pardon ! J'oubliais que votre mère avait tout prévu. Cette maison payée par moi est à vous, mais les dettes faites par vous, sont payées par un autre. C'est une compensation. C'est moi qui vais quitter cette maison, soyez tranquille. Je pars... je vais chercher de l'argent, — chez ma sœur, — n'importe où ! — Il faudra bien que j'en trouve, quand je devrais voler à mon tour. Et après nous verrons. Adieu !

Il sort avec un geste de menace.

LIONNETTE, seule

Adieu ! (Haussant les épaules et gagnant son appartement.) L'imbécile !

Elle rentre chez elle.

ACTE DEUXIÈME

Un petit salon d'un grand goût en même temps que d'un grand luxe. — Ordonnance générale plus faite pour le repos et le sommeil, pour l'intimité à deux que pour la réception et la conversation. — Un coffre en fer contenant le million dont il a été question au premier acte et fermé, posé sur une table.

Au lever du rideau, ce salon est désert. — La scène doit rester ainsi vide un quart de minute. — Une portière baissée à gauche du spectateur, une autre également baissée à droite. — Grande portière baissée au fond et cachant, comme les deux autres, une porte qui peut être fermée à clef.

SCÈNE PREMIÈRE

LIONNETTE, voilée, entre par la gauche, écarte la portière, s'arrête, regarde autour d'elle, va lentement à la portière du fond qu'elle ouvre et laisse retomber après avoir regardé. — Dix heures sonnent. — Elle va regarder par la porte de droite, puis par la glace sans tain au-dessus de la cheminée et presse le bouton électrique qui est à la cheminée. — Le silence se prolonge pendant quatre ou cinq secondes. — Lionnette étonnée regarde autour d'elle. — Nourvady paraît par le fond.

SCÈNE II

LIONNETTE, NOURVADY.

Nourvady s'arrête après avoir laissé retomber la portière et salue Lionnette très respectueusement. — Il a son chapeau à la main.

LIONNETTE, émue.

C'est vous ?

NOURVADY.

Vous avez sonné.

LIONNETTE.

Je croyais sonner un valet.

NOURVADY.

Il est venu un serviteur, le plus reconnaissant et le plus humble.

LIONNETTE, sévère.

Vous m'attendiez ?

NOURVADY.

Oui.

LIONNETTE.

C'est pour cela que vous m'avez dit hier que vous seriez aujourd'hui dans cette maison.

NOURVADY.

Oui.

LIONNETTE.

Vous étiez sûr que je viendrais.

NOURVADY, un peu ironique.

Sûr. Je regrette seulement que vous ayez dû prendre la peine d'aller rechercher dans votre jardin la clef que vous y aviez jetée.

LIONNETTE.

Le fait est que vous avez trouvé, pour m'y contraindre,

le moyen qu'il fallait : moyen infâme, monsieur. (A mesure qu'elle a parlé, elle a ôté les voiles qui lui couvraient le visage et elle les a jetés sur une table.) Vous reconnaissez, n'est-ce pas, monsieur, l'infamie de ce moyen. Répondez !

NOURVADY.

Je n'ai rien à répondre. Vous êtes chez vous. Il me resterait à me retirer devant votre colère et votre insulte, mais, outre que je n'en ai pas le courage, du moment que vous êtes venue ici, c'est que vous avez encore quelque chose à me dire et je reste pour l'entendre.

LIONNETTE.

En effet, monsieur, une explication est indispensable entre vous et moi, et comme vous ne vouliez pas revenir chez moi, je suis venue la chercher chez vous. D'ailleurs, j'aime les situations nettes et franches et je ne redoute pas, surtout à ce moment de ma vie, les explications catégoriques et les expressions claires, crues même, si nous devons mieux nous comprendre ainsi. J'en ai entendu de telles hier, que mes oreilles sont faites à tout maintenant. Un acte comme le vôtre, une démarche comme la mienne, un entretien comme celui que nous allons avoir et qui peut amener des résultats si positifs et si graves, sont tellement exceptionnels, que les mots à double sens ne sauraient y être admis. (S'asseyant.) Je vous connais à peine, je ne vous ai jamais attiré par la moindre coquetterie, je ne vous ai jamais rien demandé, et vous venez de me déshonorer moralement et socialement sans que je puisse me défendre. C'est très ingénieux : quoi que je dise, on ne me croira pas. Mon mari, qui m'aime, n'a pas voulu me croire et il m'a traitée comme la dernière des courtisanes ! Que vous ai-je fait pour que vous vous soyez cru autorisé à m'infliger cet affront public, car, s'il ne l'est pas encore, il le sera demain.

ACTE DEUXIÉME.

NOURVADY.

Je vous l'ai dit; je vous aime.

LIONNETTE.

Et c'est là votre façon de prouver votre amour?

NOURVADY.

Si j'avais eu un autre moyen à ma disposition, je l'aurais employé. Je vous aime. (Changeant de ton et s'approchant d'elle.) Je vous aime comme un fou depuis des années. (Elle recule involontairement devant le mouvement de Nourvady.) Ne craignez rien. Je vous déshonore peut-être aux yeux des autres, mais je vous respecte et vous êtes sacrée pour moi. Si jamais vous m'appartenez, ce ne sera que de votre consentement; c'est que vous m'aurez dit : « Moi aussi je vous aime. » Je connais toutes les amours qu'on achète! Ce n'est pas une de celles-là que je vous demande; vous ne me le donneriez pas, et je n'en voudrais pas de vous. Vous êtes belle, je vous aime et vous avez un chagrin, un ennui, une préoccupation vulgaire, indigne de vous, qu'une personne de votre race et de votre qualité ne doit jamais connaître. A cause de quoi? A cause de quelques billets de mille francs qui vous manquent et que j'ai, moi, à profusion, à n'en savoir que faire. Ce chagrin, cet ennui, peuvent vous faire perdre votre repos, votre beauté, votre vie même, car vous êtes femme à mourir d'un obstacle que vous n'auriez pu vaincre; j'ai ce qu'il faut pour dissiper ce chagrin et cet ennui, je les dissipe. Fallait-il donc vous en demander la permission? Si je vous avais vue, emportée par votre cheval, vous aurais-je demandé la permission de vous porter secours? Je me serais jeté à la tête de votre cheval et je vous aurais sauvée, ou il m'aurait passé sur le corps. Si je vous avais sauvé la vie et que j'eusse survécu, vous m'auriez peut-être aimé pour cet acte héroïque; si j'avais été tué, vous m'auriez certainement plaint et pleuré! Je n'ai pas exposé ma vie en vous sauvant comme je l'ai fait, je n'ai pas accompli un acte d'héroïsme, je n'ai fait qu'une chose facile pour moi, mais je n'avais pas le choix des circonstances et je n'avais que ce moyen.

LIONNETTE.

Eh bien, votre dévouement s'est trompé, monsieur, et si je suis ici, chez vous, c'est pour vous sommer de réparer, avant qu'il soit irréparable, le mal que vous me faites.

NOURVADY.

Je n'y peux plus rien moi-même. J'ai justement employé ce moyen parce que je le savais unique et irrémédiable. — Il faudrait que vos créanciers consentissent à reprendre leurs créances et à rendre l'argent; croyez-vous qu'ils y consentent?

LIONNETTE.

Ainsi, vous vous êtes dit : Cette femme que je respecte, que j'estime, que j'aime, je vais d'abord la compromettre et la déshonorer aux yeux de tous; je vais la faire mépriser, insulter et chasser par son mari, et, la première émotion passée, comme elle n'aura pas autre chose à faire, elle en prendra son parti et elle sera à moi?

NOURVADY.

Je ne me suis rien dit du tout. Il ne m'a pas plu que des marchands pussent vous poursuivre et vous humilier; je les ai payés. Je ne veux pas que vous soyez triste ; je ne veux pas que vous soyez pauvre. C'est une fantaisie comme une autre, et j'accepte toutes les conséquences de mes fantaisies. Si vous étiez à ma place, vous feriez ce que j'ai fait.

LIONNETTE.

Non! Si j'étais un homme et que je prétendisse aimer une honnête femme, quoi qu'il advînt, je respecterais toujours en elle sa dignité et les convenances de son monde.

NOURVADY.

Est-ce bien une femme de votre supériorité qui parle de convenances du monde? Les femmes comme vous ne sont-elles pas au-dessus de tout cela? Fallait-il que je vinsse délicatement et hypocritement mettre au service de votre mari la somme dont il avait besoin? « Arrangez vos affaires, cher ami, vous me rendrez cette bagatelle quand vous pourrez. » J'aurais certainement agi de la sorte si je ne vous avais pas aimée. Vous aimant, devais-je le faire, c'est-à-dire spéculer sur votre reconnaissance, sur l'impossibilité où le comte était de s'acquitter avec moi, et sur de nouveaux et inévitables besoins? Voilà ce qui n'eût été digne ni de lui, ni de moi, ni de vous. Non, vous le savez bien, les convenances et la dignité ne sont plus rien quand la passion ou la nécessité commande. Est-ce que votre aïeule a respecté la dignité de sa fille, quand elle l'a livrée à un prince?

LIONNETTE.

Monsieur!...

NOURVADY.

Vous ne craignez pas les mots! Les voilà, les mots, disant bien ce qu'ils ont à dire. Pourquoi vous révoltez-vous devant eux? Est-ce que votre mari a respecté la dignité de sa mère, les traditions de sa famille, les convenances de son monde, quand il a fait des sommations publiques à cette mère irréprochable pour avoir le droit de vous épouser? Est-ce que vous-même, obéissant aux conseils de votre mère, est-ce que vous-même avez dit à cet homme : « Ma dignité s'oppose à ce que je me marie dans ces conditions-là, reniée, repoussée, honnie par votre mère ». Eh bien, moi aussi, vous rencontrant jeune fille, je vous aurais aimée comme je vous aime, et si mon père avait voulu m'interdire de vous épouser, j'aurais agi comme le comte. Je lui envie ce sacrifice qu'il a pu faire pour vous et que je ne peux plus vous faire.

LIONNETTE, moitié railleuse, moitié sincère.

Soit, mais aujourd'hui, c'est trop tard, je ne suis plus à marier, et je n'ai plus ma mère, malheureusement pour vous.

NOURVADY.

Mais vous pouvez devenir veuve.

LIONNETTE.

Alors! vous haïssez vraiment le comte?

NOURVADY.

Oui, presque autant que je vous aime.

LIONNETTE.

Et vous voudriez le lui prouver?...

NOURVADY.

C'est le second de mes rêves. Dans le service que je vous ai rendu, je savais parfaitement quelle insulte je mettais pour lui, et bien que je comptasse sur votre visite ici, j'attendais auparavant chez moi celle de M. Godler et de M. Trévelé que j'avais laissés exprès chez vous hier jusqu'à ce que le comte rentrât.

LIONNETTE.

Comme c'est agréable et commode de causer à cœur ouvert et de jouer cartes sur table. Eh bien, monsieur, si mon mari ne vous a pas encore envoyé ses deux amis c'est que, auparavant, il veut vous envoyer votre argent. Il est parti pour le chercher.

NOURVADY.

Il ne le trouvera pas.

ACTE DEUXIÈME.

LIONNETTE.

Je le trouverai, moi, sans les ignominies prévues. Le comte vous restituera en public ce que vous lui avez avancé en secret et il ajoutera à cette restitution tout ce qui sera nécessaire pour que votre haine se trouve vraiment dans son droit.

NOURVADY.

Il me soufflettera?

LIONNETTE.

Ce n'est pas douteux.

NOURVADY.

Je le tuerai.

LIONNETTE.

Ce n'est pas sûr; il est brave. Un homme qui ne craint pas la mort sur le terrain a chance de la donner.

NOURVADY.

Faites des vœux pour lui, c'est votre devoir d'épouse d'abord, et puis ma mort sera un heureux événement, une bonne affaire pour vous.

LIONNETTE.

Parce que?

NOURVADY.

Parce que, n'ayant pas un parent, pas un ami vrai dans ce monde, comme il convient à un millionnaire comme moi, parce que vous aimant, comme on doit aimer, dans la vie et dans la mort, j'ai fait mon testament, dans lequel je dis que vous êtes la personne la plus belle et la plus pure que j'aie jamais rencontrée; que votre mari, qui m'aura tué, vous aura injustement soupçonnée, et que je vous prie, en échange du soupçon dont mon admiration et mon respect ont été involontairement cause, de vouloir bien accepter, pour votre fils, tout ce que je possède, bien que je déteste aussi votre fils.

LIONNETTE.

Pourquoi?

NOURVADY.

Parce que cet enfant est la preuve vivante de votre amour pour votre mari.

LIONNETTE, à part.

Hélas! l'enfant ne prouve rien. (Haut.) Allons, tout cela n'est pas commun et vous finiriez peut-être par me convaincre, avec votre mort, en admettant que tout cela soit vrai. Si ce n'est pas vrai, c'est assez bien trouvé.

NOURVADY.

Pourquoi mentirais-je? Et que voulez-vous que je fasse de ma fortune si je meurs? A quoi peut-elle me servir sans la vie et, dans la vie, à quoi peut-elle me servir sans vous? Or, si je meurs, mon testament est là, à côté des titres de propriété de cette maison que vous n'auriez eu qu'à signer, si vous aviez consenti à en être propriétaire, de mon vivant. (Il montre un meuble au fond.) et votre argent de poche est ici. (Il montre le coffret.)

LIONNETTE.

Ah! c'est vrai! Le fameux million. — C'est là le tentateur de l'heure présente. — Le tabernacle du veau d'or. Eh bien, voyons-le... Après ce que vous m'avez dit, qui sait, votre Dieu me convertira peut-être.

Elle a marché vers le coffret dont elle ouvre le côté supérieur. — L'or contenu jusque-là se répand sur le panneau ouvert.

LIONNETTE, regardant cet or.

C'est vraiment beau, comme tout ce qui a une force. Il y a là l'ambition, l'espérance, le rêve, l'honneur et le déshonneur, la perte et le salut de centaines, de milliers de créatures, peut-être; il n'y a rien pour moi. Si j'aimais mon mari, je prendrais probablement ce million pour le sauver; ce serait une des mille bassesses que ce qu'on appelle l'amour vrai fait commettre. Mais, décidément, je n'aime personne et je n'aime rien. (Refermant violemment le coffret.) Battez-vous, tuez-vous, vivez ou mourez, vous m'êtes indifférents l'un et l'autre; vous m'avez insultée tous les deux, chacun à votre façon et toujours au nom de l'amour! Ah! si vous saviez comme ce que vous appelez l'amour m'est de plus en plus odieux! Mais, pour me faire croire à l'amour, montrez-moi donc un homme qui respecte ce qu'il aime! Je vous aime, c'est-à-dire, vous êtes belle et votre chair me tente! C'est à cette tentation que je dois l'outrage que vous me faites! Un prince n'a pu résister à ce qu'il appelait, lui aussi, son amour pour une jolie fille, et me voilà au monde, à cause de cela! il faut que je souffre à cause de cela! et que je me vende peut-être aussi à mon tour, toujours à cause de cela! Et ce père n'a pas osé m'aimer devant tout le monde, moi, sa fille; lui, un roi! Mais, au moins, il m'a quelquefois pressée sur son cœur en cachette; il a pleuré, car il souffrait, lui aussi! En tenant ma tête dans ses mains, il m'a dit, il est le seul qui m'ait dit : « Sois toujours une honnête femme; c'est le fond des choses, vois-tu! » et je l'ai cru et j'ai voulu être une honnête femme comme il me l'avait demandé, et cela me mène, à quoi? à être traitée comme la dernière des créatures par celui à qui je suis restée fidèle; et voilà monsieur qui m'offre de m'entretenir! Son père a gagné beaucoup de millions dans la banque, et lui, son fils, voudrait m'acheter, pendant que je suis encore belle, bien entendu. Pourquoi pas? Mais, mon cher, je suis née d'un désir et d'une corruption; ils ne m'ont pas fait de cœur; avec quoi voulez-vous donc que je vous aime? Je n'estimais pas ma mère, vous ne savez pas ce que c'est que de ne pas estimer sa mère! Mon mari est un ignorant, un oisif, un maladroit qui aurait dû me guider, qui n'a pas su et que je ne reverrai jamais. Voilà où j'en suis. Quant à mon fils, j'avais besoin de secours, je l'ai pris hier dans mes bras, il m'a dit : « J'aime mieux aller jouer ». Eh bien, qu'il se tire d'affaire sans le déshonneur maternel, ce sera une nouveauté dans la famille et ce sera mon dernier luxe. N'importe ; à travers toutes ces vénalités et toutes ces erreurs, il a passé tout à coup un des premiers gentilshommes du monde, et il a tout changé en passant. J'ai du sang royal dans les veines. Vous ne m'aurez jamais ! Adieu. (Elle se dirige vers la porte du fond. On entend deux coups violents et précipités du timbre de la cour.) Qu'est-ce que c'est que ça ?

NOURVADY.

Un visiteur qui se trompe. (Sonnant.) Attendez ! (Le valet de chambre paraît.) Qu'est-ce que c'est ?

LE VALET DE CHAMBRE.

Ce sont plusieurs hommes qui sonnent à la porte, mais nous n'avons pas ouvert.

Pendant ce temps Lionnette s'est couverte de ses voiles.

NOURVADY.

C'est bien ! N'ouvrez pas.

Deux coups de marteau de la porte cochère, un temps et deux nouveaux coups.

UNE VOIX, au dehors.

Pour la troisième fois, ouvrez.

LIONNETTE, qui était allée regarder à travers les rideaux de la fenêtre.

Mon mari ! avec ces hommes. Ah ! c'est complet...

NOURVADY.

Cachez-vous ici.

Il montre la porte à droite.

LIONNETTE, affolée de colère.

Moi, me cacher ! Allons donc ! pour qui me prenez-

ACTE DEUXIÈME.

vous? Je n'ai rien fait de mal. — Tous ces gens-là sont fous décidément. — Je veux les voir de près. (Nourvady est allé fermer la porte du fond à clef. Lionnette a arraché ses voiles, déchiré le fichu qui couvrait ses épaules et déroulé ses cheveux en secouant la tête.) C'est quand j'étais ainsi que mon mari me trouvait le plus belle! C'est bien le moins qu'il me revoie comme il aimait à me voir. — Suis-je vraiment belle ainsi?

NOURVADY.

Oh! oui, bien belle.

LIONNETTE.

Et vous m'aimez?

NOURVADY.

Profondément.

LIONNETTE.

Et toute votre vie sera à moi?

NOURVADY.

Toute ma vie.

LIONNETTE.

Vous le jurez?

NOURVADY.

Sur l'honneur.

Il s'approche vivement d'elle. Devant ce mouvement elle étend ses bras nus en les croisant sur son visage qu'elle recule. Nourvady couvre ses bras de baisers.

UNE VOIX, derrière la porte que Nourvady a fermée.

Ouvrez!

NOURVADY.

Qui êtes-vous?

LA VOIX.

Au nom de la loi.

NOURVADY.

Je suis chez moi. Je refuse.

JEAN, du dehors

Enfoncez cette porte.

LIONNETTE.

Le lâche !

LA VOIX.

C'est à moi de donner des ordres ici, à moi seul. Pour la dernière fois, voulez-vous ouvrir ?

NOURVADY.

Non !

LA VOIX.

Forcez cette porte.

NOURVADY, à Lionnette.

Dites-moi que vous m'aimez.

LIONNETTE.

Hé! oui! je vous aime, puisqu'il le veut.

Pendant ces derniers mots, la porte a été fortement ébranlée et elle cède avec éclat.

SCÈNE III

Les Mêmes, JEAN, le Commissaire de police, son Secrétaire, Deux Agents.

Par un mouvement involontaire, Lionnette s'est jetée du côté opposé à celui où elle était avec Nourvady. Ils se trouvent ainsi séparés; Nourvady marche au-devant du commissaire de police. Lionnette s'assied sur le canapé, à moitié étendue, un bras sur le dos du canapé, l'autre sur la petite table qui est là. Elle a le visage aux trois quarts tourné vers le public, dans une attitude de colère et de défi pour ce qui se passe en scène. Jean la montre au commissaire et veut courir à elle. Le commissaire l'arrête du geste.

LE COMMISSAIRE.

En vertu d'un mandat régulier, je suis requis pour venir, à la demande de M. le comte Victor-Charles-Jean de Hun, ici présent, constater chez M. Nourvady la présence clandestine de madame la comtesse Lionnette de Hun, épouse dudit comte Victor-Charles-Jean de Hun, et pour établir devant la loi le délit d'adultère.

NOURVADY.

Monsieur!

LE COMMISSAIRE.

Veuillez garder le silence, monsieur, et ne répondre qu'à mes questions, si je crois devoir vous en faire. (A Jean.) Monsieur est bien M. Nourvady que vous accusez de complicité avec votre femme?

JEAN.

Oui.

LE COMMISSAIRE, à Lionnette.

Niez-vous, madame?

LIONNETTE.

Non. Je suis bien la comtesse Lionnette de Hun, femme légitime de monsieur, hélas!

LE COMMISSAIRE, à un agent.

Veillez à ce que personne ne pénètre ici! (Au secrétaire.) Asseyez-vous et écrivez.

Le secrétaire s'assied et se prépare à écrire.

NOURVADY, au commissaire.

Mais enfin, monsieur!

LE COMMISSAIRE.

Je suis commissaire de police de votre arrondissement, monsieur, voici mes insignes. (Il montre le bout de son écharpe. Dictant au secrétaire.) Nous étant présenté à l'un des domiciles du sieur Nourvady...

LIONNETTE.

Il y a erreur, monsieur! M. Nourvady n'est pas ici chez lui, mais chez moi; cette maison m'appartient, ainsi que tout ce qui s'y trouve. Veuillez faire ouvrir ce meuble qui est à votre gauche, vous y trouverez mes titres de propriété faisant foi de ce que j'avance.

LE COMMISSAIRE, à un des agents.

Ouvrez. (L'agent lui donne les papiers qu'il trouve dans le meuble. Le commissaire parcourt ces papiers.) Ces papiers ne sont pas tout à fait en règle ; c'est une acquisition faite en votre nom, mais vous ne l'avez pas ratifiée, et il y manque votre signature. Il parle en portant les papiers à Lionnette.

LIONNETTE, prenant les papiers et signant.

Elle y est ; et comme M. le comte de Hun et moi nous sommes mariés sous le régime de la séparation de biens et qu'il m'a donné légalement le droit d'acquérir et de disposer, je ne sais pas ce qu'il vient faire ici, chez moi.

JEAN, menaçant.

Madame !

LE COMMISSAIRE.

Silence, monsieur, je vous en prie. (Dictant.) Nous nous sommes présenté à la maison qui nous a été indiquée comme étant un des domiciles de M. Nourvady. Notre visite était prévue et ordre avait été donné aux serviteurs de n'ouvrir à personne. Après trois sommations légales de notre part et trois refus des personnes enfermées dans une chambre du premier étage, nous avons enfoncé la porte et nous avons trouvé dans cette chambre un homme et une femme qui ont reconnu être, l'homme, M. Nourvady, la femme, madame la comtesse Lionnette de Hun. Ladite dame, lorsque nous avons attribué à M. Nourvady la propriété de l'hôtel, nous a déclaré formellement et fourni les preuves notariées qu'elle était propriétaire de l'hôtel où nous la trouvions ; elle a affirmé que M. Nourvady était en visite chez elle.

JEAN.

Veuillez ajouter, monsieur que j'ai renié toute participation à la propriété de cet hôtel, acquis sans mon consentement par des moyens illégitimes qui seront des preuves à la charge de la coupable.

LE COMMISSAIRE, au secrétaire.

Consignez la déclaration de M. le comte de Hun. (Dictant.) Après les refus qui nous ont été faits d'abord par les gens de la maison, puis par M. Nourvady... C'est bien vous, monsieur, qui avez refusé d'ouvrir cette porte?

Il se tourne vers Nouvardy.

NOURVADY.

Oui, monsieur.

LE COMMISSAIRE.

Après le refus fait et réitéré à trois reprises par M. Nourvady de nous ouvrir la porte de la chambre dans laquelle il était enfermé avec madame la comtesse de Hun, bien que, d'après la déclaration de cette dernière, il ne fût pas chez lui, mais chez elle, et qu'elle seule eût dû, par conséquent, prendre la parole en cette circonstance, après ces refus réitérés, rien ne nous a fourni les preuves évidentes du délit que le plaignant voulait nous faire constater.

En parlant ainsi, le commissaire a parcouru la scène regardant les meubles et soulevant les portières qui séparent le salon des autres chambres.

JEAN.

La présence de madame dans cette maison suffit pour prouver le crime.

LE COMMISSAIRE.

Non, monsieur.

JEAN.

En pareille matière l'intention suffit.

LE COMMISSAIRE.

Nous ne sommes pas ici pour juger d'après des intentions, mais pour constater d'après des faits.

JEAN, ramassant les voiles de Lionnette.

Que vous faut-il de plus que ce triple voile qui prouve que madame est venue ici en se cachant le visage, comme je l'ai vue, du reste, puisque je l'ai suivie ; étrange manière de rentrer chez soi, puisqu'elle prétend être chez elle. (Montrant Lionnette.) Mais, regardez donc, monsieur ; que vous faut-il de plus ?

NOURVADY, au commissaire.

Veuillez enregistrer, monsieur, qu'à cet endroit de votre procès-verbal, j'ai pris la parole, et que j'ai affirmé, de toutes mes forces et sur l'honneur, l'innocence complète et absolue de madame Lionnette de Hun, dont, quelles que soient les apparences, l'honneur ne doit pas être soupçonné une minute.

LIONNETTE, très calme d'abord, mais s'exaltant peu à peu jusqu'au délire.

Et moi, en face du scandale que monsieur a voulu produire, et, tout en sachant gré à M. Nourvady de l'affirmation qu'il vient de faire et qui est du devoir de tout galant homme qui veut sauver l'honneur d'une femme, je la déclare fausse, et les faits que la loi ne peut constater, je les déclare absolument vrais. M. Nourvady était enfermé avec moi par ma volonté, parce qu'il était, parce qu'il est mon amant.

JEAN, courant à elle. Le commissaire se place entre eux.

Madame !

LIONNETTE.

Quelle que soit la peine des adultères, je la mérite. (Au secrétaire qui hésite.) Écrivez, monsieur, je n'ai pas fini. Écrivez. (Elle s'est levée et marche jusqu'à la table où le secrétaire écrit.) Pour qu'il n'y ait pas d'erreur possible dans les débats scandaleux qui vont suivre cette scène, et pour que monsieur n'ait pas à se disculper d'avoir porté sur moi un soupçon injuste et précipité, je déclare que non seulement je me suis donnée à M. Nourvady parce que je l'aimais, mais parce qu'il est riche et que je suis pauvre; qu'après avoir ruiné mon mari, je me suis vendue, incapable que j'étais de supporter la misère. Le prix de ma chute est là : un million en or frappé exprès pour moi! Mon mari avait donc raison hier quand il me traitait comme une prostituée. J'en suis une, et très heureuse de l'être. Et si ce que je vous dis ne vous convainc pas, s'il vous faut des preuves, en voilà! (Elle trempe ses bras nus dans l'or et en jette des poignées autour d'elle. A Jean.) Et vous, monsieur, si vous avez besoin d'argent, prenez-en : après l'infamie que vous commettez en ce moment, il ne vous reste plus que celle-là à commettre.

JEAN, marchant vers elle. Elle le regarde en face, Jean se laisse tomber sur une chaise.

Madame!... Ah!

LIONNETTE, à Nourvady.

Et maintenant me croyez-vous bien à vous?

JEAN.

En présence de l'insolence et de l'audace de la prévenue, je requiers son arrestation immédiate.

LE COMMISSAIRE.

Je connais les droits que la loi me donne et les devoirs que j'ai à remplir. Tout ce qui a été dit a été consigné au procès-verbal; je borne là mon ministère. (A Nourvady.) Puisque vous n'êtes pas chez vous, monsieur, vous pouvez vous retirez; seulement, comme l'avenue est pleine de monde en face de la porte principale, quittez la maison par cette issue, un de mes agents va vous rejoindre pour que le gardien vous laisse passer.

Il montre la gauche. Nourvady salue Lionnette et sort par la gauche en passant devant Jean qui, les bras croisés et debout, ne veut pas voir le salut provocant que Nourvady lui fait.

LE COMMISSAIRE, à Lionnette.

Quant à vous, madame, puisque vous êtes chez vous, rentrez, croyez-moi, dans votre appartement, et, si vous voulez sortir, ne sortez que quelque temps après notre départ, quand il n'y aura plus de curieux dehors et que vous serez sûre de ne pas être insultée.

LIONNETTE.

Merci, monsieur.

Elle sort par la porte de droite.

LE COMMISSAIRE, à Jean.

Je vais remettre mon rapport à M. le juge d'instruction. Vous avez dix jours pour retirer votre plainte, monsieur, plainte que vous avez peut-être eu tort de porter. Cette femme s'accuse trop ; pour moi, elle est innocente. Sortez de cette maison avant moi, monsieur. On nous a vus entrer ensemble ; si nous sortions de même, on vous reconnaîtrait pour le mari et l'on pourrait vous dire des choses désagréables. Les Français n'aiment pas les maris qui font surprendre leur femme par le commissaire de police. J'ai bien l'honneur de vous saluer.

Jean salue et sort. Le commissaire revient s'asseoir auprès de son secrétaire pour remplir les dernières formalités.

ACTE TROISIÈME

Même décor qu'au premier acte.

SCÈNE PREMIÈRE

JEAN, GODLER, TRÉVELÉ.

Godler est assis, Trévelé debout, Jean marche dans une grande agitation.

GODLER.

Et alors?

JEAN, s'asseyant.

Alors, au moment où j'allais partir pour aller chez ma sœur, et tout le monde me croyant parti, car je n'avais pas voulu coucher dans cette maison, tout à coup j'ai été poursuivi de cette idée de me cacher, et si ma femme sortait, de la suivre, de me convaincre, et, si elle me trompait, de la flétrir publiquement. Ce matin je l'ai vue sortir voilée, prendre une voiture de place et se rendre dans cette maison des Champs-Élysées. C'était clair. J'ai été requérir le commissaire de police, justement voisin de cet hôtel. Il hésitait encore; mais la crainte d'un plus grand malheur, d'un crime auquel j'étais résolu, l'a décidé, et, sur le refus que faisait M. Nourvady de nous ouvrir sa porte, on l'a ouverte de force.

TRÉVELÉ.

Et la comtesse était là?

JEAN.

Oui.

TRÉVELÉ.

Avec Nourvady?

JEAN.

Oui.

GODLER, après un temps.

Et il est certain pour vous?...

JEAN.

Les cheveux défaits, les bras nus, le corsage ouvert! Et une effronterie! et une impudence! (Se levant et prenant sa tête dans ses mains.) J'ai vu cela, j'ai vu cela. Cet homme a fait ce qu'il a pu pour la disculper, pour la sauver. Il a donné sa parole d'honneur qu'il n'y avait rien entre elle et lui. Ce n'était pas par gentilhommerie, car celui qui vient chez vous, qui vous serre la main, et qui prend, qui vole, qui achète votre femme, celui-là n'a rien du gentilhomme. Mais je ne sais pas pourquoi je parle de cet homme! Après tout, ce n'est pas lui qui est coupable; il a fait son métier d'homme, ce que nous avons tous fait, ce que nous faisons tous. Il a vu une belle créature, coquette, aimant le luxe, ruinée, sans cœur et sans entrailles, sans souci de son nom, de son mari, de son enfant, sans la moindre reconnaissance, sans le moindre souvenir même de tout ce que j'avais fait pour elle. Il lui a offert de l'acheter, elle a consenti; il l'a payée un million, c'est cher; car une femme qui se vend, combien cela vaut-il au fond? Moi, je l'ai payée de mon nom, de la mort et de la malédiction de ma mère, c'est plus cher encore. Ma mère avait vu juste. Elle est vengée. Je n'ai pas le droit de me plaindre.

Il s'assied et pleure la tête dans ses deux mains.

GODLER, ému.

Mon pauvre vieux!

ACTE TROISIÈME.

JEAN.

Je vous demande pardon; ce n'est pas pour dire tout cela que je vous ai priés de venir, mais enfin, je n'ai plus personne. Me voilà seul sur la terre. Vous êtes mes amis, vous me l'avez dit du moins, et puis, vous ne veniez pas chez moi pour me la prendre, n'est-ce pas? Enfin, voyons, tâchons de mettre de l'ordre dans mes idées. Je n'ai plus très bien ma tête, vous comprenez cela. Cependant, vous êtes convaincus, n'est-ce pas, que je suis un honnête homme? c'est pour cela que j'ai voulu vous voir. Il faut que vous me disiez que vous m'estimez toujours. J'ai pu être assez épris, assez fou, j'étais si jeune alors! hélas! j'ai cent ans aujourd'hui, j'ai pu être assez fou pour épouser une créature indigne de moi, mais, vous me croyez, vous me savez incapable de toute complicité avec elle; vous êtes bien certains que je ne suis pour rien dans toutes ces saletés d'argent? Et quand je serai parti, quand je serai mort, car il faudra bien que j'en meure, d'une manière ou d'une autre, vous direz bien, vous affirmerez bien, vous jurerez bien que j'ignorais tout. J'aurai perdu ma mère, ma croyance, ma fortune, ma vie pour cette femme, soit, mais au moins que l'honneur me reste!

GODLER.

Comptez sur nous, mon cher ami, et sachez que nous vous tenons pour le plus galant homme du monde, que votre loyauté a toute notre estime, et votre malheur toute notre sympathie.

Trévelé serre les mains de Jean de son côté.

TRÉVELÉ, à part.

Pauvre diable!

JEAN.

Alors, vous comprenez pourquoi j'ai fait ce scandale au lieu de provoquer cet homme. Si j'avais été tué, un soupçon aurait toujours plané sur ma mémoire. M. Nourvady avait payé les dettes de ma femme ; on aurait dit que je n'avais pas trouvé que ce fût assez, que j'avais demandé plus, qu'il s'y était refusé, qu'alors je l'avais provoqué; qu'il m'avait tué, et que c'était bien fait. Si je l'avais tué, au contraire, on eût dit pis encore, que j'avais attendu qu'il eût payé toutes les dettes de la maison, qu'il eût donné à ma femme une fortune, car elle a un hôtel somptueux, un million à elle, tout cela bien en règle, qu'après tous ces honteux trafics, j'avais tué cet amant généreux, et que c'était là ma manière de solder mes créanciers et de faire aller mon ménage. C'est pour cela que j'ai fait ce que j'ai fait. J'ai voulu un scandale bien clair, bien net, bien retentissant, d'où il ressortirait qu'elle est une misérable, et que je suis un honnête homme.... et puis, en attendant, et avant tout, il faut que je le rembourse.

GODLER.

Sur le terrain où vous avez placé la situation, et je comprends maintenant ce que, avec les habitudes de notre monde, je n'avais pas compris tout de suite, sur le terrain où vous avez placé la situation, vous n'avez plus à intervenir autrement, — quoi qu'il arrive.

JEAN.

Comment, quoi qu'il arrive?

GODLER.

On ne sait jamais ! Le cœur humain...

JEAN.

Vous me croyez assez faible, assez amoureux, assez lâche pour pardonner à cette femme, après ce qu'elle a fait ! Vous voyez bien que vous me méprisez. C'est ma faute. Ma faiblesse passée donne droit à toutes les suppositions.

GODLER.

Je ne crois rien, je ne suppose rien, mais tout cela me

paraît fort obscur, et la passion vous a peut-être fait voir ce qui n'est pas. Tout ce que je sais, c'est qu'hier, ici même, Nourvady, avant de nous quitter, a parlé bas et assez longuement à la comtesse. Je ne pouvais rien entendre, mais tout en paraissant écouter Trévelé, qui me racontait je ne sais quelle bêtise...

TRÉVELÉ.

Va toujours.

GODLER.

Je regardais à la dérobée madame de Hun. Non seulement elle n'écoutait pas avec complaisance son interlocuteur mais deux ou trois fois son attitude et ses regards ont témoigné de sa colère. Elle a jeté violemment quelque chose par cette fenêtre. Quoi? je n'en sais rien, un billet, un bijou, une bague, et quand Nourvady a pris congé d'elle, elle a dit : L'insolent! (A Trévelé.) Est-ce vrai?

TRÉVELÉ.

C'est vrai...

JEAN.

Elle a changé d'avis après; la nuit porte conseil; et elle n'en est que plus coupable, puisqu'elle savait bien ce qu'elle faisait. Ne parlons plus d'elle; j'aurai assez à y penser le reste de ma vie; ce ne sera pas long, heureusement. Maintenant, je vais partir parce que je n'ai pas d'argent, et qu'il faut que j'en trouve.

GODLER.

Mon cher ami!...

JEAN.

Il va sans dire que je ne vous en demande pas, et que je n'en accepterais pas. Je me confie à vous, parce que vous êtes les seuls que je puisse considérer à peu près comme des amis, dans notre monde où l'on en a si peu; et ce que vous ne me donnerez pas en amitié, vous me le donnerez en estime et en compassion.

Godler et Trévelé lui serrent la main.

TRÉVELÉ.

Mais la comtesse, où est-elle?

JEAN.

Elle est dans son hôtel des Champs-Élysées, sans doute.

TRÉVELÉ.

Alors, elle ne viendra pas ici?

JEAN.

Elle peut y venir; la maison est à elle; elle peut y demeurer tant qu'elle voudra. C'est moi qui ne suis pas ici chez moi, et qui n'y viens que pour faire mes derniers préparatifs de départ.

TRÉVELÉ.

Et Raoul? votre fis?

JEAN, avec un rire amer.

Êtes-vous bien sûr qu'il soit mon fils?

TRÉVELÉ.

Que la colère ne vous égare pas.

JEAN.

En tout cas, il est le fils de cette femme; je ne veux plus le voir. Qu'elle le garde, qu'elle le fasse vivre de sa vie nouvelle. C'est lui alors que me vengera un jour. Quand il aura vingt ans, il l'insultera. Ou bien non. Le tribunal qui prononcera notre séparation, ordonnera que l'enfant soit mis dans un collège ou dans un pensionnat d'où sa mère ne pourra plus le faire sortir.

TRÉVELÉ.

A son âge! Il sera bien malheureux.

JEAN.

Tant mieux pour lui. Il souffrira plus tôt, il comprendra plus vite.

ACTE TROISIÉME.

UN DOMESTIQUE, entrant.

Monsieur Richard.

JEAN, à part.

Ce n'est pas moi qui l'ai fait demander? Sait-il quelque chose?...

GODLER.

Voulez-vous que nous vous laissions?

JEAN.

Non. Je n'ai rien à dire que vous ne puissiez entendre, à moins que vous n'ayez affaire...

TRÉVELÉ.

Non, rien. (A Godler.) Ni toi non plus, n'est-ce pas?

GODLER.

Moi non plus. (A Travelé, en peignant ses favoris et en ramenant sa mèche.) Florimonde m'attend.

TRÉVELÉ.

Elle t'attend avec quelqu'un. Sois tranquille, elle ne s'ennuie pas en t'attendant.

SCÈNE II

Les Mêmes, RICHARD.

RICHARD, bas, à Jean.

Je sais tout, monsieur le comte.

JEAN, haut.

Ces messieurs aussi...

RICHARD, saluant.

Messieurs! (A Jean.) J'ai reçu un mot de la comtesse qui me priait de passer tout de suite chez le commissaire de police prendre copie du procès-verbal, comme avoué chargé de ses intérêts dans le procès qui aura lieu. Elle me donnait rendez-vous.

JEAN.

Où cela?

RICHARD.

Ici. Elle savait bien que je ne serais pas allé autre part.

JEAN.

Alors. elle est là?

RICHARD.

Oui.

JEAN.

Vous l'avez vue?

RICHARD.

Non; mais le valet de chambre me l'a dit, et il est allé la prévenir. Je voulais vous voir en attendant.

JEAN.

Et les gens savent déjà?

RICHARD.

Rien, rien du tout. Le commissaire de police a défendu toute communication aux journaux, et ce n'est ni la comtesse, ni vous, ni M. Nourvady, ni nous, n'est-ce pas, messieurs? qui révélerons quoi que ce soit de cette triste affaire. Les domestiques de la maison des Champs-Élysées savent ce qui s'est passé, mais ils ignorent le nom de la femme. Le scandale sera bien assez grand au moment du procès. Inutile d'initier le public avant.

JEAN.

Eh bien, vous le voyez, l'affaire est bien simple. Nous étions séparés de biens, madame de Hum et moi; nous serons séparés de corps... et nous ne nous reverrons plus, voilà tout!

LA FEMME DE CHAMBRE, entrant.

Madame la comtesse fait dire à M. Richard que lorsqu'il aura fini de causer avec M. le comte, elle sera heureuse de le voir.....

JEAN, à la femme de chambre.

Dites à madame la comtesse que M. Richard ira la retrouver dans quelques minutes. (La femme de chambre sort.) Ah! Elle a de l'audace. Quand une femme a pris son parti de l'infamie et du déshonneur, c'est effrayant. (A Richard.) Dites-lui bien qu'elle n'a rien à craindre ni à espérer de moi, dont elle n'entendra plus parler qu'au tribunal qui nous jugera. Au revoir, mon cher monsieur Richard; vous êtes son avoué, son ami, vous devez naturellement et légalement prendre fait et cause pour elle. Je ne vous en voudrai pas de tout ce vous serez forcé d'énoncer contre moi. Messieurs, nous pouvons nous retirer; donnez-moi encore quelques moments.

Les trois hommes sortent.

SCÈNE III

RICHARD, puis LIONNETTE.

Richard va prendre son chapeau. Au moment où il se dispose à entrer chez Lionnette, celle-ci parait.

LIONNETTE.

J'aime mieux vous recevoir ici, mon cher monsieur Richard, puisqu'on nous y laisse seuls. Ma chambre et mon salon particulier sont encombrés; on fait mes malles; les gens sont là et nous ne pourrions causer. Si je vous ai fait appeler tout à l'heure, c'était pour que le comte sût bien que j'étais ici et que j'étais pressée de vous voir. Vous avez eu la bonté de faire ce que je vous ai demandé?

RICHARD.

Oui.

LIONNETTE.

Alors je n'ai rien à vous apprendre?

RICHARD.

Non. Tout cela est donc vrai.

LIONNETTE.

Tout ce qu'il y a de plus vrai?

RICHARD.

Cependant, hier?

LIONNETTE.

Les événements ont marché, et j'ai mieux aimé en finir tout de suite. J'ai eu raison. Je suis plus calme que je ne l'ai été de ma vie. Je sais enfin ce que je veux et où je vais. C'est beaucoup, quoi que l'on fasse. J'avais beau me débattre, il paraît que je devais finir courtisane. — Vrai, je ne m'y sentais pas de dispositions. Frivole, prodigue, mais pas dépravée. Enfin, on l'a voulu, c'était inévitable ; c'était écrit; c'était héréditaire. Mon cher monsieur Richard, j'ai quelques renseignements à vous demander, parce que je suis encore un peu inexpérimentée dans ma nouvelle profession ; mais du moment qu'on fait les choses, il faut les faire franchement, n'est-il pas vrai? Eh bien, voici les titres d'une propriété que j'ai acquise.

RICHARD.

Cher?

LIONNETTE.

Oui, très cher.

RICHARD.

Et payée?

LIONNETTE.

Et payée.

RICHARD.

Vrai?

ACTE TROISIÈME.

LIONNETTE.

Payée ou non, voici les titres. (Remettant les titres sur la table et chancelant peu à peu). Maintenant, je possède encore, toutes mes dettes payées, car elles le sont, je possède encore un million en or, tout neuf. C'est superbe à voir.

RICHARD.

Asseyez-vous, on dirait que vous allez tomber. Vous êtes toute pâle, vous avez le sang au cœur.

LIONNETTE, avec un grand effort.

Ne craignez rien, je suis forte. Je ne peux pas garder éternellement un million en or... si beau qu'il soit... c'est encombrant, et puis on pourrait me le voler... et l'argent... c'est tout dans le monde! Sans compter qu'en numéraire ce million ne rapporterait rien.... et je veux qu'il rapporte... Je voudrais donc le placer... le mieux possible. Il faudrait me le placer incessible et insaisissable, comme la petite rente qui reste à M. de Hun, pour que j'aie du pain aussi dans mes vieux jours. Je suis si dépensière. C'est sur vous que je compte pour cela.

RICHARD.

Et où est-il ce million ?

LIONNETTE.

Il est là-bas, chez moi, dans la maison que j'ai... achetée, dans un coffre, que j'ai même oublié de fermer par parenthèse... de sorte qu'il y a des pièces d'or un peu partout... sur la table... sur les tapis... Le commisaire de police ouvrait des yeux !... Si les valets en ont pris, vous ne direz rien... Je suis riche... car il y a aussi, dans un meuble, un testament de M. Nourvady, qui, en cas de mort, me laisse toute sa fortune : quarante millions. Cela en vaut la peine! mais la mort est comme toutes les choses de ce monde, il ne faut pas trop compter sur elle.

RICHARD, à part.

Pauvre créature !

LIONNETTE.

Vous avez déjà ma procuration, du temps que mes affaires étaient embrouillées. Elle vous servira pour prendre possession de ma maison et de mon capital... en mon absence. Il doit y avoir aussi des bijoux, beaucoup de bijoux dans les armoires ; je ne sais pas lesquelles, par exemple ; je ne les ai pas ouvertes ; je n'y ai pas pensé ! Vous prendrez tout en dépôt chez vous. Je n'en ai pas besoin en voyage... et puis on m'en donnera bien d'autres — maintenant ; on m'en donnera tant que je voudrai.

RICHARD.

Et vous partez avec M. Nourvady?

LIONNETTE.

Nous partons aujourd'hui même.

RICHARD.

C'est convenu?

LIONNETTE.

Je pense ; — je ne l'ai pas encore revu, mais je tiens absolument à partir aujourd'hui.

RICHARD.

Et où est le rendez-vous?

LIONNETTE.

Je suppose qu'on viendra me prendre ici.

RICHARD.

Tout bonnement?

LIONNETTE.

Tout bonnement, à moins qu'on n'ait déjà assez de moi... cela peut arriver... Tout arrive... Ce serait drôle.

RICHARD.

Alors vous aimez M. Nourvady?

ACTE TROISIÈME.

LIONNETTE, espérant tromper Richard.

Follement et depuis longtemps déjà. Je luttais. Et puis, franchement, au point où j'en étais, c'était le seul parti à prendre.

RICHARD.

Et votre mari?

LIONNETTE, sincère.

Oh! lui! c'est autre chose, je le hais... mais je le hais bien... par exemple...

RICHARD.

Et votre enfant ?

LIONNETTE.

Je vois où vous voudriez en venir, mon cher monsieur Richard... vous voudriez m'attendrir. Touchez mes mains, elles sont froides ; écoutez ma voix, elle ne tremble pas; si vous mettiez la main sur mon cœur, vous verriez qu'il ne bat pas une pulsation de plus qu'à l'ordinaire. Vous espérez encore qu'il y a du remède à ce qui est arrivé... il n'y en a pas... il ne peut pas y en avoir. S'il y en avait un, je le repousserais. Voulez-vous que je vous ouvre le fond de mon âme? Je mérite ce qui m'arrive. J'accusais souvent ma mère, parce que les coupables accusent toujours quelqu'un des fautes qu'ils commettent, mais je ne vaux pas mieux qu'elle. Il y a trop de mélanges en moi, et je deviendrais folle à tenter de m'y reconnaître. Je suis tout logiquement ma destinée. Je ne serai pas la première qui aura porté la honte comme un panache, surtout dans ce temps-ci, et qu'est-ce que cela changera dans le monde ? C'était à moi d'être économe ou laide! Ces deux hommes, qui se haïssent et qui s'entendent pour me perdre, valent encore mieux que moi, puisqu'ils aiment, que l'un souffre et que l'autre désire, tandis que je ne désire plus rien, que je ne souffre plus de rien, et que ce dénouement va paraître tout naturel à tous ceux qui m'auront connue. C'est horrible; c'est monstrueux... c'est comme cela, et je vous le dis parce que, grâce à Dieu, je n'ai plus personne à tromper. Et, là-dessus, je vais au vice que je n'aime pas plus que le reste, comme je suis allée au mariage et à la maternité, sans savoir pourquoi. Pas de cœur! pas de cœur, voilà le fond. Créature de luxe et de plaisir. Vous me demanderez alors pourquoi je ne me tue pas, pourquoi je ne m'achève pas, c'est le mot? ce serait plus vite fait et cela simplifierait tout. Hier, j'étais prête à mourir pour éviter le déshonneur. Aujourd'hui, à quoi bon? Je suis déshonorée. Qu'est-ce que vous voulez que je tue en moi? Rien n'y vit, et il paraît que je peux encore donner le plaisir, l'amour, le bonheur peut-être. Vous vous dites que tout cela est impossible parce que vous vous rappelez votre mère, votre femme, vos enfants à vous. Oui, il y a, en effet, des mères, des femmes, des enfants... et puis il y a des êtres qui ont ces mêmes formes et qui portent ces mêmes noms, mais qui ne sont pas la même chose... Qu'est-ce que vous désirez encore savoir?

RICHARD.

Je ne discute pas; seulement embrassez votre fils une dernière fois.

LIONNETTE.

Pourquoi le déranger? Il joue sans doute.

RICHARD.

Je vais le chercher.

LIONNETTE.

Non, je vous en prie. (Richard marche vers la chambre.) Je ne le veux pas.

Le domestique paraît.

LE DOMESTIQUE.

M. Nourvady demande si madame la comtesse peut le recevoir.

LIONNETTE, d'un ton naturel.

Certainement ! (A Richard.) Adieu, mon cher monsieur Richard... Je vous écrirai si j'ai encore quelques instructions à vous donner. Mes amitiés à votre femme... si elle ne sait encore rien.

RICHARD.

Ne restez pas longtemps ici, ce sera plus prudent.

LIONNETTE.

Je pars tout de suite.

Le domestique laisse passer Nourvady et sort.

NOURVADY.

Vous m'excusez, madame ?

LIONNETTE.

De quoi ?

NOURVADY.

De venir vous trouver ici.

LIONNETTE.

Partout où je suis, n'avez-vous pas le droit d'y venir, et je vous attendais ; je le disais à l'instant à M. Richard qui est au courant.

RICHARD.

Adieu, comtesse.

LIONNETTE, lui tendant la main, avec une émotion involontaire et visible.

Adieu, mon cher Richard.

RICHARD, saluant froidement Nourvady.

Monsieur...

Il sort.

SCÈNE IV

LIONNETTE, NOURVADY, puis RAOUL.

LIONNETTE.

Vous paraissez tout troublé.

NOURVADY.

C'est à cause de vous.

LIONNETTE.

Je croyais que vous ne vous troubliez jamais! C'est la scène de tantôt qui vous a agité?

NOURVADY.

D'abord...

LIONNETTE.

Le fait est que vous avez dû être humilié par la façon d'entrer de ce commissaire! Et les millions n'y pouvaient rien. Moi, je suis tout à fait remise. Vous m'aimez toujours?

NOURVADY.

Vous le demandez!

LIONNETTE.

On ne sait pas. Le cœur change si vite; vous voyez, ce matin je ne vous aimais pas; il n'est pas cinq heures et je vous aime.

Elle sonne deux fois vivement.

NOURVADY.

Vous êtes fiévreuse, vous aussi...

LIONNETTE.

Ça passera... (A la femme de chambre qui est entrée.) Apportez-moi ce qu'il faut pour sortir.

ACTE TROISIÉME.

NOURVADY.

Votre mari est dans cette maison?

LIONNETTE.

Oui.

NOURVADY.

Vous l'avez vu?

LIONNETTE.

Non...

NOURVADY.

C'est pourtant pour vous voir qu'il y est venu.

LIONNETTE.

Pas plus que je n'y suis venue pour le rencontrer. Nous habitions ici; nous partons tous les deux, chacun de notre côté; nous venons chercher ce qui nous appartient. Il est évident, que lui et moi, nous aimerions mieux, en ce moment, être autre part. C'est vous qui ne devriez pas être ici; mais, depuis ce matin, c'est curieux, nous sommes tous où nous ne devrions pas être. (A la femme de chambre qui rentre.) C'est bien, mettez ça là!

La femme de chambre dépose un chapeau, des gants, un manteau de voyage et sort.

NOURVADY.

Je suis retourné à votre hôtel, espérant vous y retrouver. Vous étiez partie; j'ai supposé que vous étiez ici. Ce domestique qui m'a annoncé et qui ignore évidemment ce qui s'est passé...

LIONNETTE.

Personne n'en sait encore rien, sauf les intéressés.

NOURVADY.

Ce domestique m'a demandé s'il fallait m'annoncer à monsieur ou à madame. C'est comme cela que j'ai su que votre mari était ici en même temps que vous. J'ai été au moment de dire à cet homme : Annoncez-moi à monsieur.

LIONNETTE.

Qu'est-ce que vous pouviez avoir à lui dire maintenant?

NOURVADY.

Il est venu vous chercher chez moi ; je viens vous chercher chez lui. Vous êtes une femme, vous ne comprenez pas certaines injures.

LIONNETTE.

Croyez-vous?

NOURVADY.

Cet homme a forcé ma porte; il l'a brisée même. Il vous a insultée devant moi, moi qui vous aime.

LIONNETTE.

Il faut dire qu'il m'aime aussi, c'est son excuse.

NOURVADY.

Vous prenez sa défense.

LIONNETTE, tout en mettant son chapeau, son manteau et ses gants.

Ah! Dieu, non! Eh bien, qu'est-ce que vous lui auriez dit si vous vous étiez fait annoncer chez lui, dans le cas où il vous aurait reçu ; mais je doute qu'il vous eût reçu après ce qui s'est passé.

NOURVADY.

S'il avait refusé de me recevoir, j'aurais enfoncé sa porte à mon tour, et...

LIONNETTE.

Ah! je vous défends bien de le provoquer maintenant... Si j'étais veuve par vous... ou s'il vous tuait, vous ne pourriez pas m'épouser... et si, un jour, nous pouvions légitimer la situation fausse que nous allons avoir, j'en serais si heureuse! Remettons-nous-en à la Providence comme disait ma mère. Là-dessus je suis prête... partons!...

<small>Au moment où elle se retourne pour sortir, Raoul entre, se jette dans ses jambes pour l'embrasser.</small>

RAOUL.

Maman!

LIONNETTE, surprise et troublée.

Ah! c'est toi! tu m'as fait peur!

RAOUL.

Embrasse-moi.

LIONNETTE, l'embrassant froidement.

Tu penses donc à m'embrasser aujourd'hui! (Avec un soupir.) C'est un peu tard.

RAOUL.

Où vas-tu?

LIONNETTE.

Je sors.

RAOUL.

Quand reviendras-tu?

LIONNETTE.

Je ne sais pas.

RAOUL.

Aujourd'hui?

LIONNETTE.

Aujourd'hui.

RAOUL.

Emmène-moi.

LIONNETTE.

C'est impossible.

RAOUL.

Pourquoi? Il fait si beau!

LIONNETTE.

Je vais trop loin. Je t'enverrai des joujoux, sois tranquille.

RAOUL.

J'aime mieux aller avec toi.

LIONNETTE.

Impossible, te dis-je. Allons, laisse-moi passer.

RAOUL.

Non.

LIONNETTE.

Il le faut, mon enfant.

NOURVADY, très agité, très impatienté pendant cette scène, et qui a marché à droite et à gauche, pour voir si quelqu'un venait.

Voilà quelqu'un.

LIONNETTE, un peu plus dure.

Voyons, laisse-moi.

RAOUL.

Non.

Il se plante devant sa mère.

NOURVADY, prenant l'enfant par le bras et le jetant loin de lui.

Mais laisse-nous donc !

L'enfant tourne sur lui-même et tombe. Lionnette s'arrête, regarde avec stupeur ce qui s'est passé, recule, prend sa tête dans ses mains, pousse un cri déchirant et se jette sur Nourvady, qu'elle saisit à la gorge, comme pour l'étrangler.

LIONNETTE.

Misérable ! misérable !

NOURVADY, qu'elle a frappé à l'épaule, qui se sent défaillir et qui ne veut pas se défendre, d'une voix affaiblie.

Vous me faites mal.

ACTE TROISIÈME.

LIONNETTE, le lâchant.

Partez! partez. Je vous étrangle! Je vous tue! Mon enfant! mon enfant!

Elle pousse plusieurs cris et se jette à corps perdu sur son enfant qui s'est relevé.

RICHARD, qui est entré pendant cette scène, à Nourvady.

Partez, monsieur, partez, au nom du ciel! Assez de malheurs comme cela.

Il fait disparaître Nourvady.

RAOUL.

Je n'ai rien... maman... je n'ai rien, je t'assure.

Lionnette, à genoux, pressant la tête de Raoul contre son sein et l'embrassant avec rage, sanglote sans pouvoir s'arrêter.

RICHARD, près d'elle.

Sauvée! vous êtes sauvée!

LIONNETTE, avec des sanglots saccadés accentuant chaque mot.

Oui, oui, oui, sauvée! (A Richard.) Ah! j'étais folle... j'étais folle!... Mais quand cet homme a porté la main sur mon enfant, c'est effrayant ce qui s'est passé en moi! Je ne sais pas comment je ne l'ai pas tué. Qu'est-ce que c'est qu'un homme en lutte avec une mère? Car je suis une mère, je le suis... Oh! je sentais bien au fond que cela ne pouvait pas être. Richard, vous aviez deviné, vous. Les honnêtes gens, ça devine!... Ils veulent les lettres de mon père; c'est bien, ils les auront, vous vendrez tout, vous paierez, vous rembourserez ce monsieur. Tout sera dit. Allez chercher mon mari. (Richard sort.) Je veux le voir avant de mourir, car je vais mourir, je le sens bien.

Elle laisse tomber sa tête sur le dos du canapé et perd à moitié connaissance.

RAOUL, montant sur le canapé, prenant la tête de sa mère dans ses mains et l'embrassant :

Maman, maman, maman... ne meurs pas, je t'en prie !

LIONNETTE, revenant à elle.

Non, non, je vivrai puisque je t'aime !...

Elle le couvre de baisers et ne voit pas Jean qui rentre avec Richard qui lui montre le tableau. Jean recule ne comprenant pas encore. Godler et Trévelé regardent et rejoignent Jean, qui ne peut détacher ses yeux du groupe de la mère et de l'enfant. Richard touche l'épaule de Lionnette qui se retourne et qui voit Jean.

SCÈNE V

LIONNETTE, JEAN, RAOUL, RICHARD, GODLER, TRÉVELÉ.

LIONNETTE à Jean, en courant à lui et en tombant à genoux.

Ne me quitte plus. Je t'expliquerai tout. Je comprends, je vois clair ! Je suis innocente, je te le jure, je te le jure ! (Le voyant incrédule, elle se relève, pose sa main sur la tête de son fils, et dit une troisième fois : « Je te le jure ! ») Nous vivrons modestement dans un coin, où tu voudras. Qu'est-ce que cela me fait maintenant que mon enfant m'a donné une âme !

Elle se rejette sur son fils.

JEAN, dans les bras de Godler et de Trévelé.

Mes amis, mes amis, je deviens fou !

GODLER.

Vous pouvez vous vanter d'avoir une vraie femme, vous !

ACTE TROISIÈME.

TRÉVELÉ, le poussant.

Allez donc lui baiser les pieds.

Lionnette est assise sur le canapé, tenant la tête de son fils sur les genoux et la tête renversé en arrière dans un sentiment de lassitude et de bien-être. Jean s'est précipité à ses genoux, et lui baise la main qu'elle a de libre. Elle tend l'autre à Richard.

LIONNETTE, à Richard.

Il était temps.

RICHARD.

Oui. Un cri d'enfant! cela suffit. Quand tout est bien désespéré, Dieu a de ces moyens-là.

JEAN.

Je te crois et je t'aime.

LIONNETTE, avec un long soupir de joie.

Ah! que je suis heureuse!

GODLER, s'essuyant les yeux.

Est-ce bête, à mon âge!

TRÉVELÉ, s'essuyant les yeux, à Godler, et pour cacher son émotion.

Ramène ta mèche.

FIN DE LA PRINCESSE DE BAGDAD.

Château de Salneuve, septembre 1880.

NOTES

DE « LA PRINCESSE DE BAGDAD »

Dans la préface de l'*Étrangère*, je me suis engagé à ne plus écrire de préfaces pour mon théâtre. Ce septième volume me fournit l'occasion de tenir ma parole. J'ai assez discuté, expliqué, à propos de mes œuvres dramatiques; si je n'ai pas encore dit ce que je voulais dire, je ne le dirai jamais. Ce sont donc de simples notes que j'ajoute aux trois pièces du présent volume, pour que cette nouvelle édition, publiée jusqu'ici avec des commentaires, finisse à peu près comme elle a commencé. Question d'ordonnance et de symétrie. Et ne craignez pas que ces notes redeviennent des préfaces sous un autre nom. Ce ne seront vraiment que des notes, aussi concises que possible, purement historiques, contenant certains faits dont le récit peut intéresser certains lecteurs.

La Princesse de Bagdad a été écrite en sept jours, les nuits comprises, car j'ai bien peu dormi pendant ce véritable accès de fièvre. Le temps ne fait rien à l'affaire, comme dit Alceste. On écrit une pièce ou un livre en quelques jours, mais depuis combien de temps les portait-on dans sa cervelle et les y retournait-on dans tous les sens? Grossesse longue et douloureuse, accouchement rapide.

A la répétition générale, l'ouvrage produisit un grand effet; il n'en fut pas de même à la première représentation. Il y eut bataille et très chaude, surtout à la fin, à partir de la dernière moitié du dernier acte. Il avait été facile aux quelques amis que j'avais dans la salle de constater les mauvaises dispositions, de parti pris, avant le lever du rideau, d'une fraction du public. Chose rare, surtout au Théâtre-Français, des protestations et même des coups de sifflet furent lancés par des spectateurs et des spectatrices occupant des stalles ou des loges qu'ils n'avaient pas payées. Chose plus rare encore, des journalistes n'eurent pas la patience d'attendre le jour de leur compte rendu et se mirent de la partie. Ainsi, on siffla avec acharnement de la loge où se trouvaient les rédacteurs d'une grande feuille monarchiste et religieuse. Quelque temps après cette représentation, deux jeunes publicistes appartenant à cette feuille m'écrivirent pour me demander de vouloir bien prendre connaissance d'une comédie qu'ils avaient écrite et pour me prier de leur donner mes conseils, s'il y avait lieu. J'invitai ces messieurs à venir me voir, et quand ils m'eurent exposé leur sujet, je leur dis que j'étais d'autant plus flatté et touché de leur démarche qu'ils appartenaient à un journal où l'on ne prisait guère ma littérature, et je leur racontai l'histoire des coups de sifflet partis de la loge occupée par leur directeur et leurs confrères. Ils m'assurèrent que j'avais été mal renseigné, et bien qu'ils n'assistassent pas à la représentation, ils répondaient de leurs collègues dont aucun n'était assez oublieux de ses devoir de galant homme et de catholique pour se permettre une pareille inconvenance. Je priai ces messieurs, en échange du service que j'étais disposé à leur rendre, de vouloir bien faire une petite enquête au sujet de ce qui m'avait été rapporté, ajoutant que je m'en remettais absolument à leur bonne foi. Au bout de trois ou quatre jours, je reçus d'eux une lettre que j'ai conservée, bien entendu, où ils reconnaissaient qu'en effet un des occupants de la loge en question avait sifflé, mais qu'il n'était pas un des rédacteurs du journal; il n'était qu'un invité! Je donnai à ces messieurs les conseils qu'ils me demandaient à l'endroit de leur pièce ; ils les trouvèrent excellents, mais ils ne purent pas les suivre. Tant il est vrai que ce n'est décidément pas facile d'exécuter une pièce jouable, même avec de bons conseils. Le journal dont ces messieurs faisaient partie a cessé de paraître depuis quelques années. Il représentait des idées qui n'ont plus cours, même auprès du pape, à ce que j'ai entendu dire.

Pendant la tempête que ma pauvre pièce avait déchaînée (nous dirons pourquoi tout à l'heure), je regardais la salle, par la petite lucarne du rideau d'Arlequin. Bien des gens qui ne me pouvaient pas voir, qui m'avaient serré la main quelques heures auparavant et qui devaient me la serrer encore bien des fois, laissaient paraître ingénument sur leur visage ce « quelque chose qui ne nous déplaît pas, comme dit La Rochefoucauld, dans le malheur de notre meilleur ami ». D'autre part, je pouvais me convaincre une fois de plus de cette vérité que ce qu'on appelle le public n'existe pas. Tout ce tapage était produit par cent ou cent cinquante personnes au plus, y compris les individus payés qui gagnaient consciencieusement leur pièce de quarante sous, en sifflant ou criant, y compris les claqueurs payés aussi qui me défendaient tant bien que mal, y compris enfin les quelques bons amis qui me soutenaient de leur mieux. Parmi ceux-ci je vois et j'entends encore un des abonnés du Théâtre, cet aimable et spirituel Saucède, mort depuis, mais bien vivant alors, placé au premier rang de l'orchestre des musiciens, tout debout, criant comme un sourd, et toujours dans le même ton : « Bravo! l'auteur! bravo! l'auteur! » et accompagnant cette psalmodie de coups de canne réguliers, aigus, sur la couverture en zinc de la rampe. Il restait donc à peu près quinze cents personnes (le public) qui ne disaient rien, qui attendaient, debout, l'issue de cette bataille. Ces quinze cents personnes avaient l'air d'être là en pays étranger. Elles ne savaient pas pour qui elles devaient prendre parti. La pièce était-elle bonne ou mauvaise? S'étaient-elles amusées ou ennuyées? Elles n'en savaient rien. Elles assistaient, par-dessus le marché, gratis, à un second spectacle qui leur fournirait le lendemain un sujet de conversation durant les visites du jour. Voilà ce qu'on appelle le public et à qui on en appelle constamment, c'est-à-dire une masse incapable de juger par elle-même, dont dispose, séance tenante, une claque bien organisée, ou une cabale bien faite.

La seconde représentation avait lieu un mardi, jour d'abonnement. La pièce profita de la froideur traditionnelle mais en même temps de la bonne éducation de ce public particulier. La froideur fut du calme et le silence des spectateurs fut comme une adhésion. La pièce fut écoutée. La claque, un peu augmentée, fit son œuvre stupide et indispensable. Quelques coups de sifflet à la fin, du fond du parterre et des troisièmes galeries. La troisième représentation, le jeudi, jour d'abonnement encore, la pièce fut entendue avec un certain plaisir, et l'on vit reparaître quelques-unes des impressions de la répétition générale. Encore quelques coups de sifflet, moins nombreux, derniers roulements d'un orage qui s'éloigne et laisse déjà voir des éclaircies de bleu. L'animosité qui doit se manifester en mettant tous les jours la main à la poche, se lasse assez vite. Enfin, le samedi, la représentation passa froide, mais sans encombre. Le baromètre avait franchi le variable et, à partir de ce moment, *la Princesse de Bagdad*, fortement secouée en sortant du port, par les vents debout, resta maîtresse de la mer. Elle avait été vaillamment soutenue par tous les artistes; et, parmi les critiques, Banville, La Pommeraye, Vitu la défendirent sans réserve. Je ne puis les remercier une fois de plus que dans la mort.

Maintenant pourquoi ce déchaînement de certains spectateurs contre cette pièce ? C'est que je venais de publier un livre qui avait irrité les gens les plus irritables et les plus rancuniers qui soient, les dévots, les vrais et les faux. L'auteur de *la Princesse de Bagdad* payait pour l'auteur de *la Question du divorce*. Nombre de gens disaient tout haut, avant le lever du rideau, à d'autres gens dont quelques-uns me l'ont répété, qu'ils venaient siffler la pièce d'un homme qui avait attaqué leurs convictions religieuses. C'était de bonne guerre. Je n'avais qu'à ne pas m'exposer si vite en un lieu où l'on achète à la porte le droit de siffler quand on ne le prend pas pour rien, comme plusieurs ont fait ce jour-là. Du moment qu'on veut faire du mal à son ennemi, tous les moyens sont bons, et si je haïssais, ce serait ainsi que je haïrais ; mais j'ai eu beau faire, je n'ai jamais pu haïr. Je puis dire, comme Rousseau, et peut-être plus sincèrement que lui : « Je n'ai jamais connu cette humeur rancunière qui fermente dans un cœur vindicatif »

Entre nous, je l'ai quelquefois regretté. La vie est souvent bien monotone, bien longue, bien pâle, quand la fatigue succède à un travail trop prolongé et que l'on est condamné à l'inaction et au repos. Les raisons de tenir à cette vie à mesure qu'on y avance se font de plus en plus rares. Haïr son prochain doit être une des bonnes raisons d'aimer l'existence. Il y a là un aiguillon qui vous pousse sans cesse en avant et vous fait souhaiter le lendemain avec ardeur. C'est peut-être demain que celui que l'on hait souffrira. Comme on doit bien dormir avec cette belle espérance ! L'amour, lui aussi a du bon, c'est évident ; d'abord il est de toutes les saisons, comme dit la chanson, mais il n'est pas de tous les âges. Il est plus noble que la haine, qui n'a pu naître que de lui, comme Caïn, mais il est moins durable, moins absorbant, sans doute parce que les causes qui produisent la haine sont moins casuelles, moins dépendantes de certaines circonstances physiologiques et qu'elle n'est jamais exposée à changer d'objet. On peut même se mettre à haïr de nouveaux individus sans que ceux que l'on haïssait auparavant y perdent rien, au contraire. Et puis l'amour, pour être heureux, demande à être partagé, tandis que la haine ne demande qu'à être assouvie, et l'on croit pouvoir y arriver par des moyens à la portée du premier venu. Autre avantage supérieur, la haine ne connaît pas l'infidélité ; rien ne la distrait, rien ne l'écarte de son but. Elle ne connaît pas non plus la lassitude ; elle n'est pas, comme l'amour, à la merci d'un organe spécifique, et inobédient, selon l'expression de Montaigne ; elle dispose de tout l'organisme ; elle vous tient tout entier et les imbéciles, ces éternels auxiliaires des méchants, sont toujours là, toujours prêts à la servir, même sans le vouloir. Enfin, on peut haïr, toute sa vie, et toujours de plus en plus, et toujours la même personne. Celle-ci aura beau vieillir, se délabrer, la haine ne désarmera pas ; elle jouira au contraire de ces ravages qui auraient si vite mis fin à l'amour. Il vaut mieux être Roméo que Iago, surtout la nuit, les insomnies solitaires de la haine n'étant pas comparables aux insomnies à deux de l'amour, mais, somme toute, je crois que Iago a plus d'agrément. Quand il voit Othello perdre la tête, insulter Desdémone et l'étouffer sur des matelas et sous des oreillers étonnés de ce nouvel emploi, il a évidemment quelques minutes d'une félicité ineffable, si intense, que les saints du paradis, même après avoir été dévots sur la terre, ne sauraient la supporter pendant l'éternité à laquelle ils ont droit. Othello, qui croit haïr celle qu'il tue, connaît aussi la volupté suprême, seulement il n'est que dans l'illusion de la haine, celle dont on revient et dont on se repent. Iago ne se repentira jamais. Là est sa supériorité.

J'écris ces lignes quelques jours après que M. Deacon a tué M. Abeille. Une lettre anonyme, assure-t-on, a causé cette catastrophe. J'ai reçu et je reçois encore beaucoup de lettres anonymes. Je les préfère infiniment aux autres ; elles ont ce grand avantage qu'on n'est pas forcé d'y répondre. Elles deviennent très promptement indifférentes et restent même très vite inconnues. Dès les premiers mots « Un ami doit vous prévenir, » ou bien « vieil imbécile » je sais à quoi m'en tenir, je ne vais pas plus loin et je les jette au feu ou en quelque autre endroit où elles ont chance de retrouver l'air natal. Mais tout le monde n'a pas mon expérience et ma philosophie, et il est incontestable, que, chez certains individus obcurs, non cuirassés par l'habitude, la lettre anonyme peut amener de véritables désastres. C'est l'engin le plus simple et le plus économique de la haine courante ; c'est la dynamite des femmes de chambre, des femmes entretenues et, il faut bien le dire, hélas! de quelques femmes du monde. Bref, c'est d'une lettre anonyme qu'est sorti le drame de Nice : un homme tué, une femme déshonorée, son mari en cour d'assises, deux familles dans le désespoir, quatre enfants dans les larmes, marqués au front par leur père d'une tache de sang, par leur mère d'une tache de boue, le tout au moyen d'un chiffon de papier et de quelques mots qui, placés autrement, auraient pu servir à une bonne action. Trois sous de timbre par là-dessus. Ce n'est pas ruineux comme mise de fonds et c'est péremptoire comme résultat. Voilà ce qu'on peut appeler un beau travail de haine ; l'illustre Ravachol n'a guère fait mieux. Le ou la misérable qui a écrit cette lettre a non seulement prévu, mais souhaité les conséquences qu'elle a eues, sans quoi ce n'eût pas été la peine de l'écrire. Ces conséquences ayant été obtenues, l'opération ayant réussi, vous rendez-vous compte des joies célestes du correspondant invisible, joies d'autant plus profondes qu'elles sont plus secrètes et tout entières la propriété de celui ou de celle qui les goûte. Ni vous ni moi ne voudrions être à la place de cet inconnu, mais il n'en est pas moins certain que, pour l'être particulier qui avait ce genre d'idéal, il n'est pas de satisfaction amoureuse qui eût pu lui donner l'équivalent de ce qu'il éprouve. Écrire une pareille lettre, contrefaire son écriture, aiguiser les mots perfides, jeter soi-même dans la boîte cette enveloppe, pleine de matières brisantes que rien ne peut signaler; calculer les heures de levée, d'arrivée, se rendre compte, à quelques minutes près, du moment de l'explosion, pouvoir même se trouver dans le voisinage sans que rien puisse vous trahir, sans que personne puisse vous soupçonner; faire tuer celui que l'on hait par un autre qui vous obéit sans vous connaître; apprendre tout à coup le meurtre avec la certitude de rester ignoré et impuni, c'est tout bonnement divin et si vous ne comprenez pas ces voluptés-là, vous n'êtes pas digne de l'âme immortelle que le Dieu d'amour et de miséricorde vous a donnée, en même temps du reste qu'à l'anonyme qui fait un si bel usage de la sienne.

Maintenant si la haine procure à celui qui la ressent et la met en œuvre des délectations d'un ordre à part, celui qui est l'objet de cette haine, s'il en a connaissance, peut trouver, à l'avoir fait naître, quelque agrément imprévu, très supérieur aux distractions ordinaires. N'est pas haï qui veut. C'est le privilège d'un mérite quelconque, talent et célébrité chez l'homme, beauté ou bonne renommée chez la femme. Quiconque a l'âme élevée préférerait, cela va sans dire, être aimé de tout le monde, bien que cette sympathie universelle soit en général, un brevet de médiocrité, mais si l'on se sent homme de bien et qu'on ne recueille pas de tous la justice que l'on mérite, la haine non justifiée et par cela même excessive est un dédommagement naturel dont il ne faut pas faire fi. D'abord cette haine n'est au fond qu'un involontaire et irrésistible témoignage d'estime. On ne hait jamais ceux que l'on méprise.

Rappelons-nous aussi que cent ennemis bien injustes et bien hurlants suscitent toujours quelque part à celui qu'ils attaquent un ami nouveau, inconnu, révolté par leur injustice et leur maladresse, et que ce sont quelques esprits comme celui-là qui déterminent finalement ce qu'on appelle l'opinion du monde.

Je ne suis pas du tout de l'avis de Basile à l'endroit de la calomnie. Je ne l'ai jamais vue avoir aucune prise durable sur le jugement définitif des hommes. La vérité triomphe toujours parce qu'elle est la vérité. Renan, qui a été un des hommes les plus insultés et les plus diffamés qui soient, a écrit dans ses *Feuilles détachées*, qui sont toutes des pages admirables de bon sens, de philosophie, de sérénité, ces lignes dont je conseille à tout homme engagé dans les luttes publiques de faire sa règle de conduite : *Je dois à M. de Sacy quelques-unes des règles morales que j'ai toujours suivies. Je lui dois en particulier cette règle de ne jamais répondre aux attaques des journaux, même aux plus grandes énormités. Il était sur ce point de l'avis de M. Guizot, qu'aucune calomnie n'atteignit parce qu'il les dédaigna toutes. Aux divers cas d'exception possibles que je lui soumettais, il répondait : Jamais, jamais, jamais! Je crois avoir, sur ce point comme sur bien d'autres, consciencieusement suivi les conseils de mon vieux maître. Un journal a publié de moi un fac-similé, un prétendu autographe de nature vraiment à me couvrir de ridicule s'il eût été authentique. Je n'ai rien dit et je ne me suis pas aperçu que cela m'ait fait le moindre tort. J'ai laissé imprimer sans réclamation que j'avais reçu un million de M. de Rothschild, pour écrire la* Vie de Jésus. *Je déclare d'avance que quand on publiera le fac-similé du reçu, je ne réclamerai pas. Du haut du ciel, M. de Sacy sera content de moi.*

Renan a raison. Sauf dans les fonctions publiques où l'on n'est pas seul en cause, la seule réponse à faire aux calomnies, c'est le silence, lequel contient toutes les formes et tous les effets du mépris. Je n'ai pas été autant insulté que Renan, malheureusement, l'insulte étant toujours en raison du mérite, mais je l'ai été autant que ma notoriété le comportait, non seulement dans ma vie littéraire, mais dans ma vie privée, dans mon caractère, dans mes enfants, dans mes amis, par des gens qui ne me connaissaient certainement pas et que je ne connaîtrai certainement jamais. Jamais je n'ai répondu. Je ne me suis pas aperçu, comme Renan, que cela m'ait fait le moindre tort. J'ai tout bonnement senti certaines poignées de main plus chaudes et plus prolongées. Pensons à ce que l'ignorance, l'envie et même la faim peuvent faire souffrir à ceux qui voudraient être à notre place, pardonnons-leur de le laisser voir et rappelons-nous le proverbe arabe : « Les chiens aboient, la caravane passe ». Que ceux qui font partie de la caravane, laissent aboyer et poursuivent leur route. Ils vont quelque part où les chiens ne vont pas.

Si j'insiste tant sur ce sujet, ce n'est pas que j'en veuille aux gens qui ont malmené *la Princesse de Bagdad*. Je n'ai pas cherché les noms de ceux que je ne connaissais pas et j'ai oublié ceux que je connaissais. Je suis trop près de la fin de toutes les choses périssables pour laisser traîner un mauvais sentiment dans ma vie. Ceux que j'aime et qui m'aiment peuvent me faire de la peine sans le vouloir ; ils n'ont qu'à souffrir ou à mourir pour cela ; les autres ne peuvent rien me faire. Ils peuvent imprimer, démontrer, faire admettre par le monde entier que je n'ai aucun talent, que mes succès étaient immérités, ils peuvent précipiter mon œuvre dans l'oubli. Qu'ils ne se donnent pas tant de mal ; elle y tombera bien toute seule, si elle le mérite et elle en ressortira tôt ou tard malgré eux, si elle vaut quelque chose. Et qu'est-ce que l'une ou l'autre solution changera dans le mouvement de ce monde ? Ce que nul ne peut m'enlever c'est le plaisir que le travail m'a procuré, ce sont les jouissances pures que m'a causées la conception et l'exécution de ces œuvres bonnes ou mauvaises, toujours sincères, c'est l'indépendance matérielle et morale qu'elles m'ont donnée, c'est l'influence que quelques-unes d'entre elles ont exercé sur les idées, sur les mœurs et même sur les lois ; c'est le droit de me dire, en face de certains progrès accomplis, ce que disent des ouvriers, en se promenant le dimanche dans des quartiers nouveaux : « J'ai tout de même travaillé à ces maisons-là. » Rien ne peut faire enfin que je n'aie pas aimé, cherché et dit la vérité, que je n'aie pas voulu le bien, que je n'aie pas poursuivi un idéal, inutilement pour vous, soit, et encore qu'en savez-vous ? mais non pour moi en tout cas et pour quelques autres que j'ai fait réfléchir ou pleurer, ce qui est la même chose. Combien sommes-nous qui pouvons en dire autant? Non seulement je ne reproche rien à la vie, mais je n'espérais pas et je ne méritais pas tout ce qu'elle m'a donné. J'aurai été un des heureux de ce monde ; c'est bien le moins dès lors que je ne veuille de mal à personne, même à ceux qui ont essayé de m'en faire. Ma personne n'est donc pas en cause dans la digression à laquelle je me livre ici. A propos de la représentation d'une de mes pièces qui a suscité certains incidents, je m'entretiens avec mes lecteurs comme j'ai l'habitude de le faire ; je leur dis tout ce que je pense et je tâche d'élargir assez la question pour qu'ils puissent entrer dedans.

Eh bien, pour aller jusqu'au fond de cette question, il est évident que non seulement sur moi, mais sur tous autant que nous sommes, le vent de la haine souffle en ce moment. Ce n'est partout que sarcasme, dénigrement, hostilité, menaces, injures, chez les individus comme chez les peuples. Les canons se regardent sur toutes les frontières, les revolvers sont dans toutes les poches. Ce n'est qu'à quarante-cinq ans qu'on ne fait plus partie de ceux qui sont chargés d'aller tuer au dehors, et il n'y a pas d'âge où l'on n'ait pas à redouter un compatriote paresseux, jaloux, prêt à faire sauter une ville, pour ne pas travailler. Entrez dans les assemblées publiques, on s'y injurie ; entrez dans les églises, on s'y bat. Les soldats allemands jurent à leur empereur de tirer sur leurs frères et le clergé attend impatiemment la mort du vieux pape qui lui prêche la douceur et la conciliation, avec l'espérance d'en voir élire un autre qui serve ses colères. Ce ne sont plus des hommes étrangers les uns aux autres qui se détestent ni même des hommes du même pays, ce sont des hommes du même sang, des pères, des enfants, des frères, des époux, des époux surtout. Le mariage se disloque, la famille se démembre, la maternité abdique. L'homme affecte un tel mépris pour la femme, la femme affiche une telle horreur de l'homme que, si cela continue ainsi, dans dix ans, non seulement le mariage mais l'amour n'existera plus ou qu'il n'aura plus qu'un sexe. Ce ne sera pas Thèbes que Phryné offrira de rebâtir avec l'argent des débauchés imbéciles, ce sera Lesbos, et l'adultère sera glorifié par les poètes de l'avenir comme la dernière forme idéale et digne de respect des amours d'autrefois. Qui nous rendra l'immoralité d'Antony ? Que nos jeunes confrères du Théâtre Libre préparent leurs plumes ; il y aura des comédies et même des tragédies tout à fait nouvelles à faire où la haine remplacera l'amour qui faisait la force de nos comédies immorales et démodées. C'est un moment, un siècle à passer, et cela passera comme toutes les autres formules que l'humanité a cru devoir employer. Quand les hommes verront que la haine ne mène à rien, ils en reviendront à l'amour qui est la base, le moyen et le but.

Le rôle de Lionnette a été la dernière création de mademoiselle Croizette. Mademoiselle Croizette n'était ni une grande comédienne, ni même une grande actrice ; c'était une grande dame qui s'était, pour ainsi dire, trompée de porte en entrant dans la vie. Par nécessité purement matérielle, elle a traversé la scène de la Comédie-Française pour aller retrouver sa véritable destinée qui l'attendait de l'autre côté du théâtre. Les amateurs de théâtre ont profité pendant quelques années de cette distraction de la nature et de cette fantaisie de la Providence. Supposons une La Rochefoucauld ou une Montmorency, une fille de prince ou de roi, forcée de gagner sa vie, choisissant, contre le gré de sa famille, cela va sans dire, la carrière dramatique et portant sur les planches tous les dons, tous les droits, toutes les traditions en même temps que toutes les originalités qu'elle aurait reçus de sa race pour briller dans les cours : la beauté du visage, la noblesse des attitudes, les gestes amples et simples à la fois, la voix impérative, ironique, un peu rude de ceux qui sont nés pour le commandement, les mouvements souples, fiers d'une tête faite pour porter une couronne, l'aisance d'une personne habituée à gravir et à descendre, devant la foule, les marches d'un trône, le tout sans préjudice des enjouements, des grâces, des audaces d'une belle fille jeune et saine, des coquetteries et des ardeurs d'une nature riche, curieuse et passionnée, telle eût été cette comédienne de grande race, telle a été mademoiselle Croizette.

Mais, ce qu'on apprend au Conservatoire, le métier, l'art même n'étaient pour rien, chez mademoiselle Croizette : l'instinct, l'émotion, le démon intérieur répondaient et suffisaient à tout. Elle respirait mal, elle ponctuait mal, elle parlait trop vite, elle bredouillait quelquefois. Mais quels accents imprévus et justes! quel emportement! quelle éloquence, quelle fière reprise de toute son âme et de toute sa chair quand elle exécutait son mari, au quatrième acte de *l'Étrangère!* quel abattement, quelle révolte de toutes ses pudeurs, quel désespoir morne et tragique dans les confidences à mi-voix à son vieil ami Richard, quand elle se croyait fatalement condamnée à la prostitution, au troisième acte de la

Princesse de Bagdad : quel cri de tigresse quand Nourvady portait la main sur son enfant! Et comme, sous la révélation subite de l'amour maternel, cette mère aurait déchiré et mis en lambeaux cet homme si on ne l'eût arraché de ses mains !

Le Théâtre-Français a une clientèle particulière que les autres théâtres n'ont pas, qui ne s'en tient pas aux récits de la première représentation et qui est pour ainsi dire forcée de juger par elle-même. Les abonnés du mardi et du jeudi, devant qui doivent forcément défiler toutes les nouveautés, forment ainsi une espèce de cour d'appel contre les verdicts du premier jour, et c'est à ce public-là, comme je l'ai déjà dit plus haut, que la *Princesse de Bagdad* a dû de rebondir comme elle l'a fait après sa chute, car c'était là le mot de la fin pour les spectateurs du 31 janvier 1881. Si bien que la *Princesse de Bagdad* a été jouée jusqu'au 31 mai avec une moyenne de 5 976 francs par représentation, ce qui va étonner et irriter encore bien des gens. La recette du 31 mai était de 7 182 fr. 50. Interrompue par une maladie de mademoiselle Croizette, la pièce a été reprise, le 11 octobre suivant, devant une recette de 6 447 francs. Le soir même de cette reprise, et il lui avait fallu un courage extraordinaire pour aller jusqu'au bout, mademoiselle Croizette, terrassée par un mal subit, s'alitait pour de longs mois. Revenue à la santé, elle se décidait à quitter le théâtre, en pleine jeunesse, en pleine beauté et en plein succès. Elle a eu raison. Quelques satisfactions d'amour-propre ou d'orgueil que donnent les succès du théâtre, elles ne valent pas celles de la famille, de la fortune alliée à la bienfaisance et de l'obscurité.

Il y a, dans cette nouvelle édition, page 80, scène dernière de la *Princesse de Bagdad*, une indication que les autres éditions ne portent pas. Après avoir dit à son mari: « *Je suis innocente, je te le jure, je te le jure,* Lionnette *le voyant incrédule, se relève, pose la main sur la tête de son fils et dit une troisième fois:* « *Je te le jure.* » Ce mouvement si noble et si convaincant n'a pas été exécuté à Paris. Ni mademoiselle Croizette ni moi ne l'avions trouvé, et cependant il fallait que ce troisième: « Je te le jure » fût irréfutable et irrésistible. L'intonation seule, si puissante qu'elle fut, ne pouvait y suffire. C'est la Duse, l'admirable comédienne italienne qui passionne Vienne en ce moment, qui a eu cette belle inspiration quand elle a créé le rôle à Rome. Je la lui prends pour mon édition définitive, mais je lui en restitue l'honneur et le mérite. J'ai encore à la remercier, et je tiens à le faire publiquement, d'avoir, grâce à son grand talent et à sa grande autorité, fait entrer dans le répertoire italien deux de mes pièces qui n'avaient pu être représentées qu'une fois chacune avant qu'elle les interprêtat : *la Femme de Claude* et *la Princesse de Bagdad*. Il est bien regretable pour notre art dramatique français que cette artiste hors ligne ne soit pas française.

Marly-le-Roi, 22 mai 1892.

DENISE

PIÈCE EN TROIS ACTES

Représentée pour la première fois.
à Paris, sur le Théatre-Français, le 19 janvier 1885

A

MONSIEUR ÉMILE PERRIN

ADMINISTRATEUR GÉNÉRAL DU THÉATRE-FRANÇAIS

Mon cher Perrin,

Je dois à votre insistance affectueuse d'avoir écrit cette pièce, comme je dois au talent des artistes qui la représentent une large part du succès qu'elle obtient. Je serais bien ingrat si je ne dédiais pas *Denise* à cette Comédie-Française que vous administrez si bien et que les interprètes de Corneille, de Racine et de Molière maintiennent toujours si haut.

A. DUMAS FILS.

PERSONNAGES.

                                                     Acteurs
                                    qui ont créé les rôles.

COMTE ANDRÉ DE BARDANNES...... MM. Worms,
BRISSOT............................ Got,
FERNAND DE THAUZETTE, fils de madame de Thauzette...................... Baillet.
THOUVENIN.......................... Coquelin.
PONTFERRAND....................... Coquelin Cadet.
MARTHE DE BARDANNES, sœur d'André Mmes Reichemberg.
DENISE BRISSOT, fille de Brissot.,....... Baretet.
MADAME DE THAUZETTE............. Pierson.
MADAME BRISSOT, femme de Brissot... P. Granger.
MADAME DE PONTFERRAND......... Amel.
CLARISSE DE PONTFERRAND....... Frémaux.

UN DOMESTIQUE..................... M. Falconnier.

La scène se passe de nos jours à la campagne entre le déjeuner et le dîner.

DENISE

ACTE PREMIER

Un salon de campagne, très élégant. Portes-fenêtres au fond donnant sur le jardin. Portes latérales.

SCÈNE PREMIÈRE

DENISE, CLARISSE DE PONTFERRAND, puis ANDRÉ, THOUVENIN, MADAME DE PONT-FERRAND, M. DE PONTFERRAND, MADAME BRISSOT, puis MARTHE, FERNAND, BRISSOT.

Avant que le rideau se lève, après les coups frappés, on entend Denise qui chante, en s'accompagnant sur le piano, le morceau de *Mireille* : *Et moi, si, par hasard quelque jeune garçon.* Elle dit la dernière phrase, une fois le rideau levé et devant le public. Clarisse est debout en scène et fait signe aux personnages qui sont dans la coulisse de venir tout doucement et d'écouter sans se faire voir. Quand Denise a lancé sa dernière note, Clarisse applaudit.

CLARISSE.

Bravo! Bravo! Encore! Encore!

DENISE, se levant.

Comment, vous m'écoutiez, mademoiselle? Je me croyais seule. C'est une trahison.

Les autres personnages sont entrés. André, Thouvenin, Pontferrand et sa femme, madame Brissot. Tous applaudissent, excepté madame Brissot.

THOUVENIN.

Continuez, mademoiselle, continuez comme si nous n'étions pas là.

MADAME DE PONTFERRAND, bas, à M. de Pontferrand.

Elle savait fort bien que nous y étions.

PONTFERRAND.

Croyez-vous, chère amie, croyez-vous?

CLARISSE, à Denise.

Qu'est-ce que c'est que cet air-là?

DENISE.

C'est un air de *Mireille*.

CLARISSE.

Qu'est-ce que c'est que *Mireille*?

DENISE.

Vous n'avez jamais entendu *Mireille*, mademoiselle?

CLARISSE.

Où cela?

DENISE.

A l'Opéra-Comique.

CLARISSE.

On ne me mène pas au spectacle.

DENISE.

Même à l'Opéra-Comique?

CLARISSE.

Même à l'Opéra-Comique : il paraît que, quand on y va à mon âge, il faut se marier après.

THOUVENIN.

Cela arrive souvent, mais ce n'est pas inévitable.

CLARISSE, à André.

Monsieur, est-ce que mademoiselle Brissot chante ainsi tous les jours?

ANDRÉ.

Oui, mademoiselle.

CLARISSE.

Oh! vous êtes bien heureux.

ANDRÉ.

Mais oui.

CLARISSE, à Denise.

Vous me prêterez cette partition.

Elle s'est mise au piano et déchiffre *Mireille*.

DENISE.

Demandez à madame votre mère.

CLARISSE.

Maman, elle ne voudra pas. Je l'emporterai sans rien dire.

DENISE.

Je ne peux pas le permettre.

CLARISSE.

Pendant que vous aurez le dos tourné... Et puis, je l'appelle maman, mais ce n'est pas maman. Maman m'aurait menée à l'Opéra-Comique; elle m'aimait tant. Celle-ci est la seconde femme de papa, et alors elle est très sévère parce qu'elle prétend qu'elle a des responsabilités. Des responsabilités, qu'est-ce que cela veut dire? (Fouillant dans les partitions.) Qu'est-ce que vous avez encore de joli là? Où est donc mademoiselle Marthe?

DENISE.

On est allé la chercher. Elle était tout à l'heure dans le parc.

ANDRÉ, à madame Brissot.

La voix de mademoiselle Brissot revient tous les jours de plus en plus.

MADAME BRISSOT.

Oui, en effet.

MADAME DE PONTFERRAND, à madame Brissot.

Ah! madame; mademoiselle est votre fille?

MADAME BRISSOT.

Oui, madame.

MADAME DE PONTFERRAND.

Je vous fais mes compliments; on m'avait parlé d'elle. N'a-t-elle pas dû chanter dernièrement à l'Église pour le mariage du fils du fermier Bertrand.

MADAME BRISSOT.

Oui, madame.

MADAME DE PONTFERRAND.

En s'accompagnant à l'orgue que M. de Bardannes a donné.

ANDRÉ.

Oui, madame.

MADAME BRISSOT.

Mais il fallait l'autorisation de l'évêque.

MADAME DE PONTFERRAND.

Et Monseigneur n'a pas voulu. Il n'aime pas que les femmes chantent dans les églises. Ça distrait toujours un peu des offices. Moi, je suis pour qu'on s'en tienne à la maîtrise de la paroisse. On y chante quelquefois faux, mais on ne va pas à l'église pour entendre de la musique.

THOUVENIN.

On y va pour apprendre la charité.

CLARISSE, jouant un air de *Sylvia*.

Ah! ça c'est gentil.

Pontferrand, à moitié endormi, fredonne l'air que joue Clarisse.

MADAME DE PONTFERRAND, à madame Brissot.

Mais il faut que mademoiselle votre fille ait beaucoup travaillé pour arriver à chanter ainsi.

MADAME BRISSOT.

Elle a beaucoup travaillé, oui, madame, avec un vieil ami à nous, professeur de chant au Conservatoire et qui voulait absolument la faire entrer au théâtre. Il assurait qu'elle pourrait gagner cent mille francs par an.

MADAME DE PONTFERRAND.

Ce n'est pas trop pour consentir à monter sur les tréteaux.

THOUVENIN.

Il y a des tapis, madame.

MADAME DE PONTFERRAND.

Pas pour les danseuses.

PONTFERRAND.

Mais mademoiselle Brissot ne dansait pas, bonne amie.

MADAME DE PONTFERRAND.

Du moment que c'est en public et pour de l'argent, danser ou chanter, c'est toujours la même chose.

THOUVENIN, à part.

Aimable femme. (Haut.) Seulement, madame, il y a une différence. Les sourds aiment mieux la danse et les aveugles aiment mieux le chant.

MADAME DE PONTFERRAND, à André.

Qu'est-ce que c'est que ce monsieur?

ANDRÉ.

C'est un grand manufacturier, un grand agronome, une grande fortune, et par là-dessus un grand cœur.

MADAME DE PONTFERRAND.

Vous le nommez?

ANDRÉ.

Thouvenin.

MADAME DE PONTFERRAND.

Thouvenin! Thouvenin!

PONTFERRAND.

Ne cherchez pas, bonne amie. Ce n'est pas dans l'*Almanach de Gotha*. Ce n'est que dans le *Bottin*.

MADAME DE PONTFERRAND.

Les nouvelles couches. (A André.) Et alors cette demoiselle est l'institutrice de votre sœur?

ANDRÉ.

Non, madame, elle est surtout sa compagne, son amie.

MADAME DE PONTFERRAND.

Son amie! Son amie à gages, car je pense que vous la rétribuez, et grassement, pour faire ce qu'elle fait ici.

ANDRÉ.

Mademoiselle Brissot ne reçoit chez moi aucun salaire. Elle est la fille de mon régisseur, le plus honnête homme du monde, ancien officier, décoré.

MADAME DE PONTFERRAND.

Par le gouvernement actuel

ANDRÉ.

Non, par le précédent.

MADAME DE PONTFERRAND.

Ça ne vaut pas beaucoup mieux.

ANDRÉ.

Enfin, c'est comme ça, madame. Il était bon soldat, il a été blessé en Crimée et en Italie, on l'a décoré. C'est un malheur, mais qu'y faire?

MADAME DE PONTFERRAND.

Et pourquoi a-t-il quitté l'armée, puisqu'il était si brave?

ANDRÉ.

Pour se marier. La jeune fille qu'il aimait n'avait pas de dot; lui n'avait rien, et vous savez, madame, que dans l'armée...

MADAME DE PONTFERRAND.

Il faut une dot, je sais; alors c'était de l'amour?

ANDRÉ.

Justement.

MADAME DE PONTFERRAND.

De l'amour pour cette vieille, c'est drôle. Vous ne trouvez pas ça drôle, quand on voit une vieille femme, d'entendre dire qu'elle a été aimée.

ANDRÉ.

Non. Quand cette femme a été jolie et quand elle est restée bonne comme l'est celle-là. Ce qui est extraordinaire, c'est qu'on ait pu aimer ou épouser une femme qui a toujours été laide et qui n'a jamais été bonne.

MADAME DE PONTFERRAND.

Il y a bonté et bonté. Il y a des bontés que toutes les femmes ne sont pas disposées à avoir. Bref, ce sont des gens qui ont eu des malheurs.

ANDRÉ.

Très dignement et très vaillamment supportés.

MADAME DE PONTFERRAND.

Et comment vivait-on dans le malheur?

ANDRÉ.

Par le travail.

MADAME DE PONTFERRAND.

La fille aussi?

ANDRÉ.

La fille donnait des leçons de français, d'histoire, de musique, à des jeunes filles : car elle est très instruite, elle a tous ses diplômes.

MADAME DE PONTFERRAND.

Éducation laïque.

ANDRÉ.

C'est alors que le père, qui faisait quelques écritures de commerce, m'a été recommandé. La présence chez moi de ces braves gens m'a permis de retirer ma sœur du couvent, ce que je n'avais pu faire jusqu'alors, vivant à Paris, en garçon, et n'ayant plus ni père ni mère depuis dix ans, ni aucune parente qui pût venir demeurer avec moi et se charger de Marthe.

ACTE PREMIER.

MADAME DE PONTFERRAND.

Alors vous avez confié vos terres au père Brissot, votre ménage à la mère Brissot et votre sœur à la fille Brissot.

ANDRÉ.

Oui, madame.

MADAME DE PONTFERRAND.

C'est de la confiance. Croyez-vous qu'une personne qui a voulu entrer au théâtre soit une compagne bien convenable et bien sûre pour une fille de bonne maison? car elle est de bonne maison, votre sœur.

ANDRÉ.

Et moi aussi, qui suis de la même.

MADAME DE PONTFERRAND.

Vous êtes pour les idées nouvelles. La nuit du 4 Août! Elle nous a coûté cher, la nuit du 4 Août. Vous m'en direz de bonnes nouvelles de vos idées nouvelles... (A Pontferrand.) Eh bien, Philibert, à quoi pensez-vous?

PONTFERRAND, un peu endormi.

A vous, bonne amie. Il est difficile de penser à autre chose quand vous êtes là.

THOUVENIN, à André.

Il me va, le Pontferrand. Il m'a l'air d'en avoir pris gaiement son parti!

ANDRÉ.

Oh! très gaiement, je vous en réponds; c'est un malin.

THOUVENIN.

Mais pourquoi rendez-vous tant de comptes à sa femme?

ANDRÉ.

L'impôt du voisinage de campagne. Si je ne lui répondais pas catégoriquement, Dieu sait ce qu'elle dirait de toute la maison?

MADAME DE PONTFERRAND, à Marthe qui entre.

Enfin, vous voici, ma chère enfant!

MARTHE.

Excusez-moi, madame, j'étais allée jusque chez la femme du garde dont le petit garçon est un peu souffrant.

MADAME DE PONTFERRAND.

Rien de contagieux?

MARTHE.

Rien, madame, rassurez-vous!

MADAME DE PONTFERRAND.

J'avais peur que vous ne fussiez malade, ne vous voyant pas ce matin à la messe. Voilà pourquoi vous avez notre visite, bien que nous devions dîner ici ce soir.

MARTHE.

J'ai entendu tant de messes, quand j'étais au couvent que je me repose un peu; j'ai de l'avance. Vous n'y allez que le dimanche, chère madame, moi, j'y allais tous les jours.

MADAME DE PONTFERRAND.

C'est mademoiselle Brissot qui vous apprend ces choses-là?

MARTHE.

Non, madame, car mademoiselle Brissot était à la messe, ce matin.

PONTFERRAND.

A côté de madame de Thauzette.

MADAME DE PONTFERRAND.

Qui est ici?

MARTHE.

Oui, madame, pour quelques jours.

PONTFERRAND.

La belle Zézette, comme nous l'appelions, il y a encore dix ans.

MADAME DE PONTFERRAND.

Vous l'avez connue à cette époque-là?

PONTFERRAND.

Comme tout Paris, car à cette époque-là j'habitais Paris.

Il soupire.

MADAME DE PONTFERRAND.

Vous y allez encore assez souvent.

PONTFERRAND.

Tous les deux mois, à peu près, et avec des billets d'aller et retour, ce n'est pas la peine d'en parler.

MADAME DE PONTFERRAND.

N'est-elle pas veuve, cette belle madame de Thauzette?

ANDRÉ.

Oui, madame.

MADAME DE PONTFERRAND.

Son mari était à la tête d'une Société financière; il a laissé des affaires en assez mauvais état.

PONTFERRAND.

Après sa mort, on a lavé la situation.

MADAME DE PONTFERRAND.

Eh bien, l'eau doit être propre. N'a-t-elle pas un fils?

ANDRÉ.

Qui a été au collège avec moi.

MADAME DE PONTFERRAND.

Il est plus jeune que vous?

ANDRÉ.

De six ou sept ans.

MADAME DE PONTFERRAND.

C'est un grand bellâtre qui n'est bon à rien. Elle voudrait bien le marier, mais il n'est pas d'un placement facile. Est-ce qu'il est ici avec elle?

MARTHE.

Oui, madame, nous allons faire une promenade à cheval ensemble, ce matin; madame de Thauzette me donne des leçons.

MADAME DE PONTFERRAND.

Ah! oui, elle pourrait donner des leçons de manège, comme mademoiselle Brissot des leçons d'orthographe. Faites-moi donc visiter votre nouvelle installation, car toute cette partie du château a été nouvellement restaurée.

Elles s'éloignent.

THOUVENIN, à Pontferrand.

Madame de Pontferrand a beaucoup d'esprit.

PONTFERRAND.

Oui, oui. Elle est mauvaise comme la gale. Dites donc, vous qui êtes dans beaucoup d'affaires sûres, car il paraît qu'elles sont sûres, vos affaires...

THOUVENIN.

Oui.

PONTFERRAND, lui serrant la main.

Je vous en fais mon compliment. Vous devriez bien me fourrer dans un conseil d'administration. Les Pontferrand sont de vieille souche. Voilà une occasion pour la démocratie de faire alliance avec la noblesse. Et puis ça me ferait aller quelquefois à Paris.

THOUVENIN.

Les jetons d'absence seraient pour la petite.

PONTFERRAND.

Qui est-ce qui vous a dit de ces choses-là?

THOUVENIN.

Ça se dit dans le pays.

PONTFERRAND.

Tas de bavards!

THOUVENIN.

On vous voit trottiner, de temps en temps, du côté du télégraphe où vous allez porter vous-même vos petites dépêches.

PONTFERRAND.

A un ami.

THOUVENIN.

Hé! vous n'allez pas les adresser directement à la petite, vous êtes plus fort que ça, et le lendemain, régulièrement, on vous voit partir pour Paris, où vous restez deux bons jours.

PONTFERRAND.

C'est vrai.

THOUVENIN.

Je vous mettrai dans un conseil d'administration; mais dites-moi pourquoi, puisque vous étiez veuf, vous êtes-vous remarié? Par mortification?

PONTFERRAND.

Vous y êtes. J'étais inconsolable de la mort de ma première femme, qui n'avait aucun rapport avec celle-ci... un ange, un ange, et plus on est inconsolable...

THOUVENIN.

Plus on a besoin d'être consolé. Mais ce n'était pas le moyen.

PONTFERRAND.

Mais je me croyais sincèrement inconsolable pour toujours. Alors, on a abusé de ma douleur. On m'a dit qu'il fallait me remarier, à cause de Clarisse, avec une femme sérieuse. J'ai cherché une personne que l'on ne pût pas m'accuser d'avoir épousée par amour; on m'a indiqué mademoiselle de Laville Serteux, je me suis dit tout de suite : voilà mon affaire.

THOUVENIN.

On ne pouvait pas trouver mieux.

PONTFERRAND.

Je ne crois pas. Il faut vous dire que, tel que vous me voyez, je suis resté très jeune.

THOUVENIN.

De cœur?

PONTFERRAND.

De cœur et de tout.

THOUVENIN.

Alors?

PONTFERRAND.

Alors, dans le commencement de mon mariage, moins il y avait d'entrainement de ma part, plus il me paraissait juste de concilier et mes devoirs envers la mémoire de ma première femme, et ce que je devais, après tout, aux aspirations légitimes de la seconde. Je m'étais remarié, je devais au moins...

ACTE PREMIER.

THOUVENIN.

L'obole du veuf. Ce n'est pas énorme, mais enfin c'est toujours ça. C'était bien, cette combinaison.

PONTFERRAND.

Oh! oui, c'était bien. Elle ne m'en a su aucun gré. Elle est devenue exigeante, jalouse. Elle n'a plus voulu voir que des vieilles femmes. Elle dit pis que pendre de toutes les autres. Bref, elle m'a rendu la vie tellement insupportable qu'elle a complètement dénaturé ma douleur. Au lieu de rester inconsolable d'avoir perdu ma première femme, je suis inconsolable d'avoir pris la seconde. Mais de cette douleur-là j'avais bien le droit de me consoler.

THOUVENIN.

Et c'est pour cela que vous allez à Paris.

PONTFERRAND.

Comme vous dites.

THOUVENIN.

C'est mademoiselle Clarisse qui ne doit pas s'amuser dans tout ça.

Clarisse s'est remise au piano avec Denise.

PONTFERRAND.

Oh! je vous en réponds : pauvre petite! Nous rions bien quelquefois ensemble, parce qu'elle ne demande qu'à rire, mais à son âge, un père, ce n'est pas suffisant. Il faudrait la marier. Dès que M. de Bardannes a eu sa sœur avec lui, ma femme a consenti à venir et à amener Clarisse. Il m'irait comme gendre, le maître de la maison. Est-il libre?

THOUVENIN.

Je le suppose.

PONTFERRAND.

On dit dans le pays que la petite institutrice... Hé! hé!

THOUVENIN.

Eh bien, que ceux qui disent ça ne le disent pas à portée des oreilles du père, il en cuirait à leurs oreilles, à eux.

PONTFERRAND.

Vous croyez? Entre nous, ça ne serait pas la première fois qu'une institutrice... Elle est gentille. J'économiserais bien le voyage de Paris pour elle.

MADAME DE PONTFERRAND, qui est entrée.

Eh bien, Philibert, quand vous voudrez.

PONTFERRAND.

Me voilà, bonne amie.

MADAME DE PONTFERRAND.

Qu'est-ce qu'elle joue là, votre fille?

PONTFERRAND.

C'est gentil.

Clarisse joue un air de *Sylvia*.

MADAME DE PONTFERRAND.

Qu'est-ce que vous jouez là, Clarisse?...

CLARISSE, passant de *Sylvia* à la marche funèbre.

C'est un oratorio, maman.

MADAME DE PONTFERRAND.

Un oratorio qui commence si gaiement?...

CLARISSE.

Il est en deux parties, maman: la première pour mariage, et la seconde pour funérailles.

ACTE PREMIER.

PONTFERRAND, à Thouvenin.

Quand je vous disais qu'elle avait de l'esprit!

MADAME DE PONTFERRAND.

Fermez cette partition, vous qui ne vous destinez pas au théâtre. (Fernand entre en costume de cheval.) Qu'est-ce que c'est encore que celui-là?

MARTHE.

C'est M. de Thauzette.
Fernand salue très élégamment et très respectueusement les deux femmes.

MADAME DE PONTFERRAND, saluant à peine, bas, à Marthe.

Ne me le présentez pas. Il sera temps ce soir. (A part.) C'est le cirque Loyal. (A Pontferrand.) Voyons, Philibert, allons-nous-en avant que madame de Thauzette arrive.

FERNAND, à haute voix, à Denise.

Enfin, on te voit! Comment vas-tu, ce matin?

DENISE.

Très bien, je te remercie.

FERNAND.

Ta migraine d'hier au soir?

DENISE.

Elle est passée.

MADAME DE PONTFERRAND, à Marthe.

Ils sont parents?

MARTHE.

Non, mais leurs parents étaient intimement liés. Ils ont été élevés ensemble et ils se tutoient toujours.

MADAME DE PONTFERRAND, à part.

Ah! c'est exquis. (Haut.) Clarisse!

CLARISSE.

Maman.

MADAME DE PONTFERRAND.

Venez!

CLARISSE.

Me voilà, maman. (A Denise.) Comment s'appelle ce monsieur qui vient d'entrer?

DENISE.

M. Fernand de Thauzette.

MADAME DE PONTFERRAND, à Pontferrand.

Eh bien, venez-vous, Philibert?

PONTFERRAND, qui se chauffe les pieds.

Voilà, bonne amie! C'est bon, un peu de feu, en septembre. Vous devriez faire faire du feu à la maison.

MADAME DE PONTFERRAND.

Avant la Toussaint, c'est inconvenant. Nous dînerons ici ce soir, puisque nous ne pouvons pas faire autrement, mais nous ne reviendrons plus dans cette maison qui n'est convenable ni pour Clarisse, ni même pour moi... et vous me ferez le plaisir, dès demain, d'aller voir l'évêque et de lui dire qu'il faut qu'il intervienne.

PONTFERRAND.

Pour?

MADAME DE PONTFERRAND.

Pour soustraire cette petite (Elle montre Marthe.) aux déplorables influences de ce milieu.

PONTFERRAND.

Il est à Paris, l'évêque.

MADAME DE PONTFERRAND.

Eh bien! vous irez à Paris.

PONTFERRAND, à part.

Je vais envoyer une dépêche.

MADAME DE PONTFERRAND, à Marthe.

A ce soir, chère enfant. (A André). Au revoir, monsieur.

Tous les personnages sortent, excepté Fernand, Denise et Marthe. Fernand salue très respectueusement Clarisse.

CLARISSE, à part.

Oh! le beau garçon.

Elle sort.

FERNAND, à Marthe, au moment où elle va rentrer dans la coulisse.

Mademoiselle, voici le livre que vous avez paru désirer hier au soir et que je suis allé chercher ce matin à la ville.

MARTHE, prenant le livre.

Quatre lieues à cheval, c'est aimable.

FERNAND, bas.

Il y a une lettre dans le livre.

Marthe dépose le livre sur la table et va rejoindre madame de Pontferrand, Clarisse et André qui sortent.

FERNAND, à part.

Elle laisse là ce livre, sachant qu'il contient une lettre. Est-ce du dédain, de l'audace ou de la prudence? Veut-elle que je le reprenne, ou va-t-elle revenir le chercher? Nous verrons bien.

Pendant ce temps, Denise a rangé les partitions, fermé le piano, sans regarder du côté de Fernand et sans paraître savoir qu'il est là. Fernand a l'air de ne pas la voir et se tient devant la cheminée, comme s'il se chauffait les pieds, en tournant de temps en temps la tête du côté du jardin. Denise, qui a fini de ranger, se dirige vers la porte sans regarder du côté de Fernand. Brissot entre.

FERNAND.

Bonjour, mon cher monsieur Brissot.

BRISSOT.

Bonjour, mon ami.

DENISE, à Brissot.

Bonjour, mon père.

BRISSOT.

C'est vrai, je ne t'ai pas encore vue d'aujourd'hui. (Denise se dispose à sortir.) Où vas-tu?

DENISE.

Mademoiselle de Bardannes va monter à cheval tout à l'heure. Elle s'habille, je vais voir si elle n'a besoin de rien.

BRISSOT.

Va, va, tu n'auras jamais trop d'attentions pour elle. (Il embrasse Denise qui sort.) J'oubliais qu'il y a une partie de cheval pour ce matin?

FERNAND.

Est-ce que vous venez avec nous?

BRISSOT.

Non, il faut que je fasse une ronde dans les raffineries et dans les haras avant de montrer tout notre établissement à M. Thouvenin. Je cherche même M. le comte pour lui demander...

THOUVENIN, entrant sur ses derniers mots.

M. de Bardannes est là, dans le jardin. Il accompagne M. de Pontferrand jusqu'à la grille. J'ai déjà jeté un coup d'œil sur vos travaux, monsieur Brissot; je vous fais mes compliments bien sincères. Vous vous êtes mis vite au courant.

BRISSOT.

J'ai fait de mon mieux, et si c'est facile de bien faire quand on aime les gens pour qui on fait quelque chose.

THOUVENIN.

Vous aimez le comte?

BRISSOT.

Comme j'aimerais mon fils si j'en avais un.
Il sort.

SCÈNE II

FERNAND, THOUVENIN.

THOUVENIN, à Fernand.

Déjà en tenue.

FERNAND.

Je reviens de la ville.

THOUVENIN.

Je vous ai aperçu, j'étais à cheval.

FERNAND.

Je ne vous ai pas vu.

THOUVENIN.

J'étais loin et vous paraissiez très pressé. Vous pensiez à autre chose, à quelque jolie femme.

FERNAND.

Probablement; à vrai dire, je ne pense guère qu'à cela.

THOUVENIN.

Depuis quel âge?

FERNAND.

Seize ans, seize ans et demi, c'est l'âge maintenant.

THOUVENIN.

Pas pour tout le monde.

FERNAND.

Vous voulez me faire croire que vous n'avez jamais été amoureux.

THOUVENIN.

Je le suis, en ce moment, de ma femme et depuis douze ans.

FERNAND.

Et avant?

THOUVENIN.

Avant, j'avais bien autre chose à faire que de m'occuper d'amour. J'avais à faire ma vie et celle de ma mère, qui était veuve : une de ces braves femmes de la campagne, sans instruction, à qui leur cœur a tout appris. J'étais ouvrier, très pauvre, mais très travailleur, très ambitieux et, ne riez pas, très chaste. Je m'étais juré que je ne posséderais jamais qu'une femme, celle que j'épouserais.

FERNAND.

Et vous vous êtes tenu parole?

THOUVENIN.

Oui.

FERNAND.

Et vous vous êtes marié à quel âge?

THOUVENIN.

A vingt-huit ans.

FERNAND.

Ah! que c'est drôle!

THOUVENIN.

Qu'y a-t-il de drôle à cela? Ce qui est drôle, pour me servir du même mot que vous, c'est de faire autrement, c'est d'avoir dit à deux femmes différentes qu'on les aimait. Du moment qu'on a dit à une femme, quelle qu'elle soit, qu'on l'aime, on a engagé toute sa vie. Ce n'est pas après qu'il faut réfléchir en amour, c'est avant. Songez donc ce que c'est que de dire à un être qu'on l'aime ! ce qu'on dit à sa mère et à ses enfants !

FERNAND.

Ce n'est pas la même chose.

THOUVENIN.

C'est le même mot, c'est la même chose.

FERNAND.

Ah! bien, nous sommes loin de compte. Moi, au bout de huit jours d'intimité complète avec une femme, je n'ai plus rien de nouveau ni à entendre ni à dire, et elle-même, le plus souvent, ne demande pas mieux que d'en rester là. Imagination, ennui, recherche de l'inconnu, désir du nouveau, du mystère, du danger même, voilà le fond de l'amour de part et d'autre. Quand on a vu tout ce que j'ai vu, on sait bien qu'il n'y a jamais eu une femme qui se soit ni donnée ni mariée par amour.

THOUVENIN.

Ah! vous croyez?

FERNAND.

J'en suis sûr.

THOUVENIN.

Expliquez-moi cela.

FERNAND.

C'est bien simple. Nous laissons de côté les Laïs et les Manon, nous savons, n'est-ce pas, à quoi nous en tenir sur ce qu'elles décorent du nom d'amour?

THOUVENIN.

Soit.

FERNAND.

Quant aux femmes mariées qui ont un amant, l'amour qu'elles prétendent avoir pour celui-ci n'est fait que de la lassitude et du dégoût du mari imbécile qui n'a pas su se faire aimer. Ce n'est pas là de l'amour, c'est du dépit ou de la revanche.

THOUVENIN.

Et les jeunes filles, quand elles se marient?

FERNAND.

Routine, curiosité. Elles ne se rendent pas compte de ce qu'elles font, puisqu'elles ne sauront véritablement ce que c'est que l'amour que quand elles seront mariées. Elles n'aiment pas l'homme qu'elles épousent, elles le préfèrent à d'autres, voilà tout, quand elles ne font pas un calcul de fortune ou d'ambition.

THOUVENIN.

Et les filles qui se donnent sans la garantie du mariage, au risque de leur honneur, et qui se tuent quand on les abandonne?

FERNAND.

Filles sans dot qui ont peur du célibat et de la solitude auxquels la pauvreté les condamne, qui ont toujours le vague espoir que leur amant les épousera et qui perdent la tête quand elles voient qu'elles se sont trompées; quant à ceux qui sont assez bêtes pour les épouser, voyez la vie qu'ils mènent.

THOUVENIN.

Mais, au moins, ils ont fait leur devoir.

FERNAND.

Le devoir, savez-vous ce que c'est? C'est ce qu'on exige des autres. Disons donc la vérité, à l'encontre de toutes les légendes lyriques et sentimentales, ce qu'on appelle l'amour, c'est la bataille des sexes. Les deux adversaires savent bien ce qu'ils veulent et tous les moyens sont bons. Aux femmes de se défendre avant, aux hommes de se défendre après, et *væ victis*. Tant pis pour les vaincus !

THOUVENIN.

Et les enfants?

FERNAND.

Ce sont les accidents de la galanterie et les inconvénients du mariage.

THOUVENIN.

Alors, nous ne devons rien aux femmes?

FERNAND.

Si ; le respect et la maternité quand nous les épousons, le plaisir et la discrétion quand nous ne les épousons pas.

THOUVENIN.

La défroque de don Juan, alors?

FERNAND.

Oui, don Juan, le seul qui ait eu raison de la versatilité des femmes. Elvire, doña Anna, Zerline, épouse arrachée au lit conjugal, fille dérobée au toit paternel, soubrette soufflée à son valet, tout lui est bon. Elles lui diront toutes la même chose, l'une le matin, l'autre à midi, la troisième le soir, mais elles le diront différemment.

THOUVENIN.

Et le Commandeur?

FERNAND.

Le Commandeur! Qu'il soit le bienvenu avec toutes les flammes et toutes les rôtissoires de l'enfer, tant qu'il aura une jolie fille qui le rendra digne du coup d'épée que je suis prêt à lui donner et du souper que je suis prêt à lui offrir. Va pour le Commandeur, s'il me donne une sensation de plus. Le sensation, toute la vie est là.

THOUVENIN.

Ah! je comprends ça! Ainsi un de mes amis, qui était mouchard...

FERNAND.

Mouchard!

THOUVENIN.

Oui.

FERNAND.

Vous avez de jolis amis.

THOUVENIN.

Et je les choisis encore. Eh bien, mon ami me disait comme vous, en un moment d'expansion, qu'il avait dans cette carrière, encore plus discréditée mais bien plus émouvante que celle de séducteur, qu'il avait, lui aussi, éprouvé des voluptés d'une finesse inexprimable. Il me disait que, quand il serrait la main d'un camarade, d'un ami, qu'il le faisait parler, qu'il entrait dans sa confiance, qu'il surprenait ses secrets qu'il allait le dénoncer, qu'il le voyait surveillé, arrêté, emprisonné, déporté, sans que l'autre le soupçonnât une minute; quand il allait ensuite le visiter dans sa prison, qu'il assistait à ses dernières entrevues avec sa femme et ses enfants, qu'il faisait semblant de pleurer avec lui, qu'il recevait les dernières confidences et les dernières recommandations de ce malheureux qui ne se doutait de rien, mon ami me disait qu'il avait là des sensations auprès desquelles les vôtres ne doivent être que de simples balivernes. Cependant, la plus grande sensation qu'il ait eue, je crois, il est vrai qu'elle a été la dernière, c'est la nuit où il s'est trouvé pris, dans une rue obscure et déserte en apparence, entre quatre gaillards qui l'attendaient dans l'ombre et qui l'ont assommé. Il a dû avoir là quelques minutes — supérieures — qui vous manquent encore, mais que je vous souhaite de tous mes vœux.

ACTE PREMIER.

FERNAND.

Mais, cher monsieur, permettez-moi de vous dire...

THOUVENIN.

Voici mademoiselle Brissot. Nous reprendrons plus tard si cela vous intéresse.

Denise entre.

SCÈNE III

Les Mêmes, DENISE, puis ANDRÉ.

DENISE, à Fernand.

Fernand?

FERNAND.

Qu'est-ce que tu veux?

DENISE.

Où as-tu mis le livre que tu as été chercher pour mademoiselle de Bardannes?

FERNAND.

Là, sur la table. Est-ce qu'elle est déjà prête?

DENISE.

Pas encore, mais elle achève de s'habiller.

Elle prend le livre sur la table.

ANDRÉ, entrant, à Denise.

Je n'ai pas pu vous demander tout à l'heure, devant tout ce monde, mademoiselle, si vous êtes tout à fait remise de votre indisposition d'hier, qui vous a empêchée de dîner avec les amis qui me sont arrivés, dont deux, madame de Thauzette et Fernand, sont déjà les vôtres. Je vous présente M. Thouvenin. Votre père a fait sa conquête. J'espère que ce soir j'aurai le plaisir et l'honneur de vous voir à notre table, ainsi que M. et madame Brissot.

DENISE.

Oui, monsieur, ma mère m'a déjà fait part de votre aimable invitation.

FERNAND, à André.

Et moi, je vais monter un peu d'avance le cheval de ta sœur pour le bien mettre à sa main; montes-tu avec nous?

ANDRÉ.

Non, nous avons une inspection à faire avec M. Thouvenin.

FERNAND.

A tantôt alors.

Il sort.

SCÈNE IV

Les Mêmes, moins FERNAND,
puis MADAME DE THAUZETTE.

DENISE, à André.

Monsieur le comte, je voudrais vous dire un mot... (Thouvenin s'éloigne. A Thouvenin.) Oh! il n'y a rien de secret, monsieur.

DENISE, à André.

Il s'agit de mademoiselle votre sœur qui est un peu nerveuse, ce matin.

ANDRÉ.

Elle l'est toujours, malheureusement.

DENISE.

Oui; mais depuis deux ou trois jours, elle l'est plus que de coutume, et je m'en inquiète pour elle.

ANDRÉ.

Elle vous aime pourtant beaucoup. Elle me l'a dit souvent.

ACTE PREMIER.

DENISE.

Je crois qu'au fond elle a de l'affection pour moi; mais elle n'en est pas moins capable de défiance, non seulement avec moi, mais avec vous, ce qui me console un peu.

ANDRÉ.

Avec moi?

DENISE.

Vous me permettez d'être franche, monsieur le comte?

ANDRÉ.

Je vous en supplie.

DENISE.

Vous n'avez peut-être pas assez d'intimidité avec votre sœur. Elle croit que vous ne l'aimez pas ; elle ne m'en dit rien, mais c'est un chagrin certainement. Songez, monsieur le comte, qu'elle n'a plus ni père ni mère, qu'elle vient de passer dix années au couvent et qu'elle n'a que vous au monde.

ANDRÉ.

Je sais tout cela, mademoiselle. Seulement, de ce couvent où elle a passé dix années, elle sort tout récemment grande fille. Je ne l'y voyais que rarement, et chaque fois que je l'y voyais, elle me témoignait le désir d'y rester et de se faire religieuse. Cela ne semblait pas indiquer une bien vive tendresse pour moi. J'ai un grand respect des convictions et de la liberté des autres; ma sœur pouvait avoir la vocation, auquel cas je me serais incliné. Je sais trop à quoi m'en tenir sur la société actuelle pour ne pas comprendre qu'une nature délicate et fine puisse en avoir le dégoût instinctif, et s'en aller droit à Dieu sans passer par tout ce que nous voyons. J'en étais là, quand madame de Thauzette, qui allait voir quelquefois ma sœur au couvent, a eu la bonne pensée, un jour que je lui disais que j'aurais besoin d'un très honnête homme auprès de moi, de me recommander votre père que j'ai pu apprécier tout aussitôt comme il le mérite. J'ai fait connaissance avec madame votre mère ; avec vous, mademoiselle, et j'ai pu réaliser alors ce qui ne m'avait pas été encore permis. Ayant auprès de moi deux honnêtes femmes à qui confier ma sœur, j'ai pu la retirer du couvent, pour qu'elle fût à même, avant de prononcer ses vœux, de voir ce monde dont elle voulait se séparer. Quant à moi, je suis un peu embarrassé avec elle. J'ai souvent peur de blesser ou de choquer cette jeune âme qui n'a encore été maniée que par de saintes personnes. Nous n'avons pas ces souvenirs et ces habitudes de jeunesse qui font oublier à un frère et à une sœur qu'ils ne sont ni du même âge ni du même sexe. J'ai, avec elle, les réserves que j'aurais avec une jeune fille qui ne serait pas de mon sang. Ce qu'elle prend pour de l'indifférence n'est donc, sans vouloir jouer sur les mots, que de la déférence. Vous comprenez cela, Thouvenin ?

THOUVENIN.

Oh ! parfaitement.

DENISE.

Moi aussi, monsieur le comte, et c'est ce que j'ai essayé de faire comprendre à mademoiselle de Bardannes. Je croyais y être arrivée, mais voilà qu'elle me semble brusquement changée à mon égard, ce qui serait sans importance peut-être, si, à la suite de ce malentendu entre elle, vous et moi, il n'y avait à craindre que le besoin de confiance et d'affection, refoulé si longtemps en elle par les sévérités du couvent, n'allât tout à coup s'égarer sur des personnes qui n'en seraient pas absolument dignes. Je vous prie, monsieur le comte, de ne rien lui dire de cette confidence que, dans la disposition d'esprit où elle se trouve, elle qualifierait peut-être mal, et l'attitude qu'elle pourrait alors prendre vis-à-vis de moi me

créerait une situation des plus embarrassantes et des plus
pénibles. Rapprochez-vous d'elle, causez avec elle, obtenez
sa confiance, voilà le conseil que je me permets de vous
donner devant monsieur, que je sais être votre meilleur
ami. En attendant, elle monte à cheval ce matin, elle a
peu l'habitude de cet exercice, elle est particulièrement
nerveuse aujourd'hui, madame de Thauzette et Fernand
sont des cavaliers consommés, mais un peu casse-cou,
voulez-vous que je dise à mon père, qui est aussi bon
cavalier qu'eux, mais très prudent, de monter à côté d'elle
et de ne pas la quitter?

ANDRÉ.

Je vous en prie, mademoiselle, et permettez-moi de vous
serrer la main... (Il lui prend la main.) de vous dire combien
je suis heureux de sentir une personne comme vous
auprès de ma sœur, et de vous assurer de ma grande estime et de ma sincère reconnaissance. Dès aujourd'hui,
je suivrai votre conseil et je causerai avec Marthe. Priez-
la de descendre me parler quand elle sera revenue de sa
promenade.
Denise salue et sort.

THOUVENIN, à André.

Ah! par exemple, on peut dire que voilà une charmante fille.

ANDRÉ.

Oui... oui...

MADAME DE THAUZETTE, entrant en amazone.

Bonjour, mon cher comte. (A Thouvenin.) Bonjour, monsieur, est-ce que vous êtes des nôtres?

THOUVENIN.

Non, je vais inspecter des travaux que j'ai conseillé
à M. de Bardannes de faire.

ANDRÉ.

Oui, chère madame. C'est Thouvenin, qui sait tout

qui, au moment où je me croyais ruiné et où j'allais vendre mes terres, me les a transformées, m'a appris à aimer la nature, à travailler avec elle, et m'a rendu ainsi le bien-être matériel et moral. Je ne sais même plus qu'il y a une grande ville qu'on appelle Paris. Voilà pourquoi vous êtes forcée de quitter cette grande ville quand vous avez envie de revoir un ancien ami.

MADAME DE THAUZETTE.

Et je ne le regrette pas. L'ami est bon et la maison est bonne.

THOUVENIN.

J'ai l'honneur de vous présenter tous mes respects, madame.

Elle lui tend la main.

SCÈNE V

ANDRÉ, MADAME DE THAUZETTE, puis FERNAND.

ANDRÉ.

Quand on pense que vous ne pouvez pas dire deux mots à un homme que vous ne connaissez que de la veille, sans avoir l'air de vouloir le rendre amoureux de vous. Vous serez donc toujours coquette?

MADAME DE THAUZETTE.

C'est nerveux. Et puis, j'aime à me faire des amis; j'aime qu'on me voie venir avec plaisir. Mais j'ai à vous parler de choses importantes.

ANDRÉ.

C'est pourquoi vous venez en amazone.

MADAME DE THAUZETTE.

Je me suis équipée tout de suite en sortant de l'église,

ACTE PREMIER.

pendant que les Pontferrand étaient là. J'avais eu assez de voir madame à la messe et j'aurai assez de la revoir à table.

ANDRÉ.

Ah! c'est vrai, vous êtes allée à messe.

MADAME DE THAUZETTE.

Vous savez bien que j'y vais tous les dimanches.

ANDRÉ.

Qu'est-ce que vous y faites?

MADAME DE THAUZETTE.

Comment, ce que j'y fais! J'y fais mes prières.

ANDRÉ.

Vous confessez-vous?

MADAME DE THAUZETTE.

Deux fois par an.

ANDRÉ.

Une fois l'hiver, une fois l'été. Et ça suffit?

MADAME DE THAUZETTE.

Grandement, je vous prie de le croire, maintenant surtout.

ANDRÉ.

Vous finirez dévote, vous.

MADAME DE THAUZETTE.

Ça n'est pas douteux; mais, mon cher, qu'est-ce que vous voulez qu'une femme du monde, qui a été jolie, fasse quand elle est vieille, si elle n'est pas dévote?

ANDRÉ.

Vous ne serez jamais vieille.

MADAME DE THAUZETTE.

Eh bien, il y a des jours où je le crois, car, en vérité,

je ne sens aucun changement. J'ai un estomac à digérer des pierres, je puis suivre une chasse à courre toute la journée sans souffler une minute, et je puis danser ensuite toute une nuit sans m'asseoir une seconde.

ANDRÉ.

Et par-dessus le marché, toujours amoureuse. Qui aimez-vous en ce moment?

MADAME DE THAUZETTE.

Personne. Tout cela est fini. Il faut d'abord que je marie Fernand. Nous verrons après.

ANDRÉ.

Vous l'aimez, votre fils?

MADAME DE THAUZETTE.

Si je l'aime, ce grand diable-là! Il est si beau, et je comprends bien que toutes les femmes l'adorent!

ANDRÉ.

Il vous conte ses bonnes fortunes.

MADAME DE THAUZETTE.

Est-ce que vous plaisantez? Jamais de la vie il n'a été question entre nous de ces choses-là.

ANDRÉ.

Vraiment?

MADAME DE THAUZETTE.

Très sérieusement. Avec des étrangers, je peux dire toutes les folies qu'on voudra, mais avec mon fils, c'est une autre affaire. Ce que je sais de ses aventures, je le sais par d'autres, et il est même convaincu que je les ignore. Du reste, il paraît se calmer depuis quelque temps. Il est beaucoup plus rangé, beaucoup plus sérieux, nous sommes plus souvent ensemble. C'est qu'il a vingt-sept ans, il n'y a pas à dire. Avec vous, qui avez été son camarade de collège, impossible de tricher! Je me suis mariée à dix-huit ans, j'ai eu Fernand tout de suite, bien entendu : calculez, dix-huit ans que j'avais : vingt-sept qu'il a, un an pour le mettre au monde, tout compris ça me fait quarante-six ans.

ANDRÉ.

Vingt-trois ans le matin : vingt-trois ans le soir.

MADAME DE THAUZETTE.

Ce n'est pas mal, ça!... Ah! mon chapeau me serre un peu. (Elle se regarde dans la glace.) C'est drôle, les chapeaux d'homme, ça ne va bien qu'aux femmes! Voyons, parlons de nos choses sérieuses.

ANDRÉ.

Je vous écoute.

MADAME DE THAUZETTE.

Mais, c'est qu'elles sont très sérieuses et tout à fait entre nous. Vous me promettez le secret?

ANDRÉ.

Je vous le promets!

MADAME DE THAUZETTE.

Parole!

ANDRÉ.

Parole!

MADAME DE THAUZETTE.

Les personnes dont il va être parlé ignorent absolument, absolument, la démarche que je fais auprès de vous : et si cette démarche n'aboutit pas, il est inutile qu'elles en soient informées.

ANDRÉ.

C'est dit.

MADAME DE THAUZETTE.

Voulez-vous marier Marthe?

ANDRÉ.

Avec qui?

MADAME DE THAUZETTE.

Avec Fernand.

ANDRÉ.

Voilà ce que vous appelez être sérieuse?... Non!

MADAME DE THAUZETTE.

Pourquoi?

ANDRÉ.

Parce que.

MADAME DE THAUZETTE.

Qu'est-ce que Fernand a donc fait?

ANDRÉ.

Beaucoup de choses.

MADAME DE THAUZETTE.

Citez-en une!

ANDRÉ.

Pourquoi s'est-il battu avec M. de Fulvières?

MADAME DE THAUZETTE.

Vous vouliez peut-être que Fernand acceptât ce que M. de Fulvières avait dit sur son compte. Il a reçu un bon coup d'épée, M. de Fulvières, et il a eu ce qu'il méritait.

ANDRÉ.

Qu'est-ce que M. de Fulvières avait dit?

MADAME DE THAUZETTE.

Que Fernand avait des moyens particuliers de se procurer de l'argent, et cela, parce que Fernand avait gagné de l'argent à M. de Loriac, au piquet; je vous demande un peu.

ACTE PREMIER.

ANDRÉ.

Cent mille francs. Après avoir dîné en tête à tête avec M. de Loriac dans un cabinet de restaurant!

MADAME DE THAUZETTE.

C'était à M. de Loriac de ne pas jouer.

ANDRÉ.

Et surtout sans témoins, entre deux carafons de cognac retrouvés vides le lendemain et dont Fernand n'avait pas bu une goutte.

MADAME DE THAUZETTE.

Qu'en savez-vous?

ANDRÉ.

Il ne boit jamais.

MADAME DE THAUZETTE.

C'est une qualité de plus. Il a offert une revanche à M. de Loriac.

ANDRÉ.

Il a promis une revanche, ce qui n'est pas la même chose, et, le lendemain venu, il a refusé, trouvant que ce qui était bon à gagner, était bon à garder... Sigismond n'a pas dit un mot et il a payé.

MADAME DE THAUZETTE.

Mais enfin, Fernand a joué loyalement!

ANDRÉ.

Il est évident que, si je croyais le contraire, il ne serait pas ici. Mais le fait seul n'en reste pas moins de ceux dont on dit au Palais : le tribunal appréciera.

MADAME DE THAUZETTE.

Cependant, vous ne trouviez pas Fernand si coupable, puisque vous vous êtes porté garant de son honneur en lui servant de témoin dans ce duel.

ANDRÉ.

Vous savez bien pourquoi je l'ai fait. Je l'ai fait pour vous seule. Je vous avais tant aimée autrefois que je ne voulais pas permettre une honte publique sur votre nom. On pouvait reprocher à la mère ses inconséquences, c'était suffisant. Je ne voulais pas qu'on pût accuser son fils d'une infamie.

MADAME DE THAUZETTE.

Vous m'avez donc vraiment aimée?

ANDRÉ.

Comme un fou, comme on aime à vingt ans. Mais quelle triste et douloureuse influence vous avez eue sur ma vie. Le cœur se ressent longtemps d'une première déception comme celle-là. C'est pour tâcher de vous oublier que je me suis jeté pendant des années dans les désordres et les gaspillages dont Thouvenin m'a retiré.

MADAME DE THAUZETTE.

Eh bien! moi aussi, je vous aimais beaucoup; mais ça ne pouvait vraiment pas être bien sérieux, pour moi du moins. Songez que, la première fois que vous m'êtes apparu, vous aviez le même uniforme que Fernand. Je vous vois encore en tunique de collégien, tournant votre képi dans vos mains, les yeux écarquillés, en extase! Jamais je n'oublierai votre tunique, votre ceinturon, vos boutons de cuivre et vos gros souliers! Vous aviez vraiment la plus drôle de figure qu'on puisse imaginer. Et avec ça, vous étiez sentimental, élégiaque, lugubre. C'était à mourir de rire. Pour une femme qui a passé trente ans, mon cher, il faut que l'amour soit gai, sans quoi le mariage suffit. En somme, de quoi vous plaignez-vous? Vous avez aimé. Croyez-vous que les autres hommes aient aussi bien placé leur premier amour. Les amours de la comtesse et de Chérubin! N'est-ce pas un charmant souvenir dans le passé d'un homme de votre âge. Et la comtesse, croyez-vous qu'elle n'ait pas gardé, malgré tout, un souvenir qui ne ressemble pas aux autres, de l'adolescent ingénu et sincère dont elle a fait battre le cœur pour la première fois. Je ne riais pas toujours. Je vous ai fait souffrir. Tant mieux. Cela vous a instruit et préservé de souffrances plus vulgaires et plus dangereuses. Cet enfantillage ne pouvait pas avoir plus de suites qu'il n'en a eu. C'est justement pour cela qu'il eût pu en résulter une alliance éternelle et avouable entre nous, par un mariage entre mon fils et votre sœur. Quel joli dénouement! Maintenant que je suis une personne raisonnable, je vivrais avec vous, Fernand et ma bru, et je tiendrais la maison. Quand vous vous marierez à votre tour, car il faudra bien que vous finissiez par là, votre femme trouverait tout naturel que je restasse avec vous tous. Je serais une belle-mère rare, une grand'mère incomparable. Je vieillirai avec esprit, moi, avec grâce, comme les femmes du XVIIIe siècle. J'élèverais toute la nichée d'enfants, ceux de Marthe et les vôtres. Chaque âge a ses plaisirs. Nous reparlerions de temps en temps du passé. Tu ne veux pas?

ANDRÉ.

Non.

MADAME DE THAUZETTE.

Vous avez tort, mon cher. Mais enfin si ces enfants s'aimaient? Si Marthe voulait absolument épouser Fernand?

ANDRÉ.

Une menace?

MADAME DE THAUZETTE.

Non! une supposition.

ANDRÉ.

Eh bien, dans ce cas, il faudrait que Marthe attendît sa majorité. Après quoi, elle épouserait Fernand et je ne la reverrais plus, ni son mari, ni vous qui auriez prêté les mains à ce mariage. Car je m'explique mieux, maintenant, vos visites fréquentes au couvent et votre recrudescence d'amitié pour moi, depuis que Marthe est ici.

MADAME DE THAUZETTE.

Voyons, mon cher, puisque nous sommes sur ce sujet, allons jusqu'au bout. Vous ne pouvez marier votre sœur que dans des conditions particulières. Il faut que son mari et la famille de son mari acceptent ou paraissent ne pas voir...

ANDRÉ.

Quoi donc?

MADAME DE THAUZETTE.

Votre situation vis-à-vis de mademoiselle Brissot?

ANDRÉ.

Qu'est-ce que cela signifie?

MADAME DE THAUZETTE.

Cela signifie que vous êtes son amant.

ANDRÉ.

Moi, l'amant de mademoiselle Brissot! Qui a dit cela?

MADAME DE THAUZETTE.

Tout le monde. Vous n'empêcherez pas les gens, et surtout les gens de la province et de la campagne, quand ils voient un homme de votre rang et de votre âge venir s'enfermer tout à coup dans un château, tout seul, avec un régisseur dont la fille est jeune et jolie, de supposer que cet homme est l'amant de cette jolie fille. Qu'y aurait-il d'extraordinaire? D'autant plus...

ANDRÉ.

D'autant plus...

MADAME DE THAUZETTE.

Que vous ne seriez probablement pas le premier!

ANDRÉ.

C'est vous qui m'avez recommandé mademoiselle Brissot; je l'ai placée à côté de ma sœur, et vous venez aujourd'hui porter sur elle une accusation abominable, une double accusation! Je vous le défends. Je commence par vous déclarer sur l'honneur que mademoiselle Brissot n'occupe ici que la situation la plus claire et la plus respectable. Et maintenant, dites-moi ce que vous savez sur elle.

Il lui serre le poignet.

MADAME DE THAUZETTE.

Dites donc, dites donc, je vous ferai d'abord observer que vous me serrez le poignet plus fort que vous ne m'avez jamais serré la main. Oh! c'est bien cela!... Des robes qui montent, des yeux qui se baissent, vous voilà pris. Mon Dieu! que les hommes sont bêtes! Je vous ferai observer ensuite que je ne vous ai pas recommandé mademoiselle Brissot; je vous ai recommandé son père seulement : je ne pensais pas du tout à elle. Brissot est un imbécile, mais évidemment c'est un honnête homme, tout ce qu'il faut pour faire un bon régisseur! Il vous a plu de faire entrer la mère et la fille dans votre maison, de vous enticher de l'un et de vous amouracher de l'autre, c'est votre affaire. Mais vous ne voulez pas qu'on médise de mademoiselle Brissot, vous n'y arriverez pas, mon cher. Quelle est la femme dont on ne dit rien? En a-t-on assez dit sur moi?

ANDRÉ.

Mais vous...

MADAME DE THAUZETTE, riant.

Merci.

ANDRÉ.

Enfin, dites ce que vous savez.

MADAME DE THAUZETTE.

Je ne sais rien. Je suppose seulement que cette jolie fille qui avait toute sa liberté, qui donnait des leçons de français, d'histoire et d'orthographe, ou qui allait autre part prendre des leçons de chant pour entrer au théâtre, n'a pas attendu jusqu'à vingt-trois ans, l'âge qu'elle a aujourd'hui, pour sentir son pauvre petit cœur. Là-dessus, je vais retrouver mon cheval, qui doit commencer à s'impatienter. Et puis, je ne vous en veux pas. Je sais mieux que personne ce que c'est qu'un homme amoureux! Grand collégien, va!...

SCÈNE VI

Les Mêmes, FERNAND.

FERNAND, entrant.

Chère maman!... on n'attend plus que vous! (A André.) Ta sœur demande que tu viennes voir si elle est bien à cheval! Brissot veut lui faire faire le tour de la grande allée, au trot, devant toi

ANDRÉ, sortant.

J'y vais.

Il sort.

SCÈNE VII

FERNAND, MADAME DE THAUZETTE.

FERNAND, à madame de Thauzette.

Eh bien?

MADAME DE THAUZETTE.

J'ai fait la demande.

ACTE PREMIER.

FERNAND.

Officielle?

MADAME DE THAUZETTE.

Non ; tu es censé ne rien savoir. Ne te trahis pas.

FERNAND.

Il n'y a pas de danger.

MADAME DE THAUZETTE.

Il refuse.

FERNAND.

La raison.

MADAME DE THAUZETTE.

Toujours l'histoire de M. de Loriac.

FERNAND.

Voilà tout?

MADAME DE THAUZETTE.

C'est bien assez. Mais, autre histoire. Il est amoureux!

FERNAND.

De Denise?

MADAME DE THAUZETTE.

Comment le sais-tu?

FERNAND.

Comme c'était difficile à prévoir. C'est parfait. Il épousera Denise, j'épouserai Marthe, et tout le monde sera content. A cheval, maman !

MADAME DE THAUZETTE.

A cheval !

Ils sortent en courant.

ACTE DEUXIÈME

Même décor.

SCÈNE PREMIÈRE

ANDRÉ, BRISSOT, puis THOUVENIN.

André est assis et lit une lettre qu'il vient d'écrire ; Brissot entre.

BRISSOT.

La promenade est terminée, monsieur le comte. Tout s'est passé à merveille. Je n'ai pas quitté mademoiselle de Bardannes, et je vous apporte tous les comptes du dernier semestre pour les vérifications et les signatures,

ANDRÉ.

Mettez là ces papiers, mon cher monsieur Brisot. (Il montre la table.) Et puisque nous sommes un moment seuls, je veux causer avec vous et vous remercier encore d'autre chose. Ce n'est pas seulement grâce à Thouvenin, c'est aussi grâce à vous que mes terres produisent maintenant, que mes revenus sont augmentés d'un tiers, mes dépenses diminuées au moins d'un quart, et mon état de maison très supérieur à ce qu'il était quand je me ruinais. Aussi, quoi qu'il arrive, — nous sommes tous mortels, — j'ai pris toutes mes dispositions afin que vous n'ayez plus à redouter de l'avenir ce que vous avez eu à souffrir du passé.

BRISSOT, embarrassé.

Monsieur le comte!

ANDRÉ.

J'aurais mieux fait de ne pas vous dire cela pour ne pas choquer votre délicatesse, mais j'aime à dire tout ce que je pense et je trouve qu'il est toujours bon de savoir où l'on va. Là-dessus, voulez-vous me permettre de vous demander un renseignement. Je connais madame de Thauzette et son fils depuis longtemps, mais vous les connaissez depuis plus longtemps que moi.

BRISSOT.

Thauzette et moi, nous étions camarades de collège comme vous l'avez été plus tard, vous et Fernand. Nous nous donnions l'un à l'autre ce titre de meilleur ami que l'on donne si facilement dans la jeunesse. J'ai été son témoin quand il s'est marié; il a été le mien lors de mon mariage. Sa femme lui a apporté un peu d'argent, tandis que, pour épouser la mienne, qui n'avait rien, j'ai dû quitter l'armée. Il était entreprenant. Avec la dot de madame de Thauzette, il s'est lancé dans quelques affaires qui ont réussi!...

ANDRÉ.

Et dans une de ces affaires, ne vous avait-il pas donné une place?

BRISSOT.

De caissier.

ANDRÉ.

Que vous avez quittée.

BRISSOT.

Oui.

ANDRÉ.

Parce que?

BRISSOT.

Parce que certains clients m'inquiétaient.

ANDRÉ.

Nous nous comprenons. M. de Thauzette est monté au parquet il y quelques années.

BRISSOT.

Un an avant sa mort!

ANDRÉ.

En sachant mieux que personne à quoi s'en tenir sur votre probité, il vous a offert de nouveau une place, celle de caissier aux titres, que vous pouviez accepter, celle-là. Les associés et les commanditaires de M. de Thauzette étaient des gens sérieux. Vous avez refusé cependant?

BRISSOT.

Oui.

ANDRÉ.

Vous n'étiez pourtant pas riche?

BRISSOT.

Il s'en fallait de beaucoup.

ANDRÉ.

Pourquoi avez-vous refusé alors?

BRISSOT.

Parce que, dans l'intervalle, il s'était produit entre Thauzette et moi un fait tout intime qui m'interdisait, me semblait-il, de lui rien devoir. Une place pour moi dans cette nouvelle maison eût pris le caractère d'une aumône ou tout au moins d'une compensation, et je ne voulais pas.

ANDRÉ.

Comment cela?

BRISSOT.

Nos enfants, Fernand et Denise, avaient été élevés,

comme vous le savez, monsieur le comte, dans une intimité telle, qu'ils se tutoyaient et qu'ils se tutoient encore. Il avait même été question de mariage pour eux entre Thauzette et moi, quand tous deux nous étions pauvres. Mais lorsque Fernand a eu vingt-deux ou vingt-trois ans, il a commencé à s'éloigner de nous. Thauzette devenu riche ne trouvait plus l'alliance suffisante et un jour il me déclara, avec toutes les précautions possibles, que je ne devais pas compter sur ce mariage. C'est peu de temps après qu'il vint m'offrir cette place que j'ai cru devoir refuser.

ANDRÉ.

Vous avez eu raison. Si j'insiste sur vos affaires intimes, je vous assure que ce n'est pas par curiosité, mais par intérêt. N'est-ce pas après la rupture de ce mariage que mademoiselle Brissot est tombée malade?

BRISSOT.

Oui, monsieur le comte.

ANDRÉ.

Elle aimait Fernand?

BRISSOT.

Oui. On nous avait bien conseillé quelquefois de rompre cette intimité qui pouvait avoir plus tard des conséquences fâcheuses pour l'établissement de Denise, mais l'établissement d'une fille pauvre est si rare, que nous n'avions pas cru devoir sacrifier à cette éventualité une amitié d'enfance. Nous avons eu tort, ma femme et moi, de ne pas suivre ces conseils. Ce n'était pas par calcul, c'était par habitude, par confiance, que nous laissions les choses dans l'état où elles étaient. Fernand était pour nous comme un fils, nous pensions que Denise ne le considérait que comme un frère. Nous avons été imprudents. L'enfant avait pris au sérieux ce qui ne l'était pas. Elle a beaucoup souffert moralement et physiquement. Elle ne dormait plus, elle ne mangeait plus. Amaigrie, épuisée, forcée de renoncer aux leçons qu'elle donnait et qui nous aidaient à vivre, comme à ses études de chant sur lesquelles elle fondait tant d'espérances, elle se laissait mourir tout bonnement. Sa mère ne pouvait plus faire autre chose que de la soigner, et moi j'avais une petite place de comptable dans une maison de commerce qui me prenait de huit heures de matin à sept heures du soir et qui nous donnait juste de quoi ne pas mourir de faim. Heureusement, nous avions une vieille amie un peu aisée qui habitait le Midi. Elle est venue à Paris par hasard, et elle a emmené Jeanne et Denise avec elle. Il était temps. Le soleil a fait encore un miracle et m'a rendu ma fille. Madame de Thauzette a eu ensuite la bonne pensée de me recommander à vous, nous étions sauvés. Madame de Thauzette est un peu étourdie, mais elle n'est pas méchante et je n'oublierai jamais ce que nous lui devons.

ANDRÉ.

Pardonnez-moi de vous avoir rappelé ces souvenirs douloureux.

BRISSOT.

Tout cela est fini, grâce à Dieu et à vous, monsieur le comte.

ANDRÉ.

Êtes-vous vraiment sûr que c'est fini? Êtes-vous certain que mademoiselle Brissot n'aime plus Fernand? Madame de Thauzette est veuve. La fortune laissée par son mari n'était pas ce qu'on la croyait de son vivant. Elle et son fils ont dilapidé presque tout ce qui leur est revenu. Aujourd'hui ils sont fort gênés et ils seraient moins orgueilleux et moins exigeants qu'autrefois. Si votre fille avait une dot, Fernand reviendrait peut-être à elle, et, si elle l'aime encore...

ACTE DEUXIÈME.

BRISSOT.

Denise est sans rancune, monsieur le comte, mais non sans dignité. Elle a pardonné, mais elle a oublié en même temps. Pour quelque raison que ce fût, elle ne reviendrait plus au passé. Et puis, ce qui simplifie tout, elle n'a pas plus de dot qu'autrefois.

ANDRÉ.

Écoutez-moi, mon cher monsieur Brissot, s'il n'y avait que cette raison-là...

BRISSOT, l'interrompant.

Je vous en prie, monsieur le comte, ne me dites pas ce que vous voulez me dire, après ce que vous m'avez déjà dit.

ANDRÉ, lui tendant la main.

Voulez-vous me donner la main?...

BRISSOT, lui donnant la main.

Oh! (Ils se serrent la main avec effusion. Brissot essuie une larme en souriant.) Pardon!...

THOUVENIN, entrant.

J'ai tout revu, tout visité dans le détail; c'est décidément parfait, mon cher monsieur Brissot.

BRISSOT.

Vous êtes trop bon. (A André.) Je puis me retirer, monsieur le comte?

ANDRÉ.

Oui, mon cher monsieur Brissot; mais ne vous éloignez pas. Il se peut que je m'absente et je puis avoir besoin de vous; au revoir

SCÈNE II

ANDRÉ, THOUVENIN.

THOUVENIN.

Vous partez?

ANDRÉ.

Oui.

THOUVENIN.

Il n'en était pas question ce matin.

ANDRÉ.

Les heures vont vite.

THOUVENIN.

Où allez-vous?

ANDRÉ.

Ne m'avez-vous pas dit, vous aussi, que vous allez partir?

THOUVENIN.

Oui.

ANDRÉ.

Vous allez?

THOUVENIN.

A Odessa où j'ai de gros intérêts.

ANDRÉ.

Madame Thouvenin vous accompagne?

THOUVENIN.

Non, elle reste avec ma mère et les enfants.

ANDRÉ.

Vous partez seul?

THOUVENIN.

Avec mon domestique.

ANDRÉ.

Me voulez-vous pour compagnon?

THOUVENIN.

Je le crois bien; mais autant j'aurais compris votre voyage ayant un but, autant je le comprends peu n'en ayant pas d'autre que le mien. Je suis certainement un charmant compagnon, mais enfin ce n'est pas une raison pour que vous quittiez tout à coup votre maison, votre sœur, vos affaires, vos habitudes...

ANDRÉ.

Il faut que je parte, il faut que je change d'air, il faut que je m'arrache à moi-même.

THOUVENIN, avec intérêt.

Que vous arrive-t-il?

ANDRÉ.

Je veux tout vous dire. J'ai grande confiance dans votre délicatesse et dans votre amitié. Je vous dois déjà beaucoup. Je ne puis mieux m'acquitter qu'en ne vous cachant rien de ce qui me touche le plus secrètement.

THOUVENIN.

Vous ne me devez rien. C'est moi qui serai éternellement votre obligé. Quand je n'étais qu'un pauvre ouvrier, un fou, un rêveur, un chercheur de procédés mécaniques, vous m'avez prêté, sans me connaître, sans intérêts, l'argent nécessaire pour prendre mes premiers brevets. Sans vous je serais resté dans la misère et dans l'impuissance. A mon tour j'ai pu vous donner quelques conseils pour l'exploitation de vos terres, je vous ai inspiré le goût du travail et, peut-être un peu plus, le sentiment du vrai. Nous sommes quittes, si vous voulez absolument que je sois ingrat. Ce qui est certain, c'est que nous sommes d'honnêtes gens tous les deux, et que j'ai une grande amitié pour vous. Là-dessus, je vous écoute.

ANDRÉ.

Je suis amoureux, ou plutôt, car ce mot-là est celui des affections passagères, ou plutôt j'aime.

THOUVENIN.

Et cela ne va pas tout seul?

ANDRÉ.

Non.

THOUVENIN.

Rien ne va tout seul en ce monde. Et qui aimez-vous?

ANDRÉ.

La fille de ce brave homme qui sort d'ici.

THOUVENIN.

Je comprends ça! Le sait-elle?

ANDRÉ.

Je ne lui en ai jamais rien dit.

THOUVENIN.

Eh bien! voilà une fameuse occasion de le lui dire!

ANDRÉ.

Et si...

THOUVENIN.

Et si?...

ANDRÉ.

Et si elle ne m'aime pas?

THOUVENIN.

Demandez-le-lui d'abord. C'est le meilleur moyen, c'est même le seul de le savoir.

ANDRÉ.

Peut-être? Je suis riche, elle est pauvre!

ACTE DEUXIÈME.

THOUVENIN.

Vous craignez un calcul de la part de cette fille-là. Je n'y crois pas. Elle ne m'apparaît pas ainsi. Je suis convaincu que, si elle se sent quelque inclination pour vous, elle la repousse, elle la refoule au fond de son âme, tant elle doit craindre d'être soupçonnée non seulement par les autres, mais par elle-même. Elle ne fait rien pour attirer vos regards et surprendre votre cœur, et la reconnaissance qu'elle a pour vous, comme son père et sa mère, elle ne la témoigne que par l'attitude la plus digne et la plus conforme à sa situation. Mais le jour où elle apprendra que vous l'avez distinguée entre toutes les femmes, que vous voulez faire d'elle la compagne de toute votre vie, quelle surprise! quelle gloire! quelle joie! et de là à l'amour, non seulement le plus sincère, mais le plus passionné, croyez-vous qu'il y ait loin? C'est comme cela que je me suis marié, moi. J'ai épousé une belle, bonne et honnête fille qui n'avait pas le sou et qui ne s'y attendait guère. Je remercie Dieu tous les jours de la bonne idée que j'ai eue.

ANDRÉ.

C'est là aussi que j'en étais. Je pensais à me donner ce beau spectacle, la réalisation subite de tout ce que peut souhaiter une fille honorable et pauvre que l'on aime. La vie active, en plein air, que je mène ici m'a rendu beaucoup de mes premières illusions et de mes premières candeurs. Cependant, lorsque j'ai compris l'action que mademoiselle Brissot commençait à exercer sur moi, j'ai voulu m'y soustraire ou m'en convaincre. Il m'est arrivé de temps en temps de partir subitement pour Paris et de me rejeter dans les plaisirs faciles d'autrefois. J'en sortais bien vite et tout honteux. L'image de mademoiselle Brissot ne cessait de passer entre moi et les autres femmes, ne laissant à leur place que des fantômes sans âme et même sans corps. Je revenais à la hâte, et, à mesure que je me rapprochais de cette maison où j'allais la retrouver, je me sentais plus content de moi. Comment dirai-je? Mon esprit, mon cœur, mon âme, ont pris peu à peu l'habitude de ne plus respirer que dans l'atmosphère de cette personne sérieuse. Je suis comme pénétré, imprégné du charme qu'elle répand autour d'elle. Une ou deux fois elle m'a paru un peu plus triste au moment de mon retour. Voilà tout ce que j'ai pu saisir. Je cessai enfin d'aller à Paris, et je m'en tins à une véritable vie de famille avec Brissot, sa femme, sa fille et ma sœur. Le soir venu, après le dîner, nous nous réunissons ici; Marthe fait de la musique, elle accompagne Denise qui chante et je pars pour le pays des rêves jusqu'à ce que nous rentrions chacun dans notre appartement, moi me sentant de plus en plus attaché à cette aimable fille, et me demandant, tous les soirs, puisqu'elle est là, pourquoi je rentre ainsi tout seul dans ma chambre silencieuse et vide.

THOUVENIN.

Eh bien! il n'y a pas à hésiter, il faut épouser cette jeune fille.

ANDRÉ.

Et si elle a eu un amant?

THOUVENIN.

Un amant!

ANDRÉ.

Oui, un amant!

THOUVENIN.

Qui peut vous faire supposer?...

ANDRÉ.

Madame de Thauzette!

THOUVENIN.

Vous lui avez fait des confidences.

ACTE DEUXIÈME.

ANDRÉ.

Non ! je me suis trahi !

THOUVENIN.

Et comme vous ne l'aimez plus... (Mouvement d'André.) Je connais votre histoire, j'ai vu madame de Thauzette, sans qu'elle me vît, sortir un jour toute voilée de chez vous ; et, comme vous ne l'aimez plus, elle s'est empressée de calomnier la femme que vous aimiez. Est-ce qu'on peut ajouter foi aux médisances d'une femme aussi légère de mœurs et de langage que madame de Thauzette ? Quand on porte une pareille accusation sur une femme, sur une jeune fille surtout, il faut préciser. Vous a-t-elle dit le nom de ce soi-disant amant ?

ANDRÉ.

Elle ne peut peut-être pas dire le nom !

THOUVENIN.

Parce que ?...

ANDRÉ.

Parce que c'est peut-être son fils.

THOUVENIN.

Ce Fernand !

ANDRÉ.

Oui. Il a été élevé avec mademoiselle Brissot dans la plus grande intimité ; elle l'a aimé, elle devait l'épouser, et, quand elle a appris qu'elle ne l'épouserait pas, elle a failli en mourir.

THOUVENIN.

Ah ! ah ! Eh bien ! c'est le roman d'une jeune fille pauvre, de presque toutes les jeunes filles pauvres. Elles aiment, on ne les épouse pas, mais on n'est pas leur amant pour cela. Le père Brissot ne me fait pas l'effet d'un monsieur qui aurait laissé compromettre sa fille sans rien dire...

ANDRÉ.

Il n'a peut-être rien vu. La jeune fille aimait; elle sortait seule, elle donnait des leçons au dehors.

THOUVENIN.

Sa mère l'accompagnait.

ANDRÉ.

Aux leçons qu'elle allait prendre, mais pas aux leçons qu'elle allait donner.

THOUVENIN.

La jalousie a réponse à tout; c'est l'art de se faire encore plus de mal à soi qu'aux autres. Mais les deux jeunes gens se tutoient toujours dans le monde comme dans leur enfance. S'il y avait eu une pareille aventure entre eux, ils ne se tutoieraient plus.

ANDRÉ.

Une fille qui a sa réputation à sauvegarder a bien des réserves de sang-froid, d'audace et d'impudence.

THOUVENIN.

Mais ne m'avez-vous pas dit que c'est madame de Thauzette qui vous a recommandé les Brissot?

ANDRÉ.

Oui.

THOUVENIN.

Ce qu'elle n'aurait pas fait si son fils avait été l'amant de la fille, le beau Fernand ne devant pas tenir à se retrouver avec elle, à moins que la chose ne dure encore.

ANDRÉ.

Non. Mademoiselle Brissot ne sort jamais seule de la propriété, elle ne reçoit et n'écrit pas de lettres. Elle ne quitte jamais son père et sa mère. Fernand vient ici pour la première fois depuis que les Brissot y sont, et madame de Thauzette, — mais ceci est tout à fait entre nous...

THOUVENIN.

Comme tout ce que nous disons.

ANDRÉ.

Et madame de Thauzette vient de me demander pour son fils la main de ma sœur.

THOUVENIN.

Que vous lui avez refusée...

ANDRÉ.

Naturellement !

THOUVENIN.

Ce n'est pas lui, alors. Elle ne viendrait pas vous demander la main de votre sœur qui vit en relation continuelle avec mademoiselle Brissot, laquelle ne manquerait pas d'user de toute son influence sur mademoiselle de Bardannes pour l'empêcher d'épouser ce monsieur.

ANDRÉ.

Ma sœur n'est pas une personne sur laquelle il soit facile de prendre de l'influence, à l'encontre de ce qu'elle s'est mis en tête. Le couvent a développé en elle une exaltation qui, de mystique qu'elle était, tourne maintenant au romanesque. Et puis pourquoi voulez-vous que mademoiselle Brissot trahisse son ancien amant, si amant il y a, quand cet amant n'a qu'un mot à dire pour la perdre, et, dans la colère, il serait capable de le dire ? Qui vous prouve même que madame de Thauzette, au courant de tout, n'a pas placé exprès Denise auprès de Marthe pour avoir ainsi un intermédiaire dans la maison.

THOUVENIN.

Alors, madame de Thauzette n'accuserait pas mademoiselle Brissot qui serait sa complice, et mademoiselle

Brissot ne serait pas venue vous dire ce matin, à propos de la promenade à cheval, ce qu'elle est venue vous dire. Évidemment elle s'est aperçue de quelque chose entre mademoiselle Marthe et Fernand, et, le plus délicatement possible, elle vous a donné l'éveil. Ce n'est pas là le fait d'une personne qui a quelque chose à redouter de celui qu'elle signale.

ANDRÉ.

Alors, si ce n'est pas lui, qui est-ce? Et ce n'est pas tout. Il paraît que, dans le pays, le genre de vie que je mène ici compromet mademoiselle Brissot et qu'on la dit ouvertement ma maîtresse. Et je me trouve ainsi compromettre une fille que j'aime et que je ne pourrai peut-être jamais épouser. Vous voyez bien que ce que j'ai de mieux à faire c'est de partir. Ah! une fois que le soupçon est entré dans le cœur de l'homme qui aime, quels ravages il y fait! Cette fille que je me plaisais à adorer et à glorifier en silence depuis des mois, je me surprends, depuis quelques heures, à la mépriser, à la haïr. Tout ce que j'admirais en elle tourne maintenant contre elle. Pourquoi, si elle a commis une faute, a-t-elle toutes les distinctions d'une grande dame et toutes les apparences d'un ange? Où a-t-elle dérobé ce masque virginal dont elle couvre sa honte? Ce que je prenais pour de la pudeur n'est plus pour moi que la surveillance d'elle-même, la peur de se trahir! Si elle n'avait dans son passé que des malheurs respectables, maintenant qu'elle est assurée du présent et de l'avenir pour elle et les siens, elle devrait rire comme il convient à son âge; elle ne rit jamais. Pourquoi? J'ai beau me dire qu'avec les quelques billets de mille francs que je donne à son père et qu'il gagne bien, je n'ai pas acheté les secrets de sa fille et qu'elle n'a pas de comptes à me rendre de sa vie, rien n'y fait, et j'en arrive à me demander si cette attitude modeste et fière à la fois n'est pas une comédie; si, ayant vu l'impression qu'elle produit sur moi, elle ne se dit pas: « Tiens, tiens, si j'arrivais à me faire épouser — un tel — l'amant, celui que je ne connais pas, Fernand peut-être, un tel verrait qu'on peut bien m'aimer et m'épouser, et peut-être me reviendrait-il quand je serais mariée, estimée, riche. » Car il n'y a qu'un homme, voyez-vous, dans la vie des femmes, celui qui a eu leur premier baiser et leur premier étonnement. On croit qu'un autre homme peut leur faire oublier celui-là ? Quelle erreur ! Quand elles croient en aimer un autre, ce n'est pas par ce qu'il leur fait oublier du premier, mais par ce qu'il leur en rappelle. Enfin savez-vous quelque chose de plus irritant et de plus humiliant que de se dire : Dans cette tête charmante qui est là, que je voudrais couvrir de baisers et de diamants, derrière le regard candide de ces yeux, derrière le sourire innocent de ces lèvres, il y a le souvenir, la connaissance exacte d'un fait dont mon bonheur et ma vie dépendent et, quoi que je fasse, ce fait dont l'image bien nette et bien précise est là, dans cette tête, ce fait me restera éternellement impénétrable et inconnu. Je fendrais ce front impassible et adoré d'un coup de hache, qu'il ne me livrerait que des os, nerfs et du sang.

THOUVENIN.

Oh! oh! vous aimez en effet!

ANDRÉ.

Enfin, voilà la situation. Quel est, à votre avis, le moyen d'en sortir ? car il faut absolument que j'en sorte.

THOUVENIN.

Il n'y a qu'un moyen.

ANDRÉ.

C'est ?...

THOUVENIN.

C'est, puisque vous aimez mademoiselle Brissot et que

vous voudriez en faire votre femme, c'est de demander purement et simplement sa main à ses parents, sans tenir aucun compte de ce qu'on vous a dit.

ANDRÉ.

Et alors?

THOUVENIN.

Et alors, si elle est coupable et qu'elle ne vous aime pas, elle répondra simplement qu'elle ne veut pas se marier, et vous serez bien forcé de vous contenter de cette raison; si elle vous aime et qu'elle soit coupable, elle vous dira la vérité.

ANDRÉ.

Pourquoi voulez-vous qu'une fille qui a un secret comme celui-là le livre à un étranger? Sait-elle ce que cet étranger en fera?

THOUVENIN.

Elle sait que cet étranger est un galant homme et qu'il gardera le silence.

ANDRÉ.

Mais elle sait bien aussi que, du moment qu'elle m'aura fait un pareil aveu, je ne l'épouserai pas.

THOUVENIN.

Qui sait? Si vous l'aimez?

ANDRÉ.

Oh! ça, jamais!

THOUVENIN.

Ne jurez de rien et surtout ne laissez pas votre orgueil parler trop tôt. « Le cœur a des raisons que la raison ne connaît pas? » Celui qui a dit cela a vu bien loin et bien profondément dans la nature humaine. En attendant, je vous ai proposé le seul moyen à employer, le seul digne de vous et de cette intéressante fille.

ANDRÉ, après un moment de réflexion.

Il y en a peut-être un autre?

THOUVENIN.

Prenez garde! Soyez prudent! Il n'y a pas que votre amour en jeu dans cette affaire, il y a l'honneur et peut-être la vie d'une femme, d'un père et d'une mère qui non seulement ne vous ont fait aucun mal, mais qui vous sont dévoués à se jeter dans le feu pour vous. Prenez garde!

ANDRÉ.

Merci! (Il lui serre la main.) Voici ma sœur.

Marthe entre.

MARTHE, saluant Thouvenin.

Monsieur!... (A André.) Tu m'as fait demander?

ANDRÉ.

Oui, je voulais causer un moment avec toi.

Thouvenin sort.

SCÈNE III

MARTHE, ANDRÉ.

MARTHE.

Je t'écoute!

ANDRÉ.

Tu parais contrariée?

MARTHE.

Je le suis, en effet.

ANDRÉ.

Ta promenade à cheval t'a fatiguée?

MARTHE.

Elle m'a ennuyée.

ANDRÉ.

Pourquoi?

MARTHE.

Je te le dirai après: Dis-moi d'abord ce que tu as à me dire.

ANDRÉ.

Eh bien! ma chère Marthe, tu ne sembles pas avoir une grande confiance en moi.

MARTHE.

Qui t'a dit cela?

ANDRÉ.

Je le vois facilement. Tu n'es pas avec moi comme une sœur doit être avec son frère.

MARTHE.

A qui la faute? C'est toi qui n'es pas avec moi comme un frère doit être avec sa sœur.

ANDRÉ.

Je fais tout ce que je peux pour t'être agréable.

MARTHE.

Depuis quelle époque?

ANDRÉ.

Depuis que nous vivons ensemble.

MARTHE.

Il n'y a pas longtemps.

ANDRÉ.

Cela ne pouvait être plus tôt, à mon grand regret.

MARTHE.

Qui empêche un frère et une sœur qui s'aiment de vivre l'un auprès de l'autre?

ANDRÉ.

Certaines convenances. Nous n'avons plus notre père et notre mère, nous sommes, à nous deux, toute notre famille.

MARTHE.

Raison de plus pour ne pas nous séparer.

ANDRÉ.

J'étais jeune, j'étais garçon.

MARTHE.

Tu t'amusais et tu ne voulais pas renoncer à tes plaisirs, c'est bien naturel. Et, pendant ce temps-là, j'étouffais entre les quatre murs d'un couvent où l'on m'obsédait du matin au soir pour que je me fisse religieuse, où l'on incriminait mes actes, mes paroles, mes regards, et jusqu'à mes pensées! Et cependant, si cela continue ainsi, c'est à cette habitude que je retournerai.

ANDRÉ.

Je ne connaissais pas une personne assez respectable pour que je pusse te confier à elle avec une sécurité complète.

MARTHE.

Cette personne existait cependant.

ANDRÉ.

C'était?...

MARTHE.

C'était moi. Tu n'avais qu'à me confier à moi-même, je n'aurais couru aucun danger. Je me serais surveillée mieux que qui que ce soit.

ANDRÉ.

Ce genre de tutelle n'est pas dans nos mœurs. Nous aurions choqué un monde dont nous sommes justiciables et qui ne revient presque jamais sur sa première impression. Dès que j'ai trouvé une femme honorable qui pût être ta caution, avec une fille intelligente, instruite et bonne qui pût être ton amie, je t'ai retirée du couvent et je t'ai associée à mon existence telle qu'elle est. As-tu à te plaindre d'une de ces deux personnes?

MARTHE.

Peut-être!

ANDRÉ.

Dis tes griefs!

MARTHE.

Plus tard. Continue, puisque c'est toi qui as à me parler.

ANDRÉ.

En revanche, tu aimes beaucoup madame de Thauzette?

MARTHE.

Beaucoup. Elle était à peu près la seule personne qui vînt me voir avec un peu de persévérance et me distraire au couvent.

ANDRÉ.

Es-tu au courant de la démarche qu'elle a faite ce matin auprès de moi?

MARTHE.

Quelle démarche?

ANDRÉ.

Elle est venue me demander ta main pour son fils.

MARTHE.

Ah! et qu'as-tu répondu?

ANDRÉ.

J'ai refusé.

MARTHE.

Parce que?

ANDRÉ.

Parce que je ne crois pas Fernand un parti convenable pour toi.

MARTHE.

En quoi n'est-il pas convenable? Qu'est-ce qu'il a fait?

ANDRÉ.

De vilaines choses.

MARTHE.

Pourquoi le reçois-tu alors?

ANDRÉ.

Parce que je ne voulais pas faire de peine à sa mère. J'ai eu tort évidemment, puisque cette condescendance l'a autorisé à croire qu'il pourrait devenir ton mari.

MARTHE.

Et qu'a répliqué madame de Thauzette à ton refus?

ANDRÉ.

Elle m'a laissé entendre que tu te sentais de l'inclination pour Fernand.

MARTHE.

C'est possible.

ANDRÉ.

Ainsi, tu crois l'aimer?

MARTHE.

Il faut bien que j'aime ceux qui ont l'air de m'aimer, puisque ceux que je ne demandais qu'à aimer n'ont pas eu l'air de s'en apercevoir. Et je ne puis vraiment pas passer toute ma vie entre madame et mademoiselle Brissot, sans autre distraction que les Pontferrand.

ANDRÉ.

Veux-tu voyager avec moi? je suis disposé à partir.

MARTHE.

Non. Les voyages ne me tentent pas.

ANDRÉ.

Alors tu conserves tes sentiments pour Fernand quoiqu'ils ne puissent pas être encore bien solides, et malgré ce que je t'ai dit?

MARTHE.

Rien ne prouve ce que tu dis.

ANDRÉ.

Tu doutes de ma parole. (Marthe se tait.) C'est au couvent que tu a appris à te défier de moi?

MARTHE.

J'y ai appris à me défier de tout le monde.

ANDRÉ.

Excepté de Fernand et de sa mère, à ce qu'il parait.
Marthe se tait un moment.

MARTHE.

C'est mademoiselle Brissot sans doute qui sera chargée des révélations à me faire?

ANDRÉ.

Mademoiselle Brissot n'a rien à voir là-dedans. Elle ne m'a jamais dit de mal, elle ne m'a même jamais parlé ni de madame de Thauzette ni de son fils.

MARTHE.

Cela m'étonne.

ANDRÉ.

Pourquoi?

MARTHE.

Parce que depuis le temps qu'elle connait M. de Thauzette, elle doit savoir mieux que personne à quoi s'en tenir sur lui!...

ANDRÉ.

Interroge-la!

MARTHE.

Je n'ai pas besoin de l'interroger; je sais ce que je dois savoir.

ANDRÉ.

Sur lui?

MARTHE.

Et sur elle.

ANDRÉ.

Explique-toi. (Marthe se tait.) Enfin où veux-tu en venir? Tu comprends, ma chère Marthe, que des conversations comme celle que nous avons en ce moment ne sauraient se renouveler. Ce ne sont pas là les relations qui peuvent et doivent exister entre un frère et une sœur de notre âge et de notre condition. Je ne sais qui, ou plutôt je sais trop qui t'a monté ainsi la tête contre moi et mademoiselle Brissot que je considère toujours comme une compagne digne de toi. Tu n'en juges pas ainsi, vous ne pouvez donc pas rester ensemble.

MARTHE.

Renvoie-la!

ANDRÉ.

Elle n'a rien fait pour être renvoyée. Et puis, elle n'est pas de celles qu'on renvoie. Elle est la fille d'un homme très honorable, très dévoué, qui me rend de très grands services, d'une femme qui tient ma maison de la manière la plus convenable. Ce n'est que par reconnaissance pour moi d'abord, par affection pour toi ensuite qu'elle a consenti à se consacrer entièrement à toi, ce dont tu la récompenses bien mal. Si tu ne veux pas qu'elle reste dans ton intimité, si tu ne veux pas avoir pour elle les égards auxquels elle a droit, il faut prendre un parti tout de suite. Je ne saurais, pour un caprice de petite fille dont rien ne motive la mauvaise humeur et l'ingratitude... (Mouvement de Marthe.) je dis ingratitude!... c'est le seul mot applicable à tes sentiments pour une personne qui ne t'a donné que des preuves de dévouement, je ne saurais, dis-je, me séparer de gens que j'estime et pour qui cette séparation serait une injustice et une ruine.

MARTHE.

Alors?...

ANDRÉ.

Alors, ma chère enfant, puisque l'épreuve que j'ai tentée de notre vie en commun ne réussit pas, puisque tu ne veux plus de la société de mademoiselle Brissot, puisque tu veux épouser un homme que je ne trouve pas digne de toi, et puisque, enfin, tu me prouves que tu as besoin d'être surveillée par d'autres que par toi-même, je crois que le mieux est que tu retournes au couvent, comme tu le disais tout à l'heure. Tu n'as plus longtemps à attendre ta majorité. A ce moment, — ce que madame de Thauzette t'a appris sans doute, — tu seras absolument libre et maîtresse de toutes tes actions et tu pourras disposer de toi comme tu l'entendras. Jusque-là il est de mon devoir de faire tout mon possible pour empêcher une chose, dont tu pourrais souffrir toute ta vie.

MARTHE.

Elle est arrivée à ses fins

ANDRÉ.

Ce qui veut dire?...

MARTHE.

Que tu aimes mademoiselle Brissot, qu'elle le sait, qu'elle veut que tu l'épouses, qu'il n'y a rien à dire sur elle, paraît-il, de ce qu'il y a à dire sur d'autres, et qu'elle me fait renvoyer de la maison où elle veut être maîtresse. C'est pour cela que je préfère retourner au couvent.

ANDRÉ.

Quand veux-tu que nous partions?

ACTE DEUXIÈME.

MARTHE.

Le plus tôt possible!

ANDRÉ.

Demain alors, puisque nous avons du monde aujourd'hui.

MARTHE.

Soit! demain.

ANDRÉ.

Je vais écrire à la supérieure et donner les ordres nécessaires. Tu me fais beaucoup de peine.

Il sort.

SCÈNE IV

MARTHE seule, puis FERNAND.

A peine Marthe est-elle seule qu'elle va au piano et se met à jouer fiévreusement. Puis tout à coup elle s'arrête, tire un petit portefeuille de sa poche, regarde si personne ne vient et se met à écrire sur ses genoux en se courbant le plus possible pour ne pas être vue. Avant qu'elle ait fini d'écrire, Fernand entre.

FERNAND.

Mademoiselle!

MARTHE.

Ah! c'est vous! Voyant que vous ne veniez pas tout de suite au signal, je vous écrivais.

FERNAND.

Donnez-moi cette lettre!

MARTHE.

Inutile maintenant, puisque nous pouvons causer.

Elle va pour déchirer le billet.

FERNAND.

Ne déchirez pas ce papier. S'il venait quelqu'un vous pourriez me le donner en me tendant la main. Il me dirait ce que vous n'auriez pas eu le temps de me dire et il me serait le premier gage de votre confiance et de votre amitié. (Elle a déchiré son billet et en a jeté les morceaux au feu.) Vous avez lu mon respectueux billet de ce matin?

MARTHE.

Oui.

FERNAND.

Est-ce qu'il vous a déplu?

MARTHE.

Vous voyez bien que non, puisque vous me demandiez de venir dans le salon pour causer avec vous et que m'y voilà.

FERNAND.

Pourquoi n'avez vous pas pris tout de suite le livre qui contenait ce billet?

MARTHE.

Pour vous laisser le temps de la réflexion. Peut-être regrettiez-vous déjà la hardiesse que vous aviez eue de m'écrire ainsi, et, voyant que je laissais là ce livre, vouliez-vous reprendre votre lettre avant qu'elle pût tomber en d'autres mains que les miennes.

FERNAND.

Je ne l'ai pas fait. Il n'est pas de risques que je ne sois prêt à courir pour vous.

MARTHE.

J'ai envoyé alors mademoiselle Brissot chercher ce livre, pensant que, si vous le lui remettiez à elle, c'est qu'il n'y aurait plus rien dedans, car elle était capable de l'ouvrir.

FERNAND.

Pourquoi?

MARTHE.

Ne suis-je pas livrée à sa surveillance?

FERNAND.

Elle était incapable de rompre le cachet de l'enveloppe qui enfermait ce livre.

MARTHE.

Elle a donc maintenant toutes les vertus, pour vous comme pour mon frère. Mais ce qu'elle n'aurait pas fait par surveillance, elle pouvait le faire par jalousie.

FERNAND.

Je ne comprends pas.

MARTHE.

Vous l'avez aimée?

FERNAND.

Moi! quelle folie!..

MARTHE.

C'est votre mère qui me l'a dit, en ajoutant que j'eusse à me défier d'elle. Elle doit le savoir, votre mère?

FERNAND.

Pourquoi le saurait-elle?

MARTHE.

Vous lui dites bien que vous m'aimez, moi.

FERNAND.

J'ai dû dire à ma mère que je vous aimais, parce que c'était le seul moyen que j'eusse de vous le faire savoir à vous, que je ne pouvais voir aussi souvent que je l'aurais voulu. Et puis, vous, j'espère que vous serez ma femme, tandis que je n'ai jamais songé à épouser Denise.

MARTHE.

Parce qu'elle était pauvre?

FERNAND.

Oh! mademoiselle, adieu!...

MARTHE.

Restez!... Dites-moi ce qui s'est passé entre Denise et vous; je veux le savoir.

FERNAND.

Mais il ne s'est rien passé entre Denise et moi que les amours innocentes d'un jeune garçon et d'une jeune fillette élevés pour ainsi dire ensemble et dont il ne reste plus rien quand l'un devient un homme et l'autre une femme. Parlez à Denise de nos amours passées et vous verrez de quel éclat de rire elle partira.

MARTHE.

Ce sera la première fois que je la verrai rire. Mais j'aime mieux me contenter de cette explication, que je voulais avoir avec vous avant de vous annoncer une nouvelle. Je rentre au couvent demain.

FERNAND.

Pour quelle raison?

MARTHE.

Votre mère a demandé ma main à mon frère pour vous. Vous le saviez?

FERNAND, hésitant.

Non.

MARTHE.

Comment, non? Votre mère demande ma main pour vous et vous ne le savez pas? Prenez garde. J'ai horreur du mensonge. Je puis pardonner bien des choses, je ne pardonnerai jamais celle-là. C'est bon pour les valets de mentir. Je suis très franche, trop franche, avec vous surtout. Soyez donc franc pour moi. Si j'apprenais un jour que vous m'avez menti, même sur le sujet le plus insignifiant en apparence, je ne vous reverrais plus, fussé-je déjà votre femme à ce moment-là. Mon frère refuse son consentement à mon mariage avec vous, parce qu'il prétend que vous avez fait des choses blâmables. Est-ce vrai ?

FERNAND.

C'est vrai.

MARTHE.

Quelles choses ?

FERNAND.

J'ai vécu dans la mauvaise compagnie, dans la dissipation... J'ai gaspillé ma fortune, j'ai joué, j'ai fait des dettes, j'ai eu des duels. J'ai fait ce que font tant d'hommes du monde avant de rencontrer celle qui leur indiquera la véritable route et qu'ils aimeront éternellement. Enfin, je commets en ce moment, pour bien des gens, le plus grand de tous les crimes et c'est peut-être celui-là que votre frère me pardonne le moins : je n'ai plus de fortune et je parle d'amour et de mariage à une fille riche qui m'a déjà fait comprendre tout à l'heure, par un mot, mais par le mot le plus dur, qu'elle ne me croit pas capable de désintéressement.

MARTHE.

Oui, si vous aviez aimé Denise, vous auriez dû l'épouser même pauvre, surtout pauvre. Celui des deux qui a de l'argent, dans le mariage, partage avec celui qui n'en a pas ; rien de plus juste et de plus simple. Si vous n'avez à vous reprocher que d'avoir jeté votre argent par les fenêtres, tant mieux : cela prouve que vous n'y teniez pas, et personne plus que moi ne méprise l'argent. Il ne doit jamais être mêlé à une détermination de notre esprit, encore moins à un engagement de notre cœur. Ce dont je veux être sûre, c'est que vous n'avez rien fait contre l'honneur et la délicatesse.

FERNAND.

Est-ce que votre frère vous aurait dit ?...

MARTHE.

Oui.

FERNAND.

Comment peut-il parler ainsi de moi? Il m'a servi lui-même de témoin quand je me suis battu avec un homme qui m'avait diffamé. Je ne puis accepter pareille accusation. Je vais aller trouver votre frère.

MARTHE.

Inutile d'avoir une explication qui, dans la disposition d'esprit où il est, peut dégénérer en une querelle. Si mon frère a des preuves contre vous, il ne manquera pas de me les mettre sous les yeux pendant le temps que je vais passer au couvent. C'est moi seule qui serai juge. Si je n'ai rien à vous reprocher, je suis résolue à être votre femme, à moins que vous n'ayez pas la patience de m'attendre.

FERNAND.

Comme vous me parlez ce matin!

MARTHE.

Nous ne nous verrons plus aujourd'hui que devant le monde ; nous ne pourrons donc plus causer librement jusqu'à ce soir et nous ne pourrons plus correspondre après. Défense sera certainement faite à la supérieure de me laisser voir votre mère et de me laisser recevoir une lettre. C'est donc notre dernier entretien jusqu'à ce que je sois libre. Cependant, prenez cette bague ; si vous avez quelque chose de nouveau et d'important à me communiquer, déposez-la dans ce tiroir que j'ouvrirai de temps en temps. Si je la trouve, je me promènerai dans l'allée qui mène chez le garde; nous nous y rencontrerons.

FERNAND.

Vous m'aimez donc vraiment un peu?

MARTHE.

Oui, je vous aime.

FERNAND.

Moi aussi je vous aime et je ferai tout pour vous prouver que je suis digne de vous... Votre main ?

MARTHE.

Le jour des fiançailles... (Elle voit Denise qui entre.) Denise!...

Elle s'éloigne et va au piano. Elle regarde dans la glace pour voir si Denise et Fernand se parlent bas ou se font des signes. Ceux-ci ne se parlent pas et ne se font pas de signes.

FERNAND, haut, à Denise.

Sais-tu où est ma mère ?

DENISE.

Elle vient de descendre dans le jardin. Elle cause avec M. Thouvenin.

FERNAND.

Merci! (Saluant.) Mesdemoiselles!...

Il sort.

SCÈNE V

MARTHE, DENISE, puis UN DOMESTIQUE.

MARTHE, à part, après avoir sonné.

Ils ne se sont pas parlé!... Ils ne se sont pas fait de signes!... (Au domestique qui entre.) Prenez ces partitions et portez-les chez moi. Dites à la femme de chambre de les mettre dans une de mes malles.

DENISE.

Vous partez ?

MARTHE.

Oui.

DENISE.

Quand ?

MARTHE.

Demain.
Tout en parlant, elle donne des partitions au domestique.

DENISE.

Pourquoi?...

MARTHE ne répond pas. — Au domestique qui s'éloigne, en lui remettant encore une partition.

Ah! tenez, encore celle-ci.
Le domestique sort.

DENISE.

Vous ne me répondez pas?

MARTHE.

Je ne vous avais pas entendu.

DENISE.

Je vous demandais pourquoi vous partiez?

MARTHE.

Parce que j'ai obtenu de mon frère la permission de retourner au couvent!

DENISE.

Vous ne voulez plus rester ici?

MARTHE.

Non.

DENISE.

Qu'est-ce qu'on vous a fait?

MARTHE.

Je désire me soustraire à une surveillance blessante.

DENISE.

De la part de qui, cette surveillance?

MARTHE.

De la vôtre!

ACTE DEUXIÈME.

DENISE.

Que me dites-vous là?

MARTHE.

Quand je vous ai envoyée ce matin chercher un livre dans ce salon...

DENISE.

Quand vous m'avez priée, ce matin, de venir chercher dans ce salon un livre que vous y aviez oublié ou paru oublier...

MARTHE.

Que voulez-vous dire?

DENISE.

Continuez, mademoiselle!

MARTHE.

Quand vous êtes venue chercher ce livre, vous avez trouvé ici mon frère. Que lui avez-vous dit?

DENISE.

Je lui ai dit que vous étiez très nerveuse, très agitée, et je vois que je ne me trompais pas. J'ai ajouté que je lui conseillais de ne pas vous laisser monter à cheval, dans l'état où vous étiez, seulement avec madame de Thauzette et son fils.

MARTHE.

Pourquoi?

DENISE.

Parce que je trouvais que ce n'était ni prudent ni convenable!

MARTHE.

En quoi n'était-ce ni prudent ni convenable?

DENISE.

En ce que madame de Thauzette et son fils sont des cavaliers trop hardis pour leur confier une personne aussi peu familiarisée que vous avec le maniement du cheval. J'ai demandé alors que mon père, qui est un cavalier excellent et prudent, lui, vous accompagnât.

MARTHE.

Et qu'il se tint sans cesse à côté de moi?

DENISE.

Pour qu'il ne vous arrivât rien et il ne vous est rien arrivé.

MARTHE.

Eh bien! comment appelez-vous cela, si vous ne l'appelez pas de la surveillance?

DENISE.

J'appelle cela de la protection.

MARTHE.

J'appelle cela de l'espionnage, moi.

DENISE, après un temps.

Si j'avais voulu vous espionner, mademoiselle, pour me servir de la même expression que vous, je n'aurais eu qu'à remettre à votre frère le livre que vous avez eu... l'audace... de m'envoyer chercher ici et qui contenait une lettre de M. de Thauzette...

MARTHE.

Vous avez décacheté l'enveloppe de ce livre?

DENISE.

C'était inutile. Il me suffisait de voir qui vous le remettait. Je sais comment M. de Thauzette correspond avec les jeunes filles.

MARTHE.

C'est peut-être ainsi qu'il correspondait avec vous?

DENISE.

Peut-être?

ACTE DEUXIÈME.

MARTHE.

Vous avouez donc.

DENISE.

Je n'ai rien à avouer, à vous moins qu'à personne. Je vous réponds sur le ton que vous prenez avec moi. Les preuves d'affection et de tendresse que je n'ai cessé de vous donner, vous les reconnaissez par la défiance et par l'insulte. Rien ne vous a donné le droit de me traiter ainsi et je ne le permettrai pas. Vous ne voyez pas l'intérêt que d'autres personnes ont à vous tromper, et votre imagination que l'on trouble s'amuse à je ne sais quel roman, où votre cœur n'est pour rien et où peuvent sombrer votre bonheur et votre dignité. Je le sais, je le vois, je ne le veux pas. Votre frère, à qui nous devons tout, vous a confiée à moi, et tant qu'il ne m'aura pas relevée de cette charge qui me fut douce si longtemps, qui me reste sacrée, je ferai mon devoir. Une heure après que vous aurez quitté cette maison, je la quitterai à mon tour, n'ayant plus rien à y faire. Mon père travaillera, ma mère travaillera, je ferai des robes dans une mansarde, je courrai le cachet comme autrefois, je chanterai sur les tréteaux, comme dit madame de Pontferrand, mais je n'aurai pas contribué à vous perdre, j'aurai tout fait pour vous sauver, et je vous sauverai, je vous le jure, fût-ce aux dépens de ma vie et même de mon honneur. Adieu, mademoiselle !

Elle sort.

MARTHE, seule.

Oh ! je suis une méchante fille !...

ACTE TROISIÈME

Même décor.

SCÈNE PREMIÈRE

MADAME BRISSOT, Un Domestique,
puis MADAME DE THAUZETTE.

Au lever du rideau, madame Brissot entre en scène, sonne et met en ordre des papiers qu'elle tient à la main.

MADAME BRISSOT, au domestique qui entre.

Voilà le menu de ce soir.

LE DOMESTIQUE.

Combien de couverts ?

MADAME BRISSOT.

Onze.

LE DOMESTIQUE.

Comment, onze ?

MADAME BRISSOT.

M. le comte, mademoiselle Marthe, madame de Thauzette, son fils, M. Thouvenin, Monsieur, madame et mademoiselle de Pontferrand.

LE DOMESTIQUE.

Ça ne fait que huit.

MADAME BRISSOT.

Mon mari, ma fille et moi, cela fait onze.

ACTE TROISIÈME.

LE DOMESTIQUE.

Ah! vous dinez tous les trois ici?

MADAME BRISSOT.

Oui.

LE DOMESTIQUE.

Et les vins?

MADAME BRISSOT.

J'irai moi-même à la cave. Allez.

<small>Le domestique sort après avoir voulu répondre quelque chose qu'il n a pas répondu. Madame de Thauzette entre.</small>

MADAME DE THAUZETTE, à madame Brissot qui se dirigeait vers une porte pour sortir.

Ah! ma chère amie, je vous cherchais.

MADAME BRISSOT.

Excusez-moi, je ne vous voyais pas.

MADAME DE THAUZETTE.

Est-ce bien sûr?

MADAME BRISSOT.

Je sortais.

MADAME DE THAUZETTE.

C'est que, depuis que nous sommes ici, Fernand et moi, vous avez un peu l'air de nous éviter.

MADAME BRISSOT.

C'est le hasard, et, depuis votre arrivée, j'ai eu naturellement un peu plus à faire.

MADAME DE THAUZETTE.

J'ai besoin de causer avec vous.

MADAME BRISSOT.

De quoi s'agit-il?

MADAME DE THAUZETTE.

Vous ne doutez pas de mon amitié.

MADAME BRISSOT.

Vous nous en avez donné une preuve évidente en faisant entrer Brissot chez le comte.

MADAME DE THAUZETTE.

Je cherchais depuis longtemps une occasion de vous être utile. Et vous êtes tous heureux?

MADAME BRISSOT.

Aussi heureux que possible.

MADAME DE THAUZETTE.

Et vous souhaitez que cela dure?

MADAME BRISSOT.

C'est tout ce que je demande à Dieu. Du reste, M. de Bardannes paraît très content de Brissot.

MADAME DE THAUZETTE.

Il l'est, il me l'a dit.

MADAME BRISSOT.

Alors tout va bien.

MADAME DE THAUZETTE.

De ce côté-là.

MADAME BRISSOT.

Qu'y a-t-il donc?

MADAME DE THAUZETTE.

Vous ignorez ce qui se passe? André... (Se reprenant.) M. de Bardannes ne vous a rien dit?

MADAME BRISSOT.

Rien.

MADAME DE THAUZETTE.

Ni Marthe?

MADAME BRISSOT.

Je ne l'ai pas vue.

MADAME DE THAUZETTE.

Et Denise?

MADAME BRISSOT.

Pas davantage.

MADAME DE THAUZETTE.

Bien vrai?

MADAME BRISSOT.

Pourquoi voulez-vous que je mente?

MADAME DE THAUZETTE.

On pourrait vous avoir demandé le secret.

MADAME BRISSOT.

Je vous affirme que je ne sais rien de nouveau ni d'intéressant.

MADAME DE THAUZETTE.

Nous allons causer à cœur ouvert.

MADAME BRISSOT.

Comme autrefois.

MADAME DE THAUZETTE.

Oui, comme autrefois, car nous n'avions rien de caché l'une pour l'autre.

MADAME BRISSOT.

Moi surtout.

MADAME DE THAUZETTE.

Vous m'en voulez encore?

MADAME BRISSOT.

De quoi?

MADAME DE THAUZETTE.

De ce mariage manqué.

MADAME BRISSOT.

Non! Parlons de ce qui vous amène.

MADAME DE THAUZETTE.

Tout ce que nous allons dire restera entre nous.

MADAME BRISSOT.

Si vous voulez.

MADAME DE THAUZETTE.

Eh bien, si heureux que vous soyez ici, il se prépare peut-être un plus grand bonheur, un très grand bonheur pour vous tous ; et j'ai voulu être la première à vous l'annoncer, car je crois être seule à le savoir.

MADAME BRISSOT.

Qu'est-ce que c'est?

MADAME DE THAUZETTE.

Vous ne me paraissez pas faire à cette nouvelle l'accueil qu'elle mérite.

MADAME BRISSOT.

Un peu de bonheur est déjà chose si rare, que lorsque je l'ai, beaucoup de bonheur m'effraie toujours. D'autant plus, chère amie, que vous prenez pour m'apprendre ce bonheur nouveau, autant de précautions que pour annoncer une catastrophe.

MADAME DE THAUZETTE.

Allons droit au fait alors. M. de Bardannes aime Denise.

MADAME BRISSOT, avec une sorte d'effroi.

Qui vous a dit cela?

MADAME DE THAUZETTE.

Lui-même ; ainsi, il n'y a pas de doute possible. Pourquoi paraissez-vous effrayée de cette nouvelle?

MADAME BRISSOT.

Étonnée, simplement, étonnée surtout que M. de Bardannes vous ait dit cela à vous.

ACTE TROISIÈME.

MADAME DE THAUZETTE.

Pourquoi?

MADAME BRISSOT.

D'abord, parce qu'il me semble que vous auriez dû être sa dernière confidente, ensuite parce que, avec le caractère que je lui connais, il devait penser à le dire d'abord à d'autres.

MADAME DE THAUZETTE.

Ce n'est pas une confidence que j'ai reçue, c'est un secret que j'ai surpris, ce qui revient au même, quant au fait. S'il n'en a encore rien dit, ni à vous, ni à Brissot, ni à Denise, c'est qu'il hésite ou plutôt qu'il réfléchit, car vous pensez bien que son intention est d'épouser votre fille.

MADAME BRISSOT.

Ah! il a cette intention, lui?

MADAME DE THAUZETTE.

Eh bien, que dites-vous de cela?

MADAME BRISSOT.

Que j'avais raison de craindre un surcroît de bonheur. Cette nouvelle me trouble beaucoup.

MADAME DE THAUZETTE.

Comment! voilà un homme chez qui j'ai fait entrer votre mari simplement comme régisseur, qui confie tout de suite toutes ses affaires et toute sa fortune à Brissot, qui vous donne, à vous, la direction de sa maison, à Denise la tutelle de sa sœur, qui, par là-dessus, s'éprend de votre fille, qui veut l'épouser, et cette nouvelle, faite pour vous combler de joie, n'arrive qu'à vous troubler! Qu'est-ce qu'il vous faut de plus, ma chère amie? Admettons que le Ciel ait eu des torts envers vous, du moment qu'il vous fait de pareilles excuses, de pareilles avances même, pardonnez-lui; à tout péché miséricorde.

MADAME BRISSOT.

Et si Denise n'aime pas M. de Bardannes; si elle refuse? Dans quelle situation serons-nous, entre la demande du comte et le refus de ma fille?

MADAME DE THAUZETTE.

Comment! Si elle n'aime pas? si elle refuse? mais elle acceptera, mais elle aimera! Une fille pauvre comme Denise, intelligente comme elle, aime toujours assez pour l'épouser un homme jeune, honorable, distingué, riche, qui pense à la faire comtesse et millionnaire.

MADAME BRISSOT.

Et si le premier amour qu'elle a eu dans sa vie lui interdit d'en avoir un second!

MADAME DE THAUZETTE.

Fernand?

MADAME BRISSOT.

Oui, Fernand, votre fils.

MADAME DE THAUZETTE.

Un enfantillage.

MADAME BRISSOT.

Pour lui peut-être, mais pour elle?

MADAME DE THAUZETTE.

Tout cela est passé et tout a tourné pour le mieux. Fernand, surtout à l'âge qu'il avait, léger, frivole, mauvais sujet, je le connais bien, eût été le pire des maris et Denise eût été la plus malheureuse des femmes, sans compter que notre fortune était déjà plus que compromise et qu'aujourd'hui, nous sommes plus que gênés. Où en serions-nous maintenant si Fernand avait épousé Denise? Ce qu'il faut le plus éviter dans la vie, ce sont les chagrins sans issue. Les souffrances de l'amour sont toujours réparables, celles du mariage ne le sont jamais.

En votre qualité de mère, vous ne pouvez pas comparer un mari comme Fernand à un mari comme André. Denise acceptera, et sans rien dire de Fernand. Ce sont là des affaires de femmes. Si nous avons le malheur d'avouer quoi que ce soit à un homme, il en suppose immédiatement dix fois plus qu'il n'y en a. Avouer quand on ne peut faire autrement, quand on est prise sur le fait, soit! et encore! ça dépend beaucoup de l'homme à qui on a affaire; il faut qu'il soit bien malin pour qu'on ne s'en tire pas. Et où sont-ils les hommes bien malins? — Mais quand un homme ne sait rien, qu'il est en plein amour et en pleine confiance, qu'il est et qu'il veut rendre tout le monde heureux, venir de son plein gré lui raconter qu'on en a aimé un autre avant lui. — ah! non, c'est trop naïf. Et puis, et puis, il n'y a pas que Denise, dans cette affaire-là, il y a les autres.

MADAME BRISSOT.

Quels autres?

MADAME DE THAUZETTE.

Il y a vous, il y a Brissot, il y a moi, il y a Fernand, il y a Marthe.

MADAME BRISSOT.

Mademoiselle Marthe?

MADAME DE THAUZETTE.

Ah çà! vous ne voyez donc rien. Fernand aime Marthe et Marthe l'aime. Ils veulent se marier; André ne veut pas et Marthe rentre au couvent demain pour attendre sa majorité. Et Denise, au lieu de fermer les yeux et de ne rien voir, car enfin tout cela ne la regarde pas, Denise jette des bâtons dans les roues tant qu'elle peut. Si elle a le malheur de raconter à André son idylle avec Fernand, sa conduite vis-à-vis de Marthe prend immédiatement le caractère de la rancune, de la vengeance, de la jalousie. Marthe est déjà exaspérée contre elle, il y a eu tout à l'heure une scène très violente entre elles deux. Supposons que Denise, pour une raison ou pour une autre, refuse la main d'André, à quel titre pourra t-elle rester ici après que Marthe sera retournée au couvent? C'est pour le coup que les commères du pays, les mesdames de Pontferrand et autres, auront beau jeu et qu'elles broderont sur ce qu'elles ont déjà dit.

MADAME BRISSOT.

Et qu'ont-elles dit?

MADAME DE THAUZETTE.

Hé! que Denise est la maîtresse d'André!

MADAME BRISSOT, s'asseyant.

Mon Dieu! mon Dieu! Toujours le mal! Toujours l'infamie! On ne me laissera donc pas mourir tranquille.

MADAME DE THAUZETTE.

Le monde est comme ça, nous ne le changerons pas. Il faut être plus fort que lui, voilà tout, et cette force supérieure, nous l'avons, si nous voulons, en associant nos intérêts qui sont identiques et qui doivent être communs. Il ne s'agit pas de se troubler, il s'agit d'avoir du sang-froid et de la direction. — André aime Denise. — C'est pour vous une chance inespérée. Ne pensez qu'à cela, ne sortez pas de là. Que Denise se taise et qu'elle l'épouse. Fernand et Marthe s'aiment. Que Denise dise à André de les marier; il fera ce que lui dira Denise, puisqu'il ne voit que par elle. C'est pourtant bien simple. Eh bien, non! il faut que Marthe quitte la maison! Il faut que Fernand ait les explications les plus pénibles avec André! Il faut que, prenant fait et cause pour mon fils, ce qui est bien naturel, je me brouille avec un ami de quinze ans, il faut que je ne remette plus les pieds dans une maison que je vous ai ouverte, ce qui vaut bien quelque chose! Il faut qu'il y ait des colères d'un côté, des scandales publics, de l'autre, encore de la misère pour vous trois, et du désespoir pour tout le monde ; tout cela, parce que Denise ne veut pas faire ce qu'elle a tant d'intérêt à faire : se taire. Satin bleu! comme disait le curé de mon village ; quand les alouettes nous tombent ainsi toutes rôties du ciel, mangeons-les donc bien vite, pendant qu'elles sont chaudes!

MADAME BRISSOT.

Je comprends, chère amie, l'intérêt que vous avez à ce qu'aucun de nous ne dise à mademoiselle Marthe ou à M. de Bardannes que Fernand est un homme qui manque à sa parole, car il avait juré d'épouser Denise, vous le savez bien, et il ne l'a pas fait. Mais vous avez raison, ne parlons plus de cela. Rien, dans la conduite de M. de Bardannes, n'a révélé le sentiment que vous avez surpris, rien dans notre conduite à nous n'a tendu à le faire naître. Toute ambition au delà de ce que nous avons reçu de M. de Bardannes serait de l'ingratitude, toute intervention directe ou indirecte de notre part dans ses affaires de famille, de même que tout mensonge, si nous sommes questionnés, serait de la trahison et de la perfidie. Attendons. Quoi qu'il arrive, Denise, j'en réponds, fera ce qu'elle devra faire.

Elle chancelle et instinctivement saisit la main de madame de Thauzette.

MADAME DE THAUZETTE.

Qu'avez-vous ?

MADAME BRISSOT.

Rien, j'ai cru que j'allais tomber. Il y a des moments où il me semble que la terre tourne trop vite. Voici le comte, je m'éloigne. Je parlerais peut-être devant lui de choses dont je ne veux pas parler. (A part.) On me rendra folle.

Elle sort

SCÈNE II

MADAME DE THAUZETTE, ANDRÉ.

MADAME DE THAUZETTE, à part.

Allons! jouons le tout pour le tout. (A André qui entre.) Mon cher ami, je venais vous dire adieu.

ANDRÉ.

Vous partez?

MADAME DE THAUZETTE.

Avec Fernand.

ANDRÉ.

Pourquoi?

MADAME DE THAUZETTE.

Vous le demandez? Comment voulez-vous que nous restions ici après la réponse que vous avez faite à ma demande, après la scène que vous avez eue avec votre sœur, et qu'elle m'a racontée. Il est impossible de mettre plus clairement les gens à la porte.

ANDRÉ.

C'est votre faute.

MADAME DE THAUZETTE.

Ma faute?

ANDRÉ.

Ne discutons pas.

MADAME DE THAUZETTE.

Adieu alors.

ANDRÉ, lui donnant la main.

Adieu.

MADAME DE THAUZETTE.

Fernand va venir aussi prendre congé de vous; je l'attendais. Quant à Marthe...

ACTE TROISIÈME.

ANDRÉ.

Elle est rentrée dans sa chambre.

MADAME DE THAUZETTE.

Où elle ne reçoit pas. (Silence.) Et au couvent?

ANDRÉ.

Elle ne recevra pas davantage.

MADAME DE THAUZETTE.

Qui se serait jamais douté que notre amitié finirait ainsi. Avouez que c'est drôle.

ANDRÉ.

Dites que c'est triste.

MADAME DE THAUZETTE.

Vous savez que Denise va quitter aussi le château, après le départ de Marthe.

ANDRÉ.

Elle aura raison.

MADAME DE THAUZETTE.

Vous l'approuvez?

ANDRÉ.

Elle fait ce qu'elle doit.

MADAME DE THAUZETTE.

Ses parents...

ANDRÉ.

La suivent; c'est tout naturel.

MADAME DE THAUZETTE.

Et vous?

ANDRÉ.

Moi, je resterai seul.

MADAME DE THAUZETTE.

Et ces gens-là, que deviendront-ils quand ils ne seront plus chez vous?

ANDRÉ.

J'assurerai leur sort.

MADAME DE THAUZETTE.

Ils refuseront.

ANDRÉ.

On refuse le don d'un vivant, on accepte le legs d'un mort.

MADAME DE THAUZETTE.

Vous voulez mourir?

ANDRÉ.

Est-ce que je sais ce que je veux, ce que je dois faire? Ce qui est certain c'est que je n'ai pas vécu comme j'aurais dû vivre. Je fais du mal à tous ceux que j'aime et ils me le rendent, les uns sans le vouloir, les autres volontairement. Je n'ai plus mon père ni ma mère qui m'adoraient. Depuis dix ans, ils sont là, immobiles et glacés sous la terre. Je suis si malheureux où ils ne sont plus que je me demande par moments si je ne serais pas plus heureux où ils sont.

MADAME DE THAUZETTE.

Ce n'est pas sérieux! Vous me faites vraiment de la peine. Et tout cela!... Mais promettez-moi de m'écrire un mot qui me rassure. J'ai de l'amitié pour vous, moi. (Voyant qu'il ne répond rien.) Adieu.

Elle s'éloigne.

ANDRÉ, se plaçant devant elle.

Voyons, dites-moi ce que vous savez sur mademoiselle Brissot?

MADAME DE THAUZETTE.

Allons donc! voilà le fond!

ACTE TROISIÈME.

ANDRÉ.

Eh bien! oui, voilà le fond!

MADAME DE THAUZETTE.

Me croirez-vous si je vous dis la vérité?

ANDRÉ.

Me direz-vous la vérité si je vous promets de vous croire?

MADAME DE THAUZETTE, très sérieuse.

Avant tout, vous savez que mon fond, à moi, c'est de n'aimer et de n'avoir jamais aimé que Fernand, dans le monde. Il est pour vous plein de défauts et de vices, il est bon à pendre; c'est convenu; mais moi, qui suis sa mère, je l'aime comme votre mère vous aimait. La mère, c'est indépendant de la femme. Je lui trouve donc toutes les qualités, et s'il est coupable, toutes les excuses. C'est comme ça, l'amour maternel, vous n'y pouvez rien, ni vous ni personne. Quoique je sois bien écervelée et bien folle, si je le perdais, — j'en ai froid dans le dos, rien que de dire ça, — si je le perdais, je ferais pour lui ce que vous voulez faire pour Denise; mais moi, je le ferais sérieusement: je me tuerais. Le croyez-vous.

ANDRÉ.

C'est possible!

MADAME DE THAUZETTE.

C'est bien heureux. Et pour tout ce qui le regarde, je suis d'une superstition stupide. Eh bien! je vous jure, sur la vie de Fernand, que je ne sais rien sur mademoiselle Brissot, sinon qu'elle l'a aimé, que je n'ai pas voulu qu'il l'épousât et qu'elle en a été très malheureuse. Jamais Fernand ne m'a dit autre chose; je ne sais pas autre chose, il n'y a pas autre chose! Là, êtes-vous content? Quant à Fernand, je vous répète qu'il n'est plus du tout ce qu'il était, qu'il se conduit très bien, qu'il est très sincèrement et très sérieusement épris de Marthe, et que...

ANDRÉ, l'interrompant.

Alors, pourquoi m'avez-vous dit ce matin ce que vous m'avez dit de mademoiselle Brissot?

MADAME DE THAUZETTE.

Vous ne m'écoutez plus dès que je ne parle plus d'elle. Pourquoi je vous ai dit ce que je vous ai dit? Hé, mon cher, si toutes les mères se ressemblent, toutes les femmes sont pareilles. Vous m'avez aimée passionnément jadis. Je me figure que j'ai été et que je resterai le grand amour, l'unique amour de votre vie, et vous venez me dire à brûle-pourpoint que je suis une coquine. Ça, je vous le pardonne, ça peut passer encore pour de l'amour; mais vous ajoutez que vous respectez, que vous adorez, je vois que vous voulez épouser une autre femme dont, ma parole, j'étais convaincue avec bien d'autres que vous étiez l'amant; car, enfin, tout le monde n'est pas forcé de prendre mademoiselle Brissot aussi au sérieux que vous. Alors, naturellement, je n'ai qu'une idée, c'est de vous tourmenter un peu, et, comme je sais qu'elle a eu une passion folle pour Fernand, je vous dis que vous n'êtes probablement pas le premier, le premier qu'elle aime. Voilà tout ce que cela signifiait. Là-dessus, vous entrez dans un colère bleue, vous me cassez les poignets; je ne demandais pas autre chose. Voilà toute la vérité. Libre à vous de ne pas la croire.

ANDRÉ.

Je la crois.

MADAME DE THAUZETTE.

Alors?...

ANDRÉ.

Alors, il ne me reste plus qu'à avoir une explication avec Fernand.

MADAME DE THAUZETTE, inquiète.

Qu'est-ce que vous voulez lui dire? Vous n'allez pas lui chercher querelle?

ANDRÉ.

Devant sa mère. Et à quel propos chercherais-je querelle à un homme que j'ai accusé à tort? Au contraire, je lui dois des excuses et même un dédommagement.

MADAME DE THAUZETTE.

Qu'est-ce que cela signifie?

André se dirige vers la porte.

SCÈNE III

LES MÊMES, FERNAND.

FERNAND, entrant.

Je te cherchais pour te faire mes adieux.

ANDRÉ.

Et moi j'allais te retrouver pour te prier de rester ici tout le temps que ta mère et toi comptiez y demeurer. Je viens de causer avec ta mère, qui, ce matin, m'a demandé la main de Marthe pour toi, et à qui je l'ai refusée.

FERNAND.

J'ignorais la demande de ma mère, mais ensuite elle m'en a dit le résultat.

ANDRÉ.

Marthe t'aime, et elle est décidé à t'épouser quand sa majorité sera venue. Cela tu dois le savoir?

FERNAND.

Oui.

ANDRÉ.

Je me suis opposé à ce mariage, parce qu'il y a dans ta vie des faits que je blâme.

FERNAND.

Pas plus que moi.

ANDRÉ.

Ta mère assure, en effet, que tu t'es fort amendé, — d'ailleurs, qui de nous peut dire qu'il n'a rien à se reprocher, — et que tu as pris, si ce mariage a lieu, la ferme résolution de vivre bien.

FERNAND.

C'est vrai.

ANDRÉ.

Feras-tu tout ce qui dépendra de toi pour rendre Marthe heureuse?

FERNAND.

Oui.

ANDRÉ.

Ta main. (Fernand lui donne la main.) Je ne me souviens que de notre amitié d'enfance; je demande pardon à ta mère de ce que je lui ai dit de toi; je crois à tes regrets et à tes résolutions; je ne m'oppose plus à ton mariage avec ma sœur.

FERNAND, joyeux.

Vraiment?

ANDRÉ.

Je te le dis. Je ne te demande qu'une chose, c'est de me laisser annoncer moi-même cette nouvelle à Marthe. Le chagrin lui étant venu de moi, je veux que ce soit de moi que la joie lui vienne.

FERNAND.

C'est convenu.

ANDRÉ.

Maintenant nous ne sommes plus seulement des amis, nous voilà parents; nous voilà une seule et même famille. Nous avons à défendre et à sauvegarder mutuellement et réciproquement notre honneur. Est-ce ton avis?

FERNAND.

Certes...

ANDRÉ.

Ce matin j'ai fait à ta mère une confidence; je lui ai avoué que j'aime mademoiselle Brissot. Cela, te l'a-t-elle dit?

FERNAND.

Non.

ANDRÉ.

Ta mère a laissé échapper un mot compromettant sur cette jeune fille. Elle vient de rétracter ou d'expliquer ce mot, mais en ce qui regarde l'honneur et la réputation d'une femme, il faut que tout soit bien clair et bien net. C'est encore ton avis, n'est-ce pas?

FERNAND.

Complètement.

ANDRÉ.

Ta mère vient de me jurer qu'elle avait parlé étourdiment et qu'elle ne sait absolument rien sur mademoiselle Brissot, sinon qu'elle t'a aimé beaucoup. Tu respectes ta mère et tu ne l'entretiens pas de tes amours, tu as raison; aussi cet amour-là peut-il avoir été plus loin que ta mère ne le sait, et il n'y a que toi qui le saches. Si mademoiselle Brissot a commis une faute, ce n'est qu'avec toi qu'elle a pu la commettre. La réponse que tu vas me faire ne sera jamais connue que de moi et de ta mère, je t'en donne ma parole d'honneur la plus sacrée. Ta mère gardera ce secret aussi religieusement que moi, j'en suis sûr, car tout cela est grave et sérieux. Il pourrait y avoir déshonneur pour les uns, mort pour d'autres. Si mademoiselle Brissot a été ta maîtresse, tout est dit, car il n'y a aucune raison pour que j'épouse ta maîtresse, n'est-il pas vrai? Les choses resteront comme elles sont. Je ne lui parlerai pas plus de mon amour que je ne lui en ai parlé jusqu'à présent. Ma sœur devenant ta femme et ne retournant pas au couvent, mademoiselle Brissot n'aura pas à sortir d'ici. Brissot restera mon régisseur, vivant chez moi comme il y vit, dans un pavillon particulier, avec sa femme et sa fille. Il n'y aura de préjudice matériel pour aucune de ces trois personnes. Je voyagerai jusqu'à ce que j'oublie. Si mademoiselle Brissot est innocente, et, pour que j'en sois convaincu, ton affirmation me suffira, je la demande immédiatement à ses parents, et, si elle m'agrée, je l'épouse. Consens-tu à me répondre?

FERNAND.

Je suis prêt.

ANDRÉ.

Tu as aimé mademoiselle Brissot?

FERNAND.

Comme un garçon de vingt ans aime, ou croit aimer une jeune fille à côté de laquelle il a toujours vécu. Elle se trouve être tout naturellement la première à laquelle il puisse communiquer ses premières émotions qu'il prend sincèrement pour celles de l'amour. Amour des petits cousins pour leurs petites cousines.

ANDRÉ.

Alors, quand tu as cessé d'aller dans la maison de ses parents, tu avais bien le droit de ne plus y aller. Tu n'emportais pas de remords; tu ne laissais pas de honte?

FERNAND.

Je n'emportais d'autres remords que ceux du grand chagrin que je causais, car Denise avait pris au sérieux ce qui ne l'était pas pour moi.

ANDRÉ.

Bref, tu n'as jamais été son amant?

FERNAND, sans hésitation.

Jamais.

ACTE TROISIÈME.

ANDRÉ.

Tu le jures?

FERNAND.

Je le jure.

ANDRÉ.

Sur l'honneur?

FERNAND.

Sur l'honneur.

ANDRÉ.

C'est bien. Maintenant je n'ai plus affaire qu'à ses parents et à elle; à tout à l'heure.

Il sonne.

MADAME DE THAUZETTE, à Fernand, bas.

Tu as bien dit toute la vérité?...

FERNAND, un peu plus haut, comme s'il ne craignait pas d'être entendu d'André.

Toute la vérité.

MADAME DE THAUZETTE, en sortant, à elle-même, après avoir regardé son fils, qui est très calme, très souriant.

Je ne sais pas pourquoi j'ai peur.

Elle sort après Fernand.

ANDRÉ, au domestique qui entre.

Voulez-vous dire à M. et à madame Brissot que je désire leur parler.

LE DOMESTIQUE.

M. Brissot est là, dans cette chambre.

ANDRÉ.

Alors, ne prévenez que madame.

Le domestique sort.

SCÈNE IV

ANDRÉ, puis BRISSOT, puis MADAME BRISSOT.

ANDRÉ va ouvrir la porte de la chambre où est Brissot.

Mon cher Brissot.

BRISSOT, entrant.

Monsieur le comte.

ANDRÉ.

J'ai besoin de causer encore avec vous.

BRISSOT.

A vos ordres.

ANDRÉ.

Seulement, attendons madame Brissot que je me suis permis de faire demander et qui doit prendre part à la conversation. (Madame Brissot entre.) La voici! Ma chère madame Brissot, j'ai une communication très délicate à vous faire ainsi qu'à M. Brissot. Asseyez-vous donc. Dans l'intimité où nous vivons depuis quelque temps ensemble, nous avons appris à nous connaître; depuis que j'ai perdu mes chers parents, vous êtes les deux premières personnes en qui j'ai cru quelquefois retrouver leur image.

BRISSOT, ému.

Monsieur le comte.

ANDRÉ.

Alors je me suis mis à chercher un moyen pour que vous fussiez réellement mon père et ma mère, et ce moyen je l'ai trouvé bien facilement. J'aime votre fille, je l'aime profondément; j'en suis sûr après m'être bien interrogé. J'ai l'honneur de vous demander sa main.

BRISSOT, très simplement.

Ma fille, Denise, votre femme, monsieur le comte, c'est impossible.

ANDRÉ.

Pourquoi?

BRISSOT.

Mais, monsieur le comte, nous ne sommes pas de votre monde, nous sommes de pauvres gens.

ANDRÉ.

Vous êtes de braves gens.

BRISSOT.

Je suis à votre service, nous demeurons chez vous, on dira...

ANDRÉ.

Que voulez-vous qu'on dise?

BRISSOT.

Que nous avons surpris votre confiance.

ANDRÉ.

Suis-je donc un enfant? Ne sais-je pas ce que je fais? Ne suis-je pas maître de mes actions? A qui ai-je des comptes à rendre, dans ce monde?

BRISSOT.

Et ce n'est pas tout : Denise, je vous l'ai dit ce matin même, a dû épouser...

ANDRÉ.

Elle a aimé Fernand avec qui je viens d'avoir à ce sujet, devant sa mère, l'explication la plus nette, la plus franche, tout à l'honneur de votre fille. Votre consentement, mon cher Brissot, n'engage en rien mademoiselle Denise. Il me restera toujours à obtenir le sien. Je ne vous demande en ce moment que le droit de lui faire connaître et mes sentiments et mes espérances.

BRISSOT.

Tout dépend d'elle, en effet. Quant à moi, monsieur

le comte, que voulez-vous que je vous dise, sinon que je suis le plus ému, le plus étonné, le plus heureux des hommes. Si j'ai été vraiment un honnête homme, comme j'y ai tâché, si nous avons été des braves gens, comme vous le dites, si nous avons eu beaucoup d'épreuves et de chagrins, nous en sommes bien dédommagés. (Il essuie ses yeux.) N'est-ce pas, Jeanne?

MADAME BRISSOT, qui a fait depuis le commencement de cette conversation tous ses efforts pour se contenir, d'une voix saccadée.

Oui, oui.

BRISSOT.

Qu'est-ce que tu as?

MADAME BRISSOT.

Un si grand honneur! Madame de Thauzette me l'avait cependant fait entrevoir. Il paraît qu'elle connaissait vos intentions, monsieur le comte?

ANDRÉ.

En avez-vous déjà parlé à mademoiselle Brissot?

MADAME BRISSOT.

Oui, sans rien affirmer; madame de Thauzette pouvait s'être trompée.

ANDRÉ.

Avez-vous pu pressentir les dispositions de votre fille?

MADAME BRISSOT, très émue.

Je lui parlais de cela quand on est venu me chercher de votre part; elle n'avait pas encore eu le temps de me répondre. Je me suis doutée que c'était d'elle que vous vouliez me parler. Elle est là, dans cette chambre. Brissot va l'appeler et nous vous laisserons ensemble; n'est-ce pas, Brissot, il vaut mieux que ce que M. le comte va lui dire soit dit sans que nous soyons là? Elle est timide, renfermée; devant nous, elle ne répondrait peut-être pas comme elle doit répondre. En tout cas, monsieur le comte, soyez bien assuré et n'oubliez jamais que nous sommes tous prêts à mourir pour vous.

Elle lui prend les mains en pleurant et veut les lui baiser.

ANDRÉ.

Que faites-vous?

Il lui serre tendrement les mains.

MADAME BRISSOT, à Brissot.

Va, Brissot, va prévenir Denise, et qu'elle décide tout de suite de son sort. Va, va!

BRISSOT *va à la porte de la chambre que madame Brissot a désignée et l'ouvre après avoir regardé une ou deux fois sa femme avec étonnement. Appelant :*

Denise.

DENISE, *de la coulisse.*

Mon père.

Elle entre.

BRISSOT.

Viens, M. le comte veut te parler.

Il sort à gauche.

Denise, après avoir embrassé son père, va à sa mère qu'elle embrasse plus profondément, plus longtemps et d'une étreinte plus intime. Madame Brissot sort à droite.

SCÈNE V

DENISE, ANDRÉ.

ANDRÉ.

Votre père et votre mère autorisent la conversation que nous allons avoir, mademoiselle. Ils me permettent de vous dire que je vous aime, et de vous le dire, comme je le sens depuis longtemps déjà, du plus profond de mon cœur. Ils vous laissent seule maîtresse de votre décision.

DENISE.

Je connaissais cet amour.

ANDRÉ.

Votre mère vous en parlait à l'instant, m'a-t-elle dit.

DENISE.

Je le connaissais avant qu'elle m'en parlàt. Malgré toute votre réserve, malgré toute votre délicatesse, vous n'aviez pu me le cacher. Je me sentais aimée discrètement, respectueusement, par un honnête homme, et j'en étais aussi fière, aussi heureuse qu'il est possible de l'être.

ANDRÉ.

Alors, vous m'aimiez aussi un peu... secrètement.

DENISE.

Si c'est aimer que de reconnaitre et d'admirer l'élévation et la noblesse d'un homme, de le placer dans son cœur et sa pensée au-dessus de tous les autres, et d'être, sans aucun espoir de récompense, aussi prête à lui consacrer toute sa vie, minute par minute, qu'à mourir tout à coup pour lui épargner une douleur du corps ou de l'âme, si c'est là aimer, oui, je vous aime, monsieur, et jamais homme n'a été plus, n'a été autant aimé que vous. Vous nous avez recueillis, vous nous avez sauvés de la misère, du désespoir, du mépris des heureux et des insultes des méchants. Oh! oui, je vous aime et je vous le dis bien vite, puisque vous me le demandez, car si je mourais aujourd'hui, — nul ne sait s'il verra la fin de la journée, — je mourrais désespérée que vous ne l'ayez pas su.

ANDRÉ.

Alors, vous serez ma femme.

DENISE

Non

ACTE TROISIÈME.

ANDRÉ.

Pourquoi?

DENISE.

Parce que je suis de celles qui aiment, je ne suis pas de celles qu'on épouse. Je ne me marierai jamais. Donnons-nous la main, regardons-nous bien en face, lisons-nous bien jusqu'au fond de l'âme, et restons comme deux camarades, comme deux frères, sachant qu'ils peuvent compter absolument l'un sur l'autre. Le voulez-vous?

ANDRÉ.

Vous avez donc bien aimé Fernand?

DENISE.

Apparemment, puisque je ne me crois plus le droit d'en épouser un autre.

ANDRÉ.

Et vous l'aimez encore?

DENISE.

Oh! non!

ANDRÉ.

Je connaissais cet amour, et jugez de la puissance du mien, je vous le pardonne.

DENISE.

Le pardon! Voyez-vous déjà le mot qui pèserait éternellement sur notre bonheur, si j'étais assez folle pour y croire? Et ce mot, en vous venant aux lèvres malgré vous, a rétabli subitement la distance qui nous séparait tout à l'heure encore et que j'ai franchie trop vite, paraît-il? Mais c'est tout ce que vous aurez à me pardonner, monsieur le comte; adieu.

ANDRÉ.

Ah! ne vous éloignez pas, je vous en supplie! Vous n'avez pour moi que de la reconnaissance et de l'amitié;

avec ces sentiments-là, on peut rester auprès d'un homme, il n'est ni dangereux, ni gênant. Vous pouvez donc rester dans cette maison avec votre père et votre mère.

DENISE.

Mademoiselle votre sœur part demain. Je n'ai plus de raisons, surtout après la conversation que nous venons d'avoir, de rester ici quand elle ne doit plus y être.

ANDRÉ.

Marthe ne part plus, du moins jusqu'à son mariage ; et quand elle sera mariée, c'est moi qui partirai, et pour très longtemps.

DENISE.

Votre sœur se marie ?

ANDRÉ.

Avec Fernand.

DENISE.

Avec M. de Thauzette ?

ANDRÉ.

Oui

DENISE.

Vous avez consenti ? A quel propos avez-vous fait cela ?

ANDRÉ

C'est à vous maintenant de me pardonner. Mais je vous aimais tant. Comme je voulais absolument savoir la vérité sur vous et que lui seul pouvait me la dire, je lui ai demandé, moi, en lui jurant que ni vous ni personne n'en sauriez jamais rien, je lui ai demandé devant sa mère... s'il pouvait me jurer...

DENISE.

Oh! dites les mots!... qu'il n'avait jamais été mon amant.

ANDRÉ.

Oui.

DENISE.

Et alors?...

ANDRÉ.

Il a juré.

DENISE.

Ah! le misérable! je le reconnais bien là.

ANDRÉ.

Que voulez-vous dire?

DENISE.

Qu'il a voulu vous voler votre sœur et votre fortune, et votre bonheur, et le repos et la dignité de votre vie à tous deux. M. de Thauzette vous a menti, menti, impudemment, et sans doute il a cru être chevaleresque. Ces mensonges-là, c'est l'honneur des hommes qui ont volé l'honneur des femmes! — Ah! tant qu'il ne s'est agi que de moi, j'ai pu étouffer mon secret dans le fond de mon cœur; j'ai pu me sacrifier sans rien dire, comme je viens de le faire tout à l'heure et par amour pour mon père qui ne sait rien et par amour et par respect pour vous qui êtes le plus noble des hommes; mais du moment qu'il s'agit de votre sœur que vous m'avez confiée, de cette pure et innocente enfant, de l'innocence et de la pureté de laquelle on abuse jusqu'à la rendre insoumise envers vous et ingrate envers moi, je dis tout. J'ai été la maîtresse de cet homme. Comment une fille comme moi a-t-elle pu se dégrader à ce point! J'ai cru être héroïque! La veille de son duel avec M. de Fulvières, de ce duel dont vous étiez témoin, il m'avait tout raconté. Avait-il son but? Je n'ai pu résister au désir de le voir, peut-être pour la dernière fois; il pouvait être tué le lendemain. J'étais irréprochable, je le jure, et comme je l'assurais de mon amour, il m'a demandé, en m'appelant sa femme, la preuve de cet amour, pour le faire plus fort contre son adversaire, pour avoir une raison de vivre! J'ai joué toute ma vie sur mes craintes pour la sienne. Il a survécu, il a même failli tuer un honnête homme, et il m'a abandonnée. Ah! le lâche! Ah! l'infâme!

ANDRÉ.

Plus bas, plus bas!

DENISE.

Eh! que m'importe maintenant! Ma vie est finie après un pareil aveu. Si mon père m'entend, eh bien! il me tuera. Le grand malheur! Heureusement, il n'a rien su autrefois; il ne m'a pas tuée, il y a quatre ans, et aujourd'hui je puis sauver votre sœur. Oh! le misérable! Le misérable! Que ça me fait du bien de pouvoir le crier devant quelqu'un. Quatre ans que j'étouffe, quatre ans que nous nous regardons en silence, ma mère et moi, sans oser nous parler du passé. Ma pauvre mère à laquelle j'ai été forcé de tout avouer, dont les cheveux sont devenus tout blancs en quelques jours. Ah! mon Dieu! mon Dieu!

Elle se laisse tomber sur une chaise et sanglote, la tête dans ses deux mains.

ANDRÉ.

Vous savez, n'est-ce pas, que ce secret est à jamais enseveli au plus profond de mon cœur.

DENISE.

Mais oui, je le sais; vous n'êtes pas de ceux qui ont besoin de dire ces choses-là. Mais ce n'est pas tout. S'il s'en était tenu à cet abandon, tant pis pour moi; je n'avais qu'à me défendre. Il ne m'a pas épousée avant, pourquoi m'aurait-il épousée après? Nous savons toutes que c'est comme ça, et nous tombons tout de même. Nous n'avons pas d'excuses. On nous méprise; on nous repousse, on fait bien, et l'homme qui nous a vues si faibles avec lui n'a pas de raison de croire à notre vertu avec d'autres. Mais l'innocent, celui qui n'a rien fait de mal, celui-là, on l'aime, on le protège, on ne l'abandonne pas, on a pitié de lui, on se souvient, ne fût-ce qu'un moment, qu'il vient du fond de vos entrailles. Quand la femme qui va être mère vous apprend ce malheur dont elle accepte toutes les conséquences, on ne l'épouse pas, c'est convenu, mais on la soutient, on la console, on lui promet assistance, on est là quand elle va donner la vie à votre enfant et qu'elle peut en mourir ; on ne se sauve pas comme un voleur ; on ne la laisse pas se débattre toute seule dans la honte, dans la douleur et dans l'épouvante ! Oh ! cette petite chambre de village, cette nuit d'hiver, ces larmes de ma mère, ce premier cri de cet enfant ! Il y a encore de bonnes gens. Ma mère avait écrit à une vieille amie, en l'appelant pour un malheur secret. Elle est venue, elle nous a emmenées avec elle. Mon pauvre père ne se doutait de rien ; il ne me croyait que malheureuse et mourante. Comment aurait-il soupçonné une fille qu'il adorait, à laquelle il n'avait donné que des exemples d'énergie, de droiture et de probité ? — Eh bien, voilà ! c'est fini, vous savez tout, vous n'allez pas donner votre sœur à cet homme-là.

ANDRÉ.

Et cet enfant, qu'est-il devenu?

DENISE.

Ah ! oui, c'est juste. Vous m'aimez, vous voulez tout savoir, pour souffrir davantage et pour m'aimer moins. L'enfant, notre vieille amie, — elle est morte depuis, — l'enfant, elle l'a amené à Paris sans nous. Il ne fallait pas qu'on nous rencontrât jamais avec lui. Il y a des mères qu'on ne doit pas voir à côté de leur enfant, c'est défendu. Tu as aimé, tu as été confiante, tu es devenue mère, c'est un crime, c'est comme ça ! (Avec un cri de colère et de révolte.) Ah ! — Il était à quelques lieues de Paris, chez une nourrice ; nous allions le voir de temps en temps, ma mère et moi; ma mère cachait ses beaux cheveux blancs sous des cheveux noirs et moi les miens sous des cheveux roux pour ressembler à la première fille venue. Il était beau ; il avait déjà un an ; il nous reconnaissait quand nous arrivions ; il avait l'air de comprendre, il nous souriait, il faisait aller ses petites mains et ses petits pieds. Nous donnions tout ce qu'il fallait, mais cette nourrice, elle ne l'aimait pas; il n'était pas soigné comme par sa mère. Elle n'avait que de la curiosité, cette femme, elle aurait voulu savoir pour gagner davantage. Chacun son intérêt. Alors il est mort. Il me regardait en mourant, ce pauvre petit. Maman et moi nous l'avons bien embrassé, bien habillé tout en blanc, puis nous l'avons couché dans son dernier berceau avec des roses et tous ses petits jouets, et nous l'avons accompagné jusqu'au bout. Il n'y avait que nous, on nous regardait. Il est dans le cimetière de Colombes. Depuis que nous sommes ici, nous n'avons pas pu y aller, mais il a toujours des fleurs. Le jardinier en a soin, c'est un bon homme. Et puis un seul nom sur la pierre, un nom de baptême, Jean, le nom de maman. (Elle pleure en tournant machinalement son mouchoir entre ses mains, et voyant qu'André pleure:) Vous pleurez! merci. Il n'y a que vous et maman qui ayez jamais pleuré avec moi.

Elle lui prend la main et se laisse tomber dans ses bras.

BRISSOT, qui est entré sur ces derniers mots, se contenant tant qu'il peut. A Denise.

Va-t'en !

DENISE, tombant à genoux, en attendant qu'il la frappe.

Mon père !

BRISSOT, d'une voix sourde et de plus en plus menaçante.

Va-t'en ! va-t'en !

Denise se précipite vers la porte avec le geste d'une résolution désespérée. André se jette entre elle et la porte, et la retient.

ACTE TROISIÈME. 217

ANDRÉ.

Où allez-vous?

BRISSOT.

Je vous demande pardon, monsieur le comte, d'avoir introduit dans votre maison des gens comme nous, mais je ne savais pas, j'ignorais. Voulez-vous bien accompagner mademoiselle jusqu'auprès de sa mère. Inutile qu'il y ait plus de drames qu'il n'y en a. Je vais mettre en ordre tous les papiers dont vous aurez besoin quand je ne serai plus ici. Allez, monsieur le comte, allez, je vous en prie.

André sort avec Denise.

SCÈNE VI

BRISSOT seul, puis FERNAND.

Scène muette pendant laquelle il range des papiers. On voit qu'il a de la peine à rassembler ses idées. Il passe de temps en temps la main sur son front. Enfin, il se laisse tomber sur une chaise qui est devant la table, prend sa tête dans ses mains et pleure silencieusement; puis il redresse résolument la tête, prend la plume et écrit des notes sur les papiers qu'il a rangés. Fernand entre et, le croyant tout simplement occupé à écrire, se dirige vers le meuble où Marthe lui a dit de mettre sa bague. Il ouvre le tiroir : au bruit qu'il fait en le fermant, Brissot se retourne.

BRISSOT.

Ah! c'est toi!

FERNAND, qui a pris un livre pour se donner une contenance.

Oui.

BRISSOT.

Qu'est-ce que tu viens faire ici?

FERNAND, voyant l'air étrange de Brissot, et s'approchant de lui.

Qu'avez-vous?

BRISSOT, qui s'est levé.

Tu le demandes? Alors, tu as possédé ma fille sans être son époux et tu l'as rendue mère sans l'épouser. Ah!

VII. 13

ah! (Il saisit Fernand de ses deux mains par les côtes et le serre si violemment qu'on sent qu'il étouffe.) Tu as tenu ma fille, ma fille dans tes bras. Sors des miens maintenant! (Il couche Fernand sur le canapé, lui met le genou sur la poitrine et le prend à la gorge pour l'étrangler.) Misérable!

FERNAND, pouvant à peine parler.

Je ne me défendrai pas. Vous m'aurez assassiné.

BRISSOT, le lâchant d'une main, le faisant relever de l'autre.

C'est vrai. Va dire à ta mère qu'elle a une heure pour venir me demander la main de ma fille. Si elle n'est pas venue dans une heure, n'importe où tu seras je te tue. Va!

Fernand sort à reculons. Brissot reste en scène et marche fiévreusement.

ACTE QUATRIÈME

Même décor

SCÈNE PREMIÈRE

BRISSOT, MADAME BRISSOT.

MADAME BRISSOT, *assise et pleurant pendant que Brissot se promène avec agitation dans la chambre.*

Que voulais-tu que je fisse?

BRISSOT.

Ce que vous deviez faire, du moment que vous saviez la vérité : me la dire, parce que j'étais le père, le chef de la famille, celui qui doit tout savoir parce qu'il est responsable de tout.

MADAME BRISSOT.

Cette vérité, c'était elle qui me l'avait avouée; c'était son secret. Je n'avais pas le droit de la trahir.

BRISSOT.

Il valait bien mieux me trahir, moi.

MADAME BRISSOT.

Ce n'était pas ta colère qu'elle redoutait, c'était ta douleur. Elle t'aime tant. Elle espérait que tu ignorerais toujours. Savions-nous ce que tu aurais fait?

BRISSOT.

Cela ne vous regardait pas. J'étais seul juge de ce que j'avais à faire.

MADAME BRISSOT.

Elle préférait se tuer.

BRISSOT.

Elle eût mieux fait.

MADAME BRISSOT.

Brissot!

BRISSOT.

Croyez-vous que je n'aimerais pas mieux avoir eu à la pleurer que d'avoir à la maudire.

MADAME BRISSOT.

Ce n'est pas elle qui est coupable, c'est lui.

BRISSOT.

C'est elle la coupable, la triple coupable. Lui, ne déshonorait pas son nom déjà compromis et déconsidéré par sa mère, par son père et par lui-même; il ne trahissait pas la tendresse et la confiance de parents honorables comme nous. Il continuait la tradition des vices de sa famille; il faisait son métier d'oisif sans morale et de libertin sans scrupule, pour lequel le monde a tant d'excuses. Mais elle, elle mentait bassement, lâchement tous les jours, aux honnêtes gens qui l'entouraient. Quand le matin, avant d'aller à mon travail, je posais mes lèvres sur son front avec tout ce qu'il y avait de pur en moi, ce front était souillé; quand le soir elle me quittait et que je l'embrassais tendrement, croyant qu'elle allait se reposer du labeur d'une journée honnêtement remplie, elle allait rêver de son amant. Ah! ne me parlez plus d'elle!

MADAME BRISSOT.

C'est un grand malheur.

BRISSOT.

Tu appelles cela un malheur, toi?

MADAME BRISSOT.

Enfin, tu ne me dis plus *vous*. Que veux-tu? Elle aimait.

BRISSOT.

Voilà vos raisons, à vous autres femmes. Elle aimait et tout est dit. Est-ce qu'aimer empêche le respect de soi? Nous nous aimions aussi, nous; si j'avais été assez malhonnête homme pour te demander d'être ma maîtresse, que m'aurais-tu répondu?

MADAME BRISSOT.

J'aurais fait comme elle, puisque je t'aimais.

BRISSOT.

Voilà jusqu'où peut aller une mère pour disculper sa fille!

MADAME BRISSOT.

Vous autres hommes, vous ne comprenez rien au cœur des femmes. Est-ce parce que vous êtes incapables de vous sacrifier complètement pour elles que vous leur faites un crime de se perdre pour vous? Enfin, que veux-tu, ce qui est fait est fait; Dieu lui-même voudrait que cela n'eût pas été qu'il n'y pourrait rien. Tu souffres; c'est cette souffrance que nous voulions t'épargner, et nous n'en souffrons que davantage, Denise et moi, et depuis quatre ans! Nous croyions cependant avoir épuisé la douleur jusqu'à la dernière amertume. Il paraît que ça n'est pas assez; recommençons. J'y gagne quelque chose, c'est de ne plus étouffer avec ce secret dans la tête et ce fardeau sur le cœur. Il y avait des moments où je ne pouvais plus aller. Tu es le maître, ordonne, commande tout ce que tu voudras; nous ferons tout ce que tu nous diras de faire. Si nous ne le pouvons pas, si c'est au-dessus de nos forces, eh bien, nous mourrons et cette fois ce sera fini, il faut l'espérer. Quand on voit la vie telle que Dieu la fait, il n'y a vraiment plus qu'à le remercier d'avoir fait la mort.

BRISSOT.

Madame de Thauzette tarde bien.

MADAME BRISSOT.

Ainsi tu veux absolument que Denise épouse cet homme?

BRISSOT.

Est-ce qu'elle refuserait?

MADAME BRISSOT.

Mais non; puisque je te dis qu'elle est prête, que nous sommes prêtes à tout; mais elle va être bien malheureuse.

BRISSOT.

Tant pis pour elle!

MADAME BRISSOT.

Elle le hait et le méprise, cet homme.

BRISSOT.

Il ne fallait pas l'aimer.

MADAME BRISSOT.

Tu es bien heureux de n'avoir jamais fait assez de mal dans ta vie pour pouvoir être impitoyable, même avec ta fille. Moi non plus, je n'ai rien à me reprocher; voilà quatre ans que je souffre ce que tu souffres depuis une demi-heure; il ne m'en reste pas moins de la miséricorde pour elle, et, s'il le fallait, j'en aurais encore pour d'autres.

BRISSOT.

Je ne sais qu'une chose : quand un homme a déshonoré une fille, il n'y a que le nom de cet homme qui puisse rendre l'honneur à cette fille.

ACTE QUATRIÈME.

MADAME BRISSOT.

Elle pourrait vivre dans une retraite absolue.

BRISSOT.

Il n'y a pas de retraite absolue où un homme ne pénètre. Quelle retraite plus sacrée que le toit paternel, et un homme a profané ce toit!

MADAME BRISSOT.

Un couvent cloîtré, où je ne pourrai la voir qu'à travers une grille.

BRISSOT.

Et lui, il redeviendra libre; il pourra faire d'autres victimes, se marier, être aimé et considéré peut-être. Il faut pourtant qu'il soit châtié à son tour. C'est eux qui ont volontairement forgé leur chaîne, qu'ils la portent ensemble.

MADAME BRISSOT.

Mais enfin, si tu sais tout cela, c'est qu'elle l'a bien voulu et qu'elle a obéi au sentiment le plus noble et le plus généreux pour que la sœur de notre bienfaiteur ne fût pas mariée à ce coquin. Ce qu'elle a fait est admirable. Ellle n'avait qu'à se taire; elle pouvait laisser Marthe épouser Fernand; elle pouvait épouser M. de Bardannes; tu n'aurais rien su, et, à cette heure, tu la bénirais.

BRISSOT.

Où en es-tu qu'une pareille idée puisse te passer par l'esprit? Ainsi, après s'être jouée de son honneur, du nôtre, elle aurait volé celui de l'homme à qui nous devons tout. C'est déjà bien assez qu'elle se soit trouvée à côté de sa sœur.

MADAME BRISSOT.

Elle s'est bien acquittée en la sauvant.

BRISSOT.

Veux-tu que je te dise à quoi tu penses en ce moment? Tu voudrais qu'elle gardât sa liberté, parce que M. de Bardannes l'aime, et tu te dis qu'il serait peut-être assez grand, assez généreux, assez fou pour l'épouser tout de même. Voilà ce que tu rêves, déjà. Eh bien, moi, je ne veux pas. Je ne paierai pas de ma complicité à un pareil calcul tous les bienfaits que j'ai reçus. Si nous n'entendons rien au cœur des femmes, vous n'entendez rien à l'honneur des hommes. Je ne suis pas de ceux qui font payer aux innocents les fautes des coupables. Elle épousera son amant, et M. de Bardannes, s'il veut se marier, épousera une honnête fille. C'est le moins qu'on lui doive. J'ai dit.

MADAME BRISSOT.

Dieu a eu bien raison de faire le cœur des mères; le cœur des pères n'aurait vraiment pas suffi.

BRISSOT.

Puisque madame de Thauzette ne vient pas, je vais la trouver.

Madame de Thauzette entre.

SCÈNE II

Les Mêmes, MADAME DE THAUZETTE, puis DENISE, ANDRÉ et THOUVENIN.

Madame de Thauzette entre vivement et, une fois dans la chambre, elle s'essuie les yeux. Elle a pleuré et ne veut plus pleurer.

BRISSOT.

J'allais au-devant de vous, madame, ne vous voyant pas venir.

MADAME DE THAUZETTE.

Je ne suis pas en retard. Il n'y a pas une heure. Mais j'avais besoin de causer sérieusement avec mon fils, et de façon qu'il ne puisse y avoir dorénavant aucun malentendu entre nous. Je vous jure, Brissot, que j'ignorais ce qui s'est passé. Fernand a été très coupable; mais il était bien jeune : je l'ai trop aimé. Ce n'est pas une raison pour me le tuer. (Les larmes la gagnent de nouveau.) Vous me l'avez renvoyé meurtri, respirant à peine. Il aurait pu se défendre, il ne l'a pas fait.

BRISSOT.

Il a eu tort : ce serait fini maintenant.

MADAME DE THAUZETTE.

Il attend dans ma chambre le résultat de notre entrevue ; dès que je l'en aurai informé, il partira. Sa place n'est plus ici. Mais soyez tranquille, il fera ce que vous exigez : il ne se dérobera pas à ses obligations.

BRISSOT, à madame Brissot.

Va prier M. de Bardannes et M. Thouvenin de vouloir bien assister à la conversation que nous allons avoir.

Madame Brissot sort.

MADAME DE THAUZETTE.

Je comprends que vous fassiez venir Denise, bien que sa présence soit presque aussi pénible pour moi que pour vous, mais qu'est-ce que M. de Bardannes et M. Thouvenin ont à voir dans toute cette affaire?

BRISSOT.

Ils ont à être témoins de ce qui va se passer entre nous et qui est chose très sérieuse, de façon que, le jour où l'engagement que vous allez prendre ne serait pas tenu, comme je tiendrais, moi, celui que j'ai pris, ces deux hommes pourraient déclarer que je n'ai fait que ce que j'avais le droit de faire.

MADAME DE THAUZETTE.

J'ai à vous prévenir que je n'ai que peu de fortune. Je

ne pourrai donner à mon fils qu'une très modeste pension.

BRISSOT.

Tant mieux; il sera forcé de travailler, ce qu'il aurait dû faire plus tôt. Quant à sa femme, elle travaillait; elle reprendra ses habitudes d'autrefois.

MADAME DE THAUZETTE.

Quand il sera marié, je ne réponds plus des suites d'un mariage contracté dans de pareilles conditions.

BRISSOT.

J'en réponds, moi. Tant que je vivrai, votre fils se conduira bien, et je vivrai encore quelque temps, du moment que je ne suis pas mort il y a une heure. (André et Thouvenin entrent.) Je vous demande pardon, messieurs, de m'être permis de vous déranger, mais je tiens absolument à ce que vous soyez témoins tous les deux de ce qui va se passer ici. (Denise entre d'un autre côté avec sa mère.) Monsieur le comte, vous m'avez fait l'honneur de me demander la main de mademoiselle Brissot. Elle vous a avoué ce qu'elle n'avait jamais cru devoir me dire à moi, qu'elle n'était plus libre. Vous reprenez donc votre parole, monsieur le comte, comme je reprendrais la mienne, si j'étais à votre place. C'est avec M. de Thauzette que mademoiselle Brissot avait pris des engagements secrets, et madame de Thauzette vient réclamer des droits de priorité et me demander pour son fils la main de ma fille. (A madame de Thauzette.) Est-ce vrai, madame?

MADAME DE THAUZETTE.

C'est vrai. Mon cher Brissot, j'ai l'honneur de vous demander, ainsi qu'à mon amie madame Brissot, la main de votre fille pour mon fils.

MADAME BRISSOT, bas, à Denise.

Du courage.

DENISE.

J'en aurai.

BRISSOT.

C'est bien au nom de votre fils, madame, que vous engagez votre parole.

MADAME DE THAUZETTE.

En son nom et sans aucune réserve.

BRISSOT.

A quelle époque désirez-vous que le mariage se fasse?

MADAME DE THAUZETTE.

Quand il vous plaira.

BRISSOT.

Le temps de remplir les formalités nécessaires.

MADAME DE THAUZETTE.

Soit. Ici ou à Paris?

BRISSOT.

Mademoiselle Brissot va partir immédiatement avec sa mère. Le mariage se fera à Paris, très publiquement.

MADAME DE THAUZETTE.

A Paris, très publiquement... Mademoiselle Brissot est consentante?

DENISE, d'une voix ferme

Oui, madame.

BRISSOT.

Alors, nous n'avons plus rien à nous dire.

MADAME DE THAUZETTE, à Brissot.

Voulez-vous me donner la main?

BRISSOT.

Volontiers.

Il donne la main à madame de Thauzette et la salue froidement, mais respectueusement.

MADAME DE THAUZETTE, à madame Brissot.

Et vous, Jeanne?...

MADAME BRISSOT.

Moi aussi.

Les deux femmes se donnent la main.

MADAME DE THAUZETTE.

Veux-tu m'embrasser, Denise?

DENISE.

Oui, madame.

Elle tend son front à madame de Thauzette qui l'embrasse franchement

MADAME DE THAUZETTE.

Puisque les événements ont tourné de cette façon, je t'assure que je ferai tout mon possible pour que tu sois heureuse.

DENISE.

Et moi, madame, je saurai reconnaître tout ce que vous ferez pour moi.

BRISSOT, à sa femme et à sa fille.

Vous pouvez vous retirer.

Denise et sa mère saluent le comte et Thouvenin. Le comte est très ému mais il ne bouge pas.

THOUVENIN, s'approchant de Denise.

Voulez-vous me faire l'honneur de me donner la main, mademoiselle.

DENISE, avec un élan.

Ah! oui, monsieur.

THOUVENIN.

Voulez-vous bien aussi m'accepter comme témoin de votre mariage, ainsi que M. de Bardannes qui voudra bien se joindre à moi, n'est-ce pas?...

Il regarde André.

ACTE QUATRIÈME.

ANDRÉ, très ému.

Certainement.

THOUVENIN, à Denise et à sa mère.

Et comme vous n'avez pas d'installation à Paris, mesdames, et que j'en ai une très spacieuse, laissez-moi vous offrir l'hospitalité jusqu'au moment du mariage, et cela au nom de madame Thouvenin qui sera très heureuse de vous recevoir, et chez laquelle je vais vous conduire, car je vous demande la permission de vous accompagner à Paris.

MADAME BRISSOT.

Merci, monsieur. Je ne puis pas vous dire combien je vous suis reconnaissante.

THOUVENIN.

Quand vous serez prêtes, mesdames, vous me trouverez ici. Moi, je suis tout prêt.

MADAME BRISSOT.

Dans une demi-heure.

Madame Brissot et Denise sortent accompagnées par Thouvenin qui se retourne une dernière fois vers André, qui se contente de saluer.

BRISSOT, s'approchant de Bardannes.

Monsieur le comte, encore une fois pardon, n'est-ce pas?

ANDRÉ.

Embrassez-moi, mon cher Brissot.

BRISSOT.

Oh! de grand cœur!... (Pleurant sur l'épaule d'André.) Ah!... je suis bien malheureux, allez...

ANDRÉ.

Moi aussi, je vous le jure. Il est entendu que vous restez ici avec moi.

BRISSOT.

Oui, puisque vous êtes assez bon pour le vouloir encore.

Il sort après avoir serré la main à Thouvenin et en pleurant malgré lui.

THOUVENIN, bas, à madame de Thauzette.

Allez prévenir votre fils, et qu'il parte avant nous.

MADAME DE THAUZETTE, à André.

Dois-je prendre congé de Marthe?

ANDRÉ.

Certainement, mais ici. Je désire que ce soit de vous qu'elle reçoive l'explication qui lui est due. Soyez assez bonne pour lui faire dire de venir vous retrouver quand le moment vous conviendra.

SCÈNE III

ANDRÉ, THOUVENIN.

André est assis sur le canapé. Thouvenin, pendant la scène précédente, s'est assis en face de la cheminée, a pris les pincettes et a tisonné. André, sans rien dire, s'essuie furtivement les yeux.

THOUVENIN.

Que vous avais-je dit, que tout moyen que vous emploieriez et qui ne serait pas celui que je vous conseillais, causerait des malheurs irréparables. Ça n'a pas été long. Cette fille est héroïque.

ANDRÉ.

Je vous remercie de ce que vous venez de faire pour elle.

THOUVENIN.

Je m'attendais à chaque instant à vous voir courir à elle et lui sauter au cou.

ANDRÉ.

Il faut se défier des surprises du cœur.

THOUVENIN.

C'est bon pour la politique, ces mots-là, mon cher. Bref, votre monde vous défend d'avoir de la clémence; n'en parlons plus; heureusement pour vous qu'il vous permet d'accepter les sacrifices. Alors vous allez laisser mademoiselle Brissot faire ce mariage qui va être le désespoir de toute sa vie.

ANDRÉ.

Qui vous dit cela? Croyez-vous que les choses vont en rester là entre M. de Thauzette et moi.

THOUVENIN.

Vous n'avez plus affaire à M. de Thauzette.

ANDRÉ.

J'ai à lui demander raison.

THOUVENIN.

De quoi?

ANDRÉ.

Du mensonge qu'il m'a fait.

THOUVENIN.

Quand?

ANDRÉ.

Quand je l'ai constitué de ma famille, quand mon honneur était dans ses mains, quand je lui ai demandé la vérité sur mademoiselle Brissot, en lui jurant que cette vérité resterait entre nous deux. Il m'a menti effrontément.

THOUVENIN.

Et alors vous vous battrez avec M. de Thauzette?

ANDRÉ.

Et je le tuerai. Mademoiselle Brissot ne l'épousera pas; nous serons quittes.

THOUVENIN.

Vous le tuerez, ou il vous tuera. Admettons, cependant, que vous le tuiez, vous aurez tué le fils d'une femme que vous avez adorée, à ce point que, si elle était devenue veuve alors, plus âgée que vous, ayant plus d'une faute dans sa vie, celle-là, vous l'auriez épousée tout de même. Folie de jeunesse! Soit! Et maintenant vous voudriez désespérer les dernières années de cette femme frivole, légère, galante, tout ce que vous voudrez, mais des légèretés et de la galanterie de laquelle vous avez profité, et qui a une vertu, son amour pour son fils. Et vous qui êtes si préoccupé de l'opinion, car en ce moment, il n'y a que cela qui vous empêche de suivre l'élan de votre cœur, vous laisserez dire que M. de Bardannes a tué le fils de son ancienne maîtresse, parce que ce fils avait été l'amant de sa maîtresse nouvelle, car il y aura toujours quelqu'un pour relier ce duel aux médisances du pays. Vous serez odieux si vous tuez ce Fernand; vous serez ridicule s'il vous tue. Ce Fernand est un misérable, mais, une fois par hasard, il a fait ce qu'il devait faire. On ne divulgue pas le secret qu'on a avec une femme, à plus forte raison avec une jeune fille.

ANDRÉ.

Dans les circonstances où nous nous trouvions...

THOUVENIN.

Vous auriez fait comme lui.

ANDRÉ.

Non.

THOUVENIN.

Si; je l'espère pour vous du moins. Si M. de Thauzette était venu vous demander, dans les mêmes conditions, si vous avez été l'amant de sa mère, le lui auriez-vous dit? (Silence d'André.) Vous voyez bien. Ne remuons pas trop tout cela; ce n'est pas propre. La vérité, la vérité absolue, voulez-vous la savoir? Ce n'est pas de mentir au risque de sa vie et de son honneur pour sauver la réputation d'une femme dont on a été l'amant, c'est de ne pas être l'amant de cette femme, c'est de respecter la première femme que l'on a connue et aimée, sa mère, dans toutes femmes que l'on rencontre ensuite, n'importe où on les rencontre; c'est de ne pas les faire déchoir si elles sont en haut, c'est de ne pas les abaisser encore si elles sont en bas; c'est de n'associer à sa vie et pour l'éternité qu'une seule femme, celle qu'on épouse et de n'avoir qu'une raison dans le mariage, l'amour. La voilà, la vérité. Tout ce qui prend ce nom et n'est pas cela a été inventé après coup pour les besoins d'une société plus ou moins élégante et dissolue. Cette vérité absolue n'est pas celle de M. de Thauzette, certes, mais elle n'est pas non plus la vôtre. Vous avez pris part, comme presque tous les hommes de votre monde, à l'immoralité de votre temps, vous n'en restez pas moins aussi implacable pour les fautes d'autrui qu'indulgent pour vos fautes à vous. Quand je viens vous dire : épousez cette fille qui a failli, qui a souffert, qui a expié, qui vient de vous donner la plus grande preuve d'estime, de confiance et d'amour qu'un être humain puisse donner à un autre être, l'immolation volontaire de son honneur, du bonheur et de l'amour de ses parents vénérés aux intérêts et à la dignité d'une jeune fille qui n'a d'autre titre à tant de sacrifices que d'être votre sœur; quand je vous dis, épousez cette noble femme que vous aimez et qui vous aime, vous me répondez : Défions-nous des surprises du cœur. Et vous vous croyez en pleine morale et en plein droit et vous vous dites : « Ces choses-là, ce serait bon pour les Thouvenin qui sont peuple, mais non pour les Bardannes qui sont noblesse. » Vous avez un autre code que nous, mais vous n'avez pas une autre conscience. (Il le regarde en face.) Examinez-vous donc un peu. Qui a causé tous les malheurs présents? C'est vous, je le répète. Qui a permis à madame de Thauzette, ce qui n'aurait jamais dû être, de voir mademoiselle Marthe à son couvent et de venir la retrouver ici? C'est vous. Pourquoi avez-vous autorisé cette intimité, qui devait faire naître un calcul dans l'esprit de madame de Thauzette, réduite aux expédients, flanquée d'un fils taré dont aucune famille honorable ne veut? Parce que madame de Thauzette avait été votre maîtresse; que vous n'osiez pas lui refuser cette marque apparente d'estime dont vous ne pouviez prévoir les conséquences, croyant votre sœur bien garantie par les murs de son couvent et la surveillance des religieuses; parce que votre sœur s'ennuyait et que cela vous ennuyait d'aller la voir. Là-dessus madame de Thauzette vous demande la main de mademoiselle Marthe pour son fils. Vous la lui refusez et vous avez raison. Deux heures après, que faites-vous? Vous accordez votre consentement. Dites-moi que vous n'avez obéi alors qu'à l'affection que vous aviez pour votre sœur, à l'amour que vous aviez pour Denise, à l'indulgence qu'on peut avoir pour un camarade dont on connaît et dont on excuse les folies; dites-moi cela, je me tais. Mais non, il y avait en vous un but caché, celui de connaître enfin une vérité que vous ne pouviez arriver à saisir; il y avait en vous la secrète espérance que, plutôt que de laisser s'accomplir ce mariage odieux entre votre sœur et ce chenapan, mademoiselle Brissot dirait tout, s'immolerait et que vous sauriez enfin tout ce que vous vouliez savoir. Vous l'avez fendu ce front impassible et adoré et il vous a livré son secret avec ses os, ses nerfs et son sang. Vous n'aviez pas le droit d'agir ainsi. Ou vous n'aimiez pas mademoiselle Brissot, et alors il fallait la laisser tranquille et ne pas lui arracher son secret, ou vous l'aimiez et alors tant pis ou plutôt tant mieux pour vous, vous voilà engagé avec elle pour toute la vie. Quand un homme a reçu d'une femme qu'il aime et dont il est aimé une confession aussi loyale et aussi touchante que celle que vous avez reçue tout à l'heure, quand cet homme et cette femme ont pleuré ensemble sur la faute commise, cette faute est à jamais lavée. Elle n'est plus que le point de départ de la réhabilitation de l'une et de la magnanimité de l'autre. Il y aura désormais entre ces deux êtres un lien d'âme et de cœur que chaque jour rivera et fortifiera de plus en plus. Croyez-vous que vous allez maintenant rentrer dans la catégorie des jeunes hommes à marier et que vous allez, par l'entremise d'un ami ou d'un notaire, faire demander la main d'une petite jeune fille qui vous aimera peut-être après le sacrement? Allons donc! Vous pouvez partir, vous pouvez aller au bout du monde, vous emporterez avec vous un souvenir qui ne vous quittera plus, et qui vous ramènera finalement aux pieds de cette vaillante amie. Dieu veuille que ce ne soit pas trop tard. Prenez-en votre parti, mon cher, vous voilà de la famille des véritables amants, de ceux que l'amour commence par éprouver et faire souffrir. Je vous défie de ne pas épouser mademoiselle Brissot. Bénie soit cette lutte où vous vous révoltez encore, mais dont vous sortirez triomphant et qui doit vous révéler ce qu'il y a de plus grand, ce qu'il y a de divin dans l'homme, la pitié et le pardon.

SCÈNE IV

Les Mêmes, MARTHE,
puis MADAME DE THAUZETTE.

MARTHE.

Madame de Thauzette vient de me faire dire qu'elle a à me parler ici?

ANDRÉ.

Oui, et la voilà qui vient te retrouver.

Madame de Thauzette entre.

MARTHE.

Tu parais très ému.

ANDRÉ.

Je le suis, en effet.

MARTHE.

Est-ce à cause de moi?

ANDRÉ.

Un peu, mais je te pardonne. Je n'ai pas le droit d'être trop sévère. Cause avec madame de Thauzette. Et vous, mon cher Thouvenin, rendez-moi le service d'assister à cette conversation.

Il sort.

SCÈNE V

MADAME DE THAUZETTE, MARTHE, THOUVENIN, puis DENISE, BRISSOT, MADAME BRISSOT, ANDRÉ.

MARTHE.

Qu'y a-t-il?

MADAME DE THAUZETTE.

Allons droit au but. Quand les choses sont résolues autant qu'elles se fassent franchement. Ma chère enfant, les projets de mariage que j'avais formés doivent, malheureusement pour moi, être considérés comme non avenus.

MARTHE.

M. de Thauzette reprend sa parole?

MADAME DE THAUZETTE.

Non, mais c'est vous qui allez reprendre la vôtre...

MARTHE.

Comment cela, chère madame?

MADAME DE THAUZETTE.

Vous avez prévenu Fernand, il me l'a répété, que, s'il ne vous disait pas la vérité sur quelque point que ce fût, vous ne le reverriez de votre vie.

MARTHE.

En effet.

MADAME DE THAUZETTE.

Eh bien, il vient de partir et vous ne le reverrez plus.

MARTHE.

Et sur quoi m'a-t-il trompée?...

MADAME DE THAUZETTE.

Sur le droit qu'il croyait avoir de disposer de lui.

MARTHE.

Comment ne sait-on pas si on a le droit de disposer de soi, quand on a l'âge de M. de Thauzette? Alors mon frère ne m'avait pas trompée, chère madame, en me disant que monsieur votre fils était un malhonnête homme?

MADAME DE THAUZETTE.

Marthe!

MARTHE.

Ah! mais tout cela est sérieux, madame. Il n'y a pas en question l'honneur seulement de M. de Thauzette, qui est mort pour moi à partir de cette minute, il y a le mien et vous me devez une explication. Je suppose que monsieur votre fils avait des engagements antérieurs avec une autre personne.

MADAME DE THAUZETTE.

Oui.

MARTHE.

Et avec qui ces engagements?

MADAME DE THAUZETTE.

Avec mademoiselle Brissot.

MARTHE.

C'est donc pour cela que vous me disiez de me défier d'elle. Et comment se fait-il que ces engagements, dont personne ne parlait, aient été révélés tout à coup?

MADAME DE THAUZETTE.

Denise les a fait connaître.

MARTHE.

A qui?

MADAME DE THAUZETTE.

A votre frère.

MARTHE.

A quel moment?

MADAME DE THAUZETTE.

Je n'en sais rien.

THOUVENIN.

Au moment, mademoiselle, où M. de Bardannes annonçait à mademoiselle Brissot qu'il avait accordé votre main à M. de Thauzette.

MARTHE.

Mon frère avait consenti à mon mariage?

MADAME DE THAUZETTE.

Oui.

MARTHE.

Pourquoi si vite après son refus formel?

ACTE QUATRIÈME.

THOUVENIN.

Parce que, vous voyant si résolue, il préférait sans doute vous éviter le scandale dont vous l'aviez menacé.

MARTHE.

C'est vrai, j'allais faire ce scandale! Et, voyant cela, mademoiselle Brissot a revendiqué ses droits?

MADAME DE THAUZETTE.

Oui.

THOUVENIN.

Pardon, madame, cela ne s'est pas passé ainsi. Mademoiselle Brissot a seulement appris à M. de Bardannes que M. de Thauzette, bien autrement engagé avec elle qu'il ne pouvait l'être avec mademoiselle de Bardannes, avait manqué à tous ses engagements d'honneur, sans doute parce que mademoiselle Brissot était sans fortune.

MADAME DE THAUZETTE.

J'ignorais ces engagements.

THOUVENIN.

Ce qui vous avait permis de vous opposer à ce mariage.

MARTHE.

Bref?

THOUVENIN.

Bref, M. Brissot ayant eu connaissance de ces engagements, qu'il ignorait encore plus que madame de Thauzette, a exigé que M. de Thauzette épousât sa fille.

MARTHE.

Et M. de Thauzette épouse Denise?

THOUVENIN.

Dans trois semaines.

MARTHE.

Et où est M. de Thauzette?

THOUVENIN.

Il vient de partir pour Paris.

MARTHE.

Et Denise?

THOUVENIN.

Elle va partir tout à l'heure.

MARTHE.

Avec son père et sa mère?

THOUVENIN.

Avec sa mère seulement.

MARTHE.

Et vous, madame?

MADAME DE THAUZETTE.

Après cette conversation, je prendrai congé de vous.

MARTHE.

Et vous partirez avec Denise?

THOUVENIN.

Non, c'est moi qui accompagne ces dames.

MARTHE.

Tout cela avant le dîner. C'était pourtant une bonne occasion de dîner tous ensemble, de boire à la santé les uns des autres, et d'annoncer ces fiançailles imprévues aux voisins qui dînent chez nous et pour lesquels je restais, moi. Et mon frère? que devient-il dans tout cela?

THOUVENIN.

Il part avec moi pour Odessa.

MARTHE.

Et moi?

THOUVENIN.

Vous, mademoiselle, vous venez avec nous, s'il vous est agréable de visiter la Russie méridionale qui est vraiment intéressante, ou vous retournez au couvent, si ce voyage ne vous agrée pas.

MARTHE.

Et puis c'est tout?

THOUVENIN.

Et puis c'est tout.

MARTHE.

Il y a évidemment quelque chose qu'on ne me dit pas.

THOUVENIN.

Évidemment.

MARTHE.

Et qu'on ne me dira pas.

THOUVENIN.

C'est à croire.

MARTHE.

Parce que je suis une jeune fille et qu'il y a des choses qu'on ne doit pas dire aux jeunes filles. Mais on pourrait faire une exception pour moi, puisque je suis une fille qui a fait aujourd'hui même une chose qu'elle ne devait pas faire. Heureusement que c'était à l'instigation des autres que je la faisais et qu'il est encore temps d'empêcher un malheur que je sens tout autour de moi. Où est mon frère?

THOUVENIN.

Il est là. Ne voudriez-vous pas aussi parler à mademoiselle Brissot avant qu'elle parte?

MARTHE.

Oui. Et à sa mère et à son père.

THOUVENIN, sortant.

Elle me va, cette petite.

Il entre dans la chambre où est André.

MARTHE, allant à madame de Thauzette.

Vous savez, madame, que, par votre faute, j'ai méconnu, j'ai insulté, j'ai menacé un être qui m'aimait et qui se sacrifie pour moi, c'est évident, car elle me l'avait bien dit qu'elle me sauverait, fût-ce aux dépens de sa vie et même de son honneur. Vous avez été bien coupable. Je ne sais pas si vous êtes habituée aux remords, mais moi je n'en veux pas. Vous pouvez aller dire à monsieur votre fils qu'il est libre. Denise et moi nous lui rendons la parole qu'il nous avait donnée à toutes les deux. Qu'il parte! M. Thouvenin lui trouvera une place loin de la France, loin de l'Europe même. Il se chargera de cela. (A André qui est entré pendant ce temps-là et allant à lui.) Tu me pardonnes, n'est-ce pas? C'était certainement de la folie. Nature trop comprimée d'abord, trop exaltée ensuite; ça passera. (A Denise qui entre suivie à distance de sa mère. Brissot entrera, quelques moments après, par une autre porte.) Viens donc un peu, toi. (En disant cela, elle lui prend les mains et l'amène sur le devant du théâtre.) C'est bien cela, tu as les yeux rouges, tu es toute pâle. Tu trembles; tes mains sont brûlantes. Ton pauvre cœur bat à t'étouffer. Je te demanderais ton pardon que tu n'aurais pas la force de me répondre. Et c'est moi, moi, qui suis cause de tout cela. (Lui prenant la tête dans ses deux mains et l'embrassant avec force.) Pardon! Pardon! Je te bénis et je t'adore!

THOUVENIN, qui pendant ce temps a fait sortir madame de Thauzette.

Elle me va, elle me va, cette petite.

MARTHE.

Mon frère qui t'aime ne t'épouse pas, parce que tu as aimé un autre homme que lui. Mais moi aussi, j'ai déjà aimé, et justement le même homme que toi. Nous sommes donc aussi coupables l'une que l'autre, et alors on ne m'épousera pas plus qu'André ne t'épouse. Résignons-nous, ma chérie, le mariage n'est pas fait pour nous. Nous avons eu le même fiancé qui nous a trompées toutes les deux; il s'agit d'en trouver un que nous puissions encore aimer ensemble et qui ne nous trompe jamais. Je sais où le trouver. (A André.) Tu as voulu, mon cher André, que je visse le monde avant de prononcer mes vœux. Eh bien, je l'ai vu. Vrai, ce n'est pas joli. En quelques mois j'ai vu tant de mal, j'en ai tant fait moi-même que j'ai hâte de retourner au couvent, mais je ne veux pas y retourner seule. (A Denise.) Veux-tu y venir avec moi et que nous n'en sortions plus?

DENISE, sincèrement et en se jetant dans ses bras.

Oui, oui, oui.

MARTHE.

C'est dit alors. (A Brissot.) Mon cher monsieur Brissot, mon frère trouvait M. de Thauzette indigne de moi, comment voulez-vous que je le trouve digne de Denise? C'est moi qui vous prends votre fille, vous ne pouvez pas me la refuser; je vous assure que personne ne l'aime plus que moi. (A Denise.) Embrasse ton père et ta mère et partons.

Denise va à son père et s'agenouille devant lui.

BRISSOT, la relevant.

Tu m'as fait autant de mal qu'il était possible de m'en faire. Puisque cet ange vient te délivrer, je te confie à lui et je te pardonne.

Il l'embrasse en pleurant.

DENISE, embrassant madame Brissot très profondément.

Maman, maman. (A André.) Dans son ignorance des réalités de la vie, votre sœur, monsieur, croit sa faute égale à la mienne. Innocente enfant! Mais elle trouve aussi la seule solution vraie, la seule qui nous laisse tous dans notre dignité et qui ne nous impose pas des sacrifices au-dessus de nos forces. Permettez qu'elle reste un instant dans cette erreur qu'elle a quelque chose à expier; cela désarme mon père. Je vous la rendrai bientôt. Adieu, monsieur. Que le Dieu que je vais tant prier pour vous mette sur votre chemin celle qui aura la douce mission de vous rendre heureux. (Résolument et prenant la main de Marthe.) Et maintenant, ma sœur, allons!

Elles marchent toutes les deux vers la porte. Au moment où elle va franchir le seuil.

ANDRÉ, appelant.

Denise..

Denise se retourne et attend.

ANDRÉ, lui tendant les bras.

Je ne peux pas.

DENISE, se précipitant dans ses bras avec un grand cri.

Ah!

On entend un timbre de jardin.

MARTHE.

Qu'est-ce que c'est que ça? Les Pontferrand qui viennent dîner. Vite! vite! essuyons les yeux. La vieille serait trop heureuse si elle voyait qu'on a pleuré. (Elle essuie les yeux de Denise. A André.) Et toi, va au-devant de tes invités; nous n'avons plus besoin de toi ici. (A Denise.) Et toi, au piano, et chante si tu peux.

THOUVENIN.

Et le couvent, mademoiselle?

MARTHE.

Quand Denise sera mariée.

Elle va à Brissot et lui tend son front.

BRISSOT, l'embrassant.

Oh! mon enfant! que Dieu vous donne autant de bonheur que vous venez de faire de bien!

Tous les personnages prennent une attitude simple pour l'entrée des Pontferrand, Denise est au piano comme si elle en jouait, Marthe a un livre à la main. Thouvenin cause avec madame Brissot, et Brissot range les papiers qui sont sur la table

FIN DE DENISE.

Puys, 1884.

NOTES SUR DENISE

« Doit-on le dire? » Cet heureux titre donné par Labiche à une de ses comédies les plus originales et les plus fines, aurait pu, pris dans un autre sens, être le titre de *Denise*. Les deux situations les plus importantes de l'ouvrage répondent à cette question. Une fille qui a commis une faute ignorée de tous, doit-elle en faire l'aveu à l'homme qui veut l'épouser et qu'elle aime? Un homme qui a été l'amant d'une jeune fille, le jour où son meilleur ami, son frère, veut épouser cette jeune fille, doit-il lui avouer la vérité, si cet ami, si ce frère, ayant des soupçons, la lui demande? Il y a là deux cas de conscience des plus intéressants que je voulais depuis longtemps, comme on a pu le voir dans les préfaces et les notes du *Demi-Monde* et de *Monsieur Alphonse*, poser devant le public.

Évidemment ou la jeune fille doit tout avouer à l'homme dont elle va porter le nom ou elle doit lui refuser sa main sans lui donner les raisons de son refus, car son secret est à elle; elle l'a payé assez cher pour que rien ne la force de le livrer à qui pourrait le trahir. Évidemment, moins évidemment cependant, un homme qui a été l'amant d'une femme, d'une femme qui s'est donnée et non vendue, doit sauver *après*, même par le mensonge, l'honneur de cette femme qu'il n'a pas su respecter *avant*. A la question qui lui sera posée par qui se croira le droit de la lui faire, un ami dont il aura reçu un grand service, un frère dont il n'aura reçu que des témoignages d'affection, il devra jurer que cette femme est innocente. Qui a établi ce principe ? Il suffit de l'énoncer dans les termes où je viens de le faire, pour que notre conscience hésite. La conséquence ne nous paraîtra pas aussi absolue, aussi irréfutable dans ce second cas, concernant le droit et le devoir de l'homme que dans le premier cas, concernant le droit et le devoir de la femme. Nous nous disons : « Si mon meilleur ami, si mon frère me disait : « Jure moi que tu n'as pas » été l'amant de cette femme et je l'épouse, » mon devoir serait de lui dire la vérité. Je n'aurais pas le droit, quelque engagement tacite que j'eusse pris dans l'amour de trahir à ce point l'amitié, la vérité, la morale, et d'exposer par un mensonge, celui dont je n'aurais reçu que des témoignages d'estime et de tendresse, à toutes les catastrophes, à tous les désespoirs d'une alliance indigne de lui. Ce sont donc, je le répète, ces deux cas de conscience auxquels j'avais touché dans *le Demi-Monde* et dans *Monsieur Alphonse* et que quelques-uns me reprochaient de n'avoir pas complètement résolus, surtout dans la dernière pièce, ce sont ces deux cas de conscience que j'ai voulu juxtaposer et résoudre bien nettement dans *Denise*. Denise fait moralement ce qu'elle doit faire, en refusant d'épouser M. de Bardannes ; M. de Thauzette fait *socialement* ce qu'il doit faire en jurant à M. de Bardannes qu'il n'a pas été l'amant de celle que celui-ci veut épouser. La première est dans l'honneur absolu, le second n'est plus que dans l'honneur relatif, secondaire pour ainsi dire. Y-a-t-il des degrés dans l'honneur? Tout est là. La faute que Denise a commise n'a pas entamé sa conscience, la faute que Fernand a commise en séduisant Denise et en l'abandonnant le condamne à cette seconde faute de mentir à son ami pour cacher la sienne. Et cependant, la seule chance qu'il ait, vis-à-vis de lui-même, de réparer un peu ses torts vis-à-vis de sa victime, c'est de faire le mensonge qu'il fait. Le voyez-vous, après tous les dommages qu'il a causés à cette fille, le voyez-vous disant à celui qui l'aime : « J'ai été son amant. » Il serait monstrueux et le public le huerait, dans ce premier mouvement, sous cette première impression auxquels les hommes réunis ne résistent jamais. Regardez bien pourtant. Après ce qui vient de se passer entre lui et M. de Bardannes, après les preuves de confiance que son ami vient de lui donner, jusqu'à lui pardonner ses fautes d'autrefois, jusqu'à lui accorder la main de sa sœur et faire ainsi de lui son frère, l'honneur, le vrai honneur ne commandait-il pas à M. de Thauzette de dire la vérité ? Il ne le peut pas ; c'est là son châtiment ; il faut qu'il mente toujours. Ce mensonge qui, selon les conventions de la morale mondaine, est la seule bonne action de sa vie, est justement ce qui va lui en faire perdre tous les bénéfices.

Sans cet incident du mariage de Fernand avec Marthe, jamais Denise n'avouerait à M. de Bardannes ni qu'elle l'aime ni qu'elle a commis une faute. Elle refuserait de se marier en le laissant ainsi croire qu'elle ne l'aime pas, en le laissant même supposer tout ce qu'il voudrait. Du moment qu'elle n'accepterait pas d'être sa femme, elle n'aurait pas de comptes à lui rendre. Elle est exceptionnellement loyale. Je la voulais ainsi pour qu'elle eût droit au dénouement.

Je ne serai pas d'une sévérité excessive pour le sexe auquel elle appartient, en disant que beaucoup d'autres à sa place n'avoueraient pas et se marieraient tout de même, en appelant à leur aide toutes les supercheries possibles, y compris celles que la science des praticiens et la naïveté et l'amour-propre de l'époux peuvent mettre à leur disposition. Si j'appartenais à l'école naturaliste pure, je traiterais ce sujet en entrant dans certains détails d'où sortirait triomphante cette phrase que m'a dite un jour un grand docteur : « Les virginités que nous refaisons sont plus solides et plus concluantes que celles de la nature. » Je pourrais, d'autre part, à l'appui de la thèse que je soutiendrais, aller chercher des arguments jusque dans le casuisme de l'Église. Laissons tout cela de côté. Contentons-nous de reconnaître que sur cent jeunes filles, bien nées, ayant eu un amant, comme Denise, il s'en trouvera peut-être quatre-vingts (c'est beaucoup), qui aimeront mieux ne pas se marier que faire l'aveu en question, ignorantes qu'elles seront des moyens à employer pour cacher cette faute, sans quoi elles emploieraient ces moyens et se marieraient sans le moindre scrupule. Il y en aura dix-huit ou dix-neuf qui, connaissant ces moyens ou renseignées à propos par leur mère, par une amie, par l'amant lui-même, ou comptant sur leur dextérité et sur l'aveuglement de l'homme amoureux, se marieront quand même, toujours sans rien dire. Il y en aura une ou deux au plus qui avoueront naïvement, loyalement, bêtement et qui s'en repentiront éternellement. Quant aux veuves qui auront eu un ou plusieurs amants du vivant de leur mari ou après sa mort, quelques moyens que vous employiez : appels à leur probité, à leur honneur, à leur amour, à leur conscience, prières, supplications, menaces, larmes, promesses de pardon et d'oubli, tout sera inutile ; pas une n'avouera. Rien ne fait avouer à une femme qui a appartenu légalement à un homme qu'elle a appartenu volontairement à un autre, tant qu'on ne peut pas la confondre avec une preuve matérielle. Cette preuve faite, elle déclare que, si elle a menti, c'est par amour pour vous, pour ne pas vous faire de peine. A quoi servirait un mari, si en mourant, il n'emportait pas avec lui toutes les fautes du passé, du présent et même de l'avenir de sa femme ? Sans compter qu'au moment du second mariage, celle-ci a pu avoir des scrupules. Le cas est prévu ; le confesseur est là, qui ne lui aura pas enjoint de tout dire au second époux. Vous lui demandez d'avouer sa faute, eh bien, c'est fait, et elle a reçu l'absolution; qu'avez-vous à lui réclamer? Ça ne la regarde plus, ni vous. Là-dessus, n'espérez pas que les femmes consentent jamais à la ruine d'une religion où, dans leur lutte avec l'homme, elles ont le prêtre pour auxiliaire et Dieu pour complice.

Denise n'est ni de celles qui trompent ni de celles qui avouent; elle ne veut courir la chance ni des reproches ni de la pitié; elle est de celles qui préfèrent se sacrifier à tout jamais, dussent-elles mourir de leur sacrifice, plutôt que de rougir une seconde devant l'homme qu'elles estiment et qu'elles aiment. Elle ne livre son secret que, parce que, si elle le garde, celui qui l'a séduite et abandonnée va faire une nouvelle victime et que cette victime sera la sœur de celui pour qui elle donnerait sa vie. Au lieu de s'immoler obscurément et silencieusement, elle s'immole avec éclat, irréparablement, elle le croit du moins, pour sauver Marthe, et c'est ce qui la rend digne du sacrifice que M. de Bardannes fera à son tour en l'épousant à la fin. Car il accomplit là un rude sacrifice, il ne faut pas se le dissimuler. Pourquoi l'ai-je imposé à M. de Bardannes? Parce que la situation est toute particulière; parce que, à partir du moment où Denise a avoué sa faute à André pour sauver l'honneur de Marthe, elle a reconquis le sien, et qu'André lui doit une réparation. Elle lui a donné la plus grande preuve de générosité, de droiture, d'abnégation, d'amour, qu'une femme puisse donner à un homme. Nous ne sommes plus dans les contre-coups de la passion, nous sommes dans les obligations de la conscience. Pour sauver votre sœur, cette fille vient de désespérer à jamais sa mère, de se faire maudire et chasser par son père qui en mourra de chagrin. Qu'est-ce que vous allez faire pour elle en échange, vous qui l'aimez, vous à qui elle vient de prouver qu'elle vous aime?

Thouvenin va nous le dire, dans une tirade qui est longue, je le reconnais ; (elle dure quatre minutes et demie, le temps qu'il faut pour aller de Paris à Asnières par un train express;) c'est une conférence, tout ce que vous voudrez, mais il faut en dire long à un homme et surtout à un homme du monde pour le convaincre et le décider en pareil cas. Si nous n'avions affaire, comme dans *Claudie*, avec laquelle *Denise* a tant de ressemblance que j'ai été dix fois sur le point d'abandonner mon sujet pour ne pas être soupçonné d'avoir dérobé et démarqué le linge de madame Sand, si nous n'avions affaire, dis-je, comme dans *Claudie*, qu'à des paysans, il n'y en aurait pas si long à dire. Ce sont là accidents et dénouements fréquents dans les mœurs des gens de la campagne. Mais nous avons affaire à un homme du monde et du meilleur monde. C'était ce que je voulais, et c'est ce changement de milieu et d'atmosphère qui m'a permis de côtoyer madame Sand tout le long de la pièce, sans mettre jamais le pied dans son champ. Tant qu'il y aura des hommes qui, pour une raison ou pour une autre, épouseront des femmes qu'ils sauront avoir eu un amant, le sujet restera nouveau et à la disposition de tous, à la condition d'en tirer des conclusions nouvelles. Tout ce que dit Thouvenin est irréfutable. Aussi quand Denise va franchir le seuil de la porte pour s'en aller au couvent, André ne s'écrie pas : « Restez, je vous aime ; » il s'écrie : « Je ne peux pas ! » C'est la conscience qui s'impose. Il est impossible à cet homme d'honneur d'accepter un aussi grand sacrifice sans en faire un aussi grand lui-même. L'amour, la passion sont très intéressants et très dramatiques, mais la conscience, tout aussi intéressante, tout aussi dramatique, leur est mille fois supérieure. C'est ce que j'ai essayé de démontrer dans *la Princesse de Bagdad* que je sauve, dans *Denise* que je rachète, dans *Francillon* que je préserve, et dans toutes mes autres pièces d'ailleurs, si je me les rappelle bien. Nous qui avons la prétention de parler aux hommes assemblés, ayons au moins l'excuse de l'idéal, et persuadons-nous que nous pouvons les rendre plus désintéressés, plus justes, plus intelligents et par conséquent plus heureux. Empêcher de choir ou tâcher de relever, telle est la thèse éternelle qu'on me reproche et dont je me vante.

Maintenant on m'a demandé souvent si M. de Bardannes ne regretterait pas ce qu'il a fait et s'il serait heureux? Qui de nous ne regrette rien de ce qu'il a fait? Qui de nous peut se dire heureux au milieu de ce triangle fait du passé, du présent et de l'avenir? Les causes de regret, de chagrin sont diverses, d'ordre différent et même contradictoire, mais elles sont partout. Si M. de Bardannes a l'âme aussi haut placée que celle dont il a fait sa femme, il ne regrettera rien, et ils seront heureux ensemble, étant admise cette vérité que le plus grand bonheur dont on puisse jouir en ce monde c'est d'avoir fait ce qu'on devait faire. Que ceux qui pensent autrement que moi en ces matières fassent une comédie ou un drame sur les funestes conséquences d'un pareil mariage, je ne les empêche pas. Il ne manquera pas de gens pour être de leur avis si leur pièce est bonne, à commencer par cette grande dame qui m'interpella tout haut, en plein salon, de ce ton que les femmes de son monde croient péremptoire. Après les compliments d'usage, elle lança cette phrase : « Maintenant, permettez-moi de vous demander, cher monsieur Dumas, quelles seront les femmes que recevra ce monsieur qui a épousé la maîtresse d'un autre monsieur? — Les mêmes femmes, répondis-je à cette dame, que recevait Pierre le Grand après avoir épousé la maîtresse de Mentschikoff et Bonaparte après avoir épousé la maîtresse de Barras. »

La pièce obtint un succès éclatant. Si je me sers de cette épithète, c'est que je sais la part énorme qui revient dans ce succès aux interprètes qui semblaient tous faits exprès pour les personnages qu'ils avaient à représenter. Tout ce que le rôle de Denise contenait de dangereux était sauvé d'avance par la distinction, la réserve, la loyauté, en même temps que par l'infaillible science de la comédienne qui en était chargée. Une intonation équivoque, un geste vulgaire, une robe dont la coupe ou la couleur eussent fait lever une seule lorgnette et demander le nom de la couturière, le personnage était immédiatement compromis, incriminé, déclassé ; sa faute était attribuée à une autre cause que celle qu'il donnait, la sympathie du spectateur lui faisait immédiatement défaut. Mais quand une femme a le goût, la tenue, la discrétion, avec la voix et le regard de mademoiselle Bartet, le secret qu'elle cache ne peut être que touchant, respectable, sacré. Mademoiselle Bartet rendait inévitable, irrésistible, l'absolution de cette faute. Elle a eu dans la scène de l'aveu deux ou trois cris où l'âme dégagée de toute souillure jaillissait pour ainsi dire, transfigurée et transparente, dans toute son innocence première. Si le public a donné son consentement au mariage de M. de Bardannes avec Denise c'est à mademoiselle Bartet que la pièce le doit.

Le plus grand éloge que l'on puisse faire de tous ces comédiens hors ligne, c'est que l'on peut écrire une pièce, dix pièces pour le Théâtre auquel ils appartiennent sans se préoccuper une minute des interprètes indispensables à ces pièces. On sait qu'ils y sont. L'auteur n'aura pas à adapter ses caractères à la spécialité des comédiens, il est sûr que leur talent se pliera à toutes les exigences du texte avec une facilité et une souplesse incomparables, je dirais presque incompréhensibles. Ça toujours été et c'est encore pour moi, après quarante ans d'exercice, un sujet d'étonnement et d'admiration, que cette faculté chez le même artiste de se transformer si complètement dans l'expression des sentiments humains. Je vois Got, par exemple, dans *le Médecin malgré lui*, ou dans *Sganarelle*, je le vois, le lendemain, dans l'abbé d'*Il ne faut jurer de rien*, puis dans *Maître Guérin*, puis dans *les Plaideurs*, puis dans *les Caprices de Marianne*, puis dans *Denise*. Pas un de ces personnages si divers, si opposés ne déteint sur l'autre. Il est aussi absolument les deux Sganarelle, l'abbé, le père Guérin, l'Intimé, Claudio, Brissot, que si chacun de ces rôles était tenu par un comédien particulier, d'une forme différente de la sienne, d'un talent égal au sien. Comment fait-il? Quand je vois Coquelin dans *l'Étourdi* ou dans *les Fourberies de Scapin*, je puis prévoir ce qu'il sera dans *le Légataire universel*, mais rien dans la composition de ces trois rôles ne fera même supposer qu'il pourra jouer le duc de Septmonts. A ce point, comme je l'ai raconté autre part, que lui-même ne s'y croyait pas apte, et qu'il déclarait n'avoir rien de ce qu'il fallait pour représenter ce personnage qu'il a incarné des pieds à la tête et jusque dans les moelles. Comment s'y est-il pris pour arriver à cette transformation absolue? Comme il s'y prendra ensuite pour être le Labussière de *Thermidor* et le Pétruccio de *la Mégère*; comme s'y prendra le Febvre de *l'Ami Fritz*, du Fabrice de *l'Aventurière*, du Don Salluste de *Ruy Blas* pour devenir le Clarkson de *l'Étrangère*, le Riverolles de *Francillon*, le duc de Guise d'*Henri III*, l'Olivier de Jalin du *Demi-Monde*; comme s'y prendra Worms pour être Charles Quint et Henri III, et, jetant tout à coup ses deux couronnes, pour devenir le plus tendre et le plus passionné des amants avec M. de Bardannes et le plus sceptique et le plus railleur des hommes du monde avec Stanislas de Grandredon. Et quand ce ne sont pas ceux que je viens de nommer ce sont les Monrose, les Samson, les Régnier, les Geffroy, les Provost, les Bressant, les Delaunay, les Barré, les Thiron, les Mounet-Sully. Quant aux femmes; on les appelle Mars, Rachel, les deux Brohan, Anaïs, Plessy, Sarah Bernhardt, Reichemberg, Croizette, Pierson, Bartet, Granger, Samary, et cette belle Marsy que sa dernière création de *la Mégère* vient de faire entrer dans la famille. Il m'est arrivé plusieurs fois, pendant les représentations de *Denise*, de venir écouter, dans un des coins obscurs de l'orchestre, la scène du deuxième acte entre mademoiselle Bartet et mademoiselle Reichemberg, et la première scène du quatrième acte entre Got et madame Granger, comme je serais venu entendre de la musique, abstraction faite, bien entendu, de ma vanité d'auteur. C'était la vérité même, prise sur le fait. Ce n'était plus la scène, c'était la vie. Autrement dit, il y a là une grande et bonne maison, unique dans son genre, qu'il faut bien se garder de désorganiser; il y a là une tradition d'art qu'il faut conserver à tout prix, cet art du théâtre étant véritablement notre art national, celui où nous sommes sans rivaux, depuis plus de deux siècles. C'est bien peu de chose, disent certains critiques. « Gloire d'histrions! Triomphes de bateleurs? Apothéose de cabotins! Un grand pays comme la France peut-il se contenter d'amuser les autres? » Ça vaut toujours mieux que de les ennuyer d'abord, et ce qui prouve que les autres peuples voudraient bien en faire autant, c'est qu'ils s'assimilent tant qu'ils peuvent notre littérature dramatique, en attendant qu'ils en aient une. Quand la civilisation fera ses comptes, qui sait si elle ne s'apercevra pas que ces amuseurs de foules qui peuvent se réclamer de Corneille, de Racine, de Molière, de Beaumarchais, de Hugo, de Musset et de quelques autres, ont plus fait pour elle que tous les politiques qui ont la prétention de mener le monde.

Marly-le-Roi, mars 1892.

FRANCILLON

PIÈCE EN TROIS ACTES

Représentée pour la première fois
à Paris, sur le THÉATRE-FRANÇAIS, le 17 janvier 1887.

A
LOUIS GANDERAX

Mon cher Ganderax,

Laissez-moi vous dédier cette pièce pour les raisons que je donne dans *les notes*. Si je n'avais pas ces excellentes raisons, j'en aurais de meilleures qui sont que vous êtes le plus galant homme du monde et que je vous aime autant que je vous estime.

A. DUMAS FILS.

PERSONNAGES.

Acteurs
qui ont créé les rôles.

LE MARQUIS DE RIVEROLLES............ MM. Thiron.
LUCIEN DE RIVEROLLES, son fils......... F. Febvre
STANISLAS DE GRANDREDON........... Worms.
HENRI DE SYMEUX...................... Laroche.
JEAN DE CARILLAC..................... Truffier.
PINGUET, clerc de notaire................. Prudhon.
CÉLESTIN, valet de chambre.............. Coquelin cadet.
Un autre Domestique..................... Masquillier.

FRANCINE DE RIVEROLLES, femme de
   Lucien................................. Mmes Bartet.
THÉRÈSE SMITH....................... Pierson.
ANNETTE DE RIVEROLLES, sœur de
   Lucien................................. Reichemberg.
ÉLISA, femme de chambre................. Kalb.

La scène se passe à Paris, chez Lucien de Riverolles,
de nos jours.

FRANCILLON

ACTE PREMIER

Un grand salon, un hall très élégant; serre vitrée au fond, à laquelle on arrive à la fois par la scène et par la coulisse. Grande baie avec une tapisserie relevée, ouvrant sur cette serre. Portes latérales communiquant, d'un côté, avec l'appartement de Francine, de l'autre, avec celui de Lucien. Toutes les portes sont ouvertes; bougies, lampes allumées. Un téléphone au-dessus d'un meuble, contre le mur. Piano.

SCÈNE PREMIÈRE

FRANCINE DE RIVEROLLES, THÉRÈSE SMITH, puis ÉLISA.

Francine est assise. Thérèse est debout et marche en parlant. Francine a sonné.

THÉRÈSE.

Eh bien, ma chère amie?...

FRANCINE.

Attends. (A la femme de chambre qui paraît.) Qu'on prépare le thé, et dites à mademoiselle Annette qu'elle peut descendre quand elle voudra. Où est-elle?...

ÉLISA.

Mademoiselle est auprès de M. le vicomte. (Élisa sort.

THÉRÈSE.

Qui est-ce, monsieur le vicomte?

FRANCINE.

C'est mon fils.

THÉRÈSE.

Déjà vicomte! A onze mois?

FRANCINE.

Il vient d'être sevré, et les domestiques tiennent aux titres des maîtres. Mais ton mari est baron.

THÉRÈSE.

Il ne l'était pas encore à cet âge-là; c'est venu depuis.

FRANCINE.

Continue ta morale; j'y suis habituée. Tu m'en faisais déjà au cours de madame Masselin. Il est vrai que j'étais dans les petites et que tu étais dans les grandes.

THÉRÈSE.

Eh bien, je profite maintenant encore de mon âge, pour te dire que tu es dans le faux.

FRANCINE.

Parce que?

THÉRÈSE.

Parce que tu es trop libre et trop familière avec ces messieurs.

FRANCINE.

Des amis intimes de mon mari, des camarades d'enfance, presque des parents. Stanislas est un arrière-cousin du fond de la Bretagne.

THÉRÈSE.

Ce sont toujours des hommes.

FRANCINE.

Es-tu sûre?

THÉRÈSE.

Tâche donc d'être sérieuse.

FRANCINE.

Pourquoi faire? Au fond, qu'est-ce qu'il y a de sérieux dans une vie où l'on entre sans le demander et d'où l'on sort sans le vouloir. Durant une quinzaine d'années, nous autres femmes, nous pouvons avoir quelques distractions et quelque empire, et tu ne veux pas que nous en profitions? Jusqu'à notre mariage, nous ne pouvons rien regarder; à notre deuxième enfant, on ne nous regarde plus; nous avons bien le temps de nous ennuyer jusqu'à vingt ans et de nous désoler après quarante. J'ai vingt-deux ans.

THÉRÈSE.

Et tu n'as qu'un enfant.

FRANCINE.

Combien veux-tu que j'en aie? Je ne suis mariée que depuis un an dix mois et sept jours. Je ne peux pas en avoir cinq comme toi.

THÉRÈSE.

Dont deux jumeaux.

FRANCINE.

Quelle horreur! Et tu les as tous nourris?

THÉRÈSE.

Tous.

FRANCINE.

Même les jumeaux?

THÉRÈSE.

Même les jumeaux.

FRANCINE.

Miséricorde! Et ton mari, qu'est-ce qu'il faisait?

THÉRÈSE.

Il faisait ses affaires; il gagnait de l'argent pour les petits.

FRANCINE.

C'est juste; le tien est occupé. Tous les bonheurs! C'est égal, tu n'étais pas jalouse?

THÉRÈSE.

Je n'avais pas le temps d'être jalouse.

FRANCINE.

Tu ne l'aimes donc pas?

THÉRÈSE.

Qui?

FRANCINE.

Ton mari, le baron Smith, — Alfred.

THÉRÈSE.

Si, je l'aime; mais il y a des moments pour ça.

FRANCINE.

Moi, j'aime le mien toujours.

THÉRÈSE.

Tu ne t'en tireras jamais. Un mari n'est pas un amant.

FRANCINE.

Pour moi, ça ne fait qu'un.

THÉRÈSE.

Bon pour commencer; mais, une fois mère, si tu n'es pas mère avant tout, tu es perdue. Sois avec ton Lucien comme je suis avec mon Alfred. Alfred me dit qu'il m'aime; il fait tout ce qu'il faut pour me le prouver. J'ai de beaux enfants bien sains, qu'il adore, à chacun desquels il aura gagné un million, que veux-tu que je demande de plus? Il me dit qu'il va à son bureau, qu'il va

ACTE PREMIER.

à son cercle, qu'il va voir ses amis, je le crois. Les hommes ont des façons de s'amuser à eux qu'il faut accepter. Ils ont ce qu'ils croient des passions, ce qu'ils appellent des besoins, tout bonnement des habitudes. Ils hésitent assez à devenir des maris, pour que nous les ménagions quand ils s'y décident. Moi, je ne demande jamais au mien où il a été; il me raconte tout ce qu'il veut et je suis convaincue, ou tout au moins j'en ai l'air, qu'il ne me trompe pas. Les hommes, ma chère, c'est comme les cerfs-volants, plus on leur rend de corde, plus on les tient. Quand Alfred est par hasard de mauvaise humeur, — c'est bien rare, — je lui dis : « Vous vous ennuyez à la maison : allez dîner avec vos amis. Allez faire le joli cœur avec des dames quelconques; ça vous distraira. Je resterai avec les enfants. » Il m'embrasse; il y va; il passe sa mauvaise humeur sur les autres; il dit toutes les bêtises que les hommes aiment à dire le soir, et il me revient à une ou deux heures du matin, tout frais, tout neuf.

FRANCINE.

Comment le sais-tu ?

THÉRÈSE.

Il me réveille.

FRANCINE.

Voilà. Le mien aussi va dîner avec ses amis et ces dames, probablement, mais il ne m'en dit rien et ce n'est pas moi qui l'y envoie; il rentre aussi à deux ou trois heures du matin, plutôt quatre, seulement il ne me réveille pas.

THÉRÈSE.

Profite de ça pour te refaire et pour engraisser. Il est bon aussi d'être un peu grasse; c'est toujours plus prudent.

FRANCINE..

Tu m'agaces avec ton sang-froid; tu vis sur une table de Pythagore : deux et deux font quatre.

THÉRÈSE.

Heureusement.

FRANCINE.

Moi, je me mange le sang.

THÉRÈSE.

Ah! j'ai bien vu ça, ce soir. Ta gaieté était trop nerveuse pour être sincère. Voilà pourquoi je tâche de t'inculquer un peu de bon sens.

FRANCINE.

Lucien me trompe, j'en suis sûre...

THÉRÈSE.

Conte-moi la chose; nous aviserons.

FRANCINE.

Quand Gaston a été sevré, je suis venue annoncer la nouvelle à Lucien. Il y a de cela huit jours.

THÉRÈSE.

Eh bien?

FRANCINE.

Eh bien, il m'a embrassée sur le front et il m'a dit : « Tant mieux, chérie! tu vas pouvoir dormir maintenant. » — Et il est allé chasser avec son père. Ils sont revenus ce matin seulement.

THÉRÈSE.

Qu'est-ce que tu vois de mal à ça?

FRANCINE.

Comment, ce que je vois de mal? Je suis sûre qu'il y a quelque chose. Tu l'as vu à table. Il était maussade; il ne parlait pas.

THÉRÈSE.

Il a peut-être fait une mauvaise chasse ; ça suffit pour les contrarier. As-tu vu son père ?

FRANCINE.

Il est venu me dire bonjour, toujours épanoui comme un jour de Pâques. En voilà encore un qui ne se fait pas de bile !

THÉRÈSE.

Pourquoi tiens-tu tant à ce qu'on se fasse de la bile ?

FRANCINE.

Mais si ce que je suppose est vrai, il me le paiera !

THÉRÈSE.

Que feras-tu ?

FRANCINE.

Je n'en sais rien. J'aurai une inspiration.

THÉRÈSE.

Francine, Francine, méfie-toi de ta tête !

FRANCINE.

Oh ! ne crains rien. Ce ne sera pas ce que tu crois. Je suis folle en apparence, mais en apparence seulement. Je ne suis pas de celles qui se figurent qu'un autre homme peut faire oublier à une femme celui qu'elle aime et qui la trahit ; à ce compte-là, on ne s'arrêterait plus ; car, il n'y a aucune chance que le second vaille mieux que le premier et l'inévitable troisième que le second. Ou nous aimons notre mari, et alors celui qui prétend le supplanter nous apparaît comme un simple imbécile, ou nous n'aimons plus notre mari, et alors, si, ayant épousé librement, comme nous l'avons fait, toi et moi, un homme qui nous plaisait plus que les autres, nous arrivons à ne plus rien lui inspirer, à ne plus rien éprouver pour lui, c'est démence ou dévergondage de risquer une nouvelle épreuve avec un monsieur qui vient vous offrir secrètement, sans respect, sans sacrifice, sans amour, je ne sais quel passe-temps honteux, quelle compensation dégradante de fiacre et d'hôtel garni.

THÉRÈSE.

Francine !

FRANCINE.

Ne vas-tu pas te scandaliser quand je suis sérieuse tout autant que quand je suis gaie. Je suis exaspérée ! Je suis exaspérée ! Et si Lucien est infidèle, je me vengerai, c'est certain, mais pas comme les autres. « Tant mieux, chérie ! tu vas pouvoir dormir maintenant ». Tu verras si je dors. Et puisque j'ai du temps devant moi, il faudra bien que je sache la vérité. Si elle est ce que je crois, je te réponds que j'en aurai vite fait (Annette entre de droite.) et que je ne resterai pas longtemps au partage. Tout ou rien !

Pendant ces derniers mots, Annette s'est mise à préparer le thé que le domestique avait déposé sur une table.

THÉRÈSE.

Prends garde, Annette est là !

FRANCINE.

Elle ne peut rien entendre et puis elle ne comprendrait pas ! (Lucien, Stanislas, Henri sont entrés en causant.) Elle me fait l'effet d'être dans ton genre, celle-là, sentimentale comme une poule.

THÉRÈSE.

Tant mieux pour elle !

SCÈNE II

Les Mêmes, ANNETTE, LUCIEN, STANISLAS, HENRI.

Francine va se mettre au piano et joue du Wagner.

ANNETTE, à Thérèse avec une tasse de thé à la main.

Une tasse de thé, chère madame ?

THÉRÈSE.

Volontiers, ma chère enfant.

ANNETTE.

Crème ou cognac ?

THÉRÈSE.

Crème.

ANNETTE, présentant une tasse à Stanislas.

Et vous, monsieur de Grandredon ?

STANISLAS.

Volontiers aussi, mademoiselle !

ANNETTE.

Crème ou cognac ?

STANISLAS.

Cognac.

ANNETTE.

Combien de morceaux de sucre ?

STANISLAS.

Cela dépend ; deux, si vous les donnez avec une pince ; tant que vous voudrez, si vous les donnez avec vos jolis doigts.

ANNETTE.

On n'est pas plus galant.

Elle le sert avec une pince.

STANISLAS.

Vous êtes cruelle.

ANNETTE, à Henri.

Et vous, monsieur de Symeux?

HENRI.

Moi, mademoiselle, je vous demanderai la recette de la salade que nous avons mangée ce soir ici. Il paraît qu'elle est de votre composition.

ANNETTE.

La salade japonaise.

HENRI.

Elle est japonaise?

ANNETTE.

Je l'appelle ainsi.

HENRI.

Pourquoi?

ANNETTE.

Pour qu'elle ait un nom; tout est japonais, maintenant.

HENRI.

C'est vous qui l'avez inventée?

ANNETTE.

Parfaitement. J'aime beaucoup m'occuper de cuisine.

HENRI.

Vous avez pris des leçons?

ANNETTE.

Il y a maintenant des cours pour les jeunes filles; on étudie bien les éternels principes, et puis chacune compose selon son plus ou moins d'imagination. Il y a même des concours.

STANISLAS.

Et dans quel but avez-vous appris à faire la cuisine,

mademoiselle? Car ce n'est pas avec l'idée d'en faire votre profession?

ANNETTE.

J'ai appris à faire la cuisine comme j'ai appris à lire, à écrire, à dessiner, à jouer du piano, à parler l'anglais et l'allemand, à chanter en italien, à monter à cheval, à patiner, à chasser, à conduire, comme j'ai appris la valse à deux et à trois temps, la polka et toutes les figures du cotillon, dans le but de trouver un mari. Tout ce que font les jeunes filles, n'est-ce pas, messieurs, dans le but de vous plaire? et ne doivent-elles pas s'efforcer d'être aussi parfaites que possible pour mériter l'honneur et la joie d'associer toute leur existence à quelques moments de la vôtre? (A Lucien.) Et toi, monsieur mon frère, veux-tu du thé?

LUCIEN, qui lit le journal.

Rien du tout! merci!..

ANNETTE.

Alors, monsieur de Symeux, si vous voulez prendre une plume et de l'encre, je vais vous dicter ma recette sur l'air que joue Francine. Mais vous m'assurez que cette communication ne sera faite qu'à des personnes dignes de la comprendre et de l'apprécier.

HENRI.

C'est pour maman. Excusez-moi de dire encore maman à mon âge; mais, comme je vis avec elle, j'ai gardé cette habitude d'enfance.

ANNETTE.

Je ne vous excuse pas, monsieur, je vous félicite; et moi qui n'ai plus ma mère, je vous envie.

HENRI, à Lucien.

Elle a des façons de dire, à elle. (Haut.) Je suis à vos ordres, mademoiselle.

ANNETTE.

Vous faites cuire des pommes de terre dans du bouillon, vous les coupez en tranches comme pour une salade ordinaire, et, pendant qu'elles sont encore tièdes, vous les assaisonnez de sel, poivre, très bonne huile d'olives à goût de fruit, vinaigre...

HENRI.

A l'estragon?

ANNETTE.

L'orléans vaut mieux : mais c'est sans grande importance ; l'important, c'est un demi-verre de vin blanc, Château-Yquem, si c'est possible. Beaucoup de fines herbes, hachées menu, menu. Faites cuire en même temps, au court bouillon, de très grosses moules avec une branche de céleri, faites-les bien égoutter et ajoutez-les aux pommes de terre déjà assaisonnées. Retournez le tout légèrement.

THÉRÈSE.

Moins de moules que de pommes de terre ?

ANNETTE.

Un tiers de moins. Il faut qu'on sente peu à peu la moule ; il ne faut ni qu'on la prévoie ni qu'elle s'impose.

STANISLAS.

Très bien dit.

ANNETTE.

Merci, monsieur. — Quand la salade est terminée, remuée...

HENRI.

Légèrement...

ANNETTE.

Vous la couvrez de rondelles de truffes, une vraie calotte de savant.

HENRI.

Et cuites au vin de Champagne.

ANNETTE.

Cela va sans dire. Tout cela, deux heures avant le dîner, pour que cette salade soit froide quand on la servira.

HENRI.

On pourrait entourer le saladier de glace.

ANNETTE.

Non, non, non. Il ne faut pas la brusquer; elle est très délicate et tous ses aromes ont besoin de se combiner tranquillement. — Celle que vous avez mangée aujourd'hui était-elle bonne?

HENRI.

Un délice!

ANNETTE.

Eh bien, faites comme il est dit et vous aurez le même agrément.

HENRI.

Merci, mademoiselle. Ma pauvre maman, qui ne sort guère et qui est un peu gourmande, vous sera extrêmement reconnaissante.

ANNETTE.

A votre service. J'ai encore bien d'autres régalades de ma composition; si elles peuvent être agréables à madame votre mère, je lui en porterai moi-même les recettes, et j'en surveillerai l'exécution, la première fois, à moins que votre chef n'ait un trop mauvais caractère...

HENRI.

C'est une cuisinière.

ANNETTE.

Nous nous entendrons alors comme il convient entre

femmes. Quand vous voudrez. Maintenant, messieurs, il ne me reste plus qu'à vous faire ma plus belle révérence

STANISLAS.

Vous nous abandonnez?

ANNETTE.

Il faut que j'aille voir si mon fils dort bien.

HENRI.

Votre fils?

ANNETTE.

Le jeune vicomte Gaston de Riverolles ayant été sevré, c'est moi qui, pour laisser reposer sa mère, m'exerce à la maternité, toujours dans le but de trouver un mari. Il couche, pour la première fois, cette nuit, dans ma chambre.

HENRI.

Restez avec nous, mademoiselle. A cette heure, monsieur le vicomte dort, les poings fermés, et d'ailleurs, il a sa nourrice platonique, sa nourrice à rubans, pour le porter et le veiller.

ANNETTE.

Naturellement; mais la vérité, messieurs, c'est que je ne suis venue que pour servir le thé. Le salon m'est interdit après.

STANISLAS.

Parce que?...

ANNETTE.

Parce qu'il paraît que vous dites des choses tellement inconvenantes qu'une jeune fille ne doit pas les entendre.

HENRI.

Nous ne dirons que les choses les plus convenables.

ANNETTE.

Mais, c'est qu'il paraît aussi que quand vous n'êtes pas inconvenants, vous êtes ennuyeux.

ACTE PREMIER.

STANISLAS.

Qui a dit cela?

FRANCINE, tout en jouant du piano.

C'est moi; retire-toi, ma chérie.

ANNETTE, fait la révérence.

Vous pouvez dire maintenant tout ce que vous voudrez, messieurs, je ne suis plus là et je n'écoute pas aux portes.

Elle sort.

SCÈNE III

LES MÊMES, moins ANNETTE.

STANISLAS.

Je voudrais bien savoir pourquoi Francillon nous déclare inconvenants?

FRANCINE.

D'abord, je prie monsieur de Grandredon de ne pas m'appeler Francillon; je m'appelle madame de Riverolles.

STANISLAS.

Vous vous appelez aussi Francine, dont vos petites amies ont fait Francillon, surnom que nous vous avons conservé avec l'autorisation de votre mari, ici présent. N'est-ce pas, Lucien?

LUCIEN, lisant toujours le journal.

Parfaitement.

STANISLAS.

Vous voyez.

FRANCINE.

Mais, maintenant que j'ai un grand garçon sevré, ces façons ne me plaisent plus, et je vous prie à l'avenir de m'appeler madame, tout bonnement. La baronne vient de me faire justement à ce sujet des observations très sensées auxquelles je me rends comme elle voit. — Est-ce vrai, Thérèse ?

<small>Elle quitte le piano.</small>

THÉRÈSE.

C'est vrai !

STANISLAS.

Alors, vous ne m'appellerez plus « Stan » tout court.

FRANCINE.

Je vous appellerai « cher monsieur ».

STANISLAS.

Tout est changé !

FRANCINE.

Tout est changé.

THÉRÈSE.

Francine a raison. Je ne sais vraiment d'où vient maintenant, dans la bonne compagnie, cette déplorable habitude de dire toutes les grossièretés de la mauvaise.

FRANCINE.

Cela vient, ma chère amie, de ce que ces messieurs sont, du matin au soir, fourrés avec ces demoiselles qu'ils ne quittent que pour leur club, et que, si on veut les avoir de temps en temps chez soi, il faut leur permettre les allures dont ils ont pris l'habitude dans ces endroits-là et même avoir les allures que ces demoiselles ont avec eux.

STANISLAS.

La vérité est que vous êtes furieuse que vos coquetteries ne réussissent pas.

FRANCINE.

Quelles coquetteries ?

ACTE PREMIER.

STANISLAS.

Vos coquetteries avec nous; nous n'en sommes pas plus fiers pour cela. Votre coquetterie avec tous les hommes est bien connue. Vous voulez que tous les hommes soient amoureux de vous.

FRANCINE.

Je me soucie bien des hommes! S'il n'y avait qu'eux et moi sur la terre...

STANISLAS.

Si j'avais dit ça, moi!

FRANCINE.

C'est un proverbe, et encore, je n'en dis que la moitié.

STANISLAS.

Alors, si les hommes vous sont indifférents, pourquoi avez-vous une robe comme celle-là?

FRANCINE.

Qu'est-ce qu'il y a de mal dans ma robe?

STANISLAS.

Il n'y a rien de mal dans votre robe, si j'en juge par ce qu'il y a de bien dehors.

FRANCINE.

Stanislas, je vais me fâcher.

STANISLAS.

Mais, nous savons très bien que ce n'est pas pour nous que vous faites toutes ces agaceries et même que vous jouez à la petite évaporée, ce qui ne vous va pas du tout; vous êtes une sentimentale, vous, vous vivriez très bien entre un pot-au-feu fait par mademoiselle Annette et un bouquet de myosotis donné par Lucien, et, finalement, vous jetteriez le bouquet dans le pot-au-feu pour lui donner du goût. Est-ce vrai?

FRANCINE.

C'est possible.

STANISLAS.

Quant au reste, histoire de rendre Lucien jaloux.

LUCIEN.

Et c'est inutile, je ne le suis pas : je sais à qui j'ai affaire.

FRANCINE.

Tu seras jaloux quand je voudrai.

LUCIEN.

Essaye!

STANISLAS.

Lucien a raison et c'est vous qui êtes jalouse.

FRANCINE.

Moi ?

STANISLAS.

Oui, vous. Et, si vous êtes de mauvaise humeur, si vous jouez du Wagner, si vous ne voulez plus qu'on vous appelle Francillon, c'est parce que je n'ai pas voulu vous dire tout à l'heure, à table, quand vous me l'avez demandé tout bas, si Lucien retourne chez mademoiselle...

FRANCINE, allant à lui.

Voulez-vous vous taire, vous !

STANISLAS.

Et comme je n'ai pas voulu vous le dire...

FRANCINE, le frappant de son éventail qu'elle finit par casser.

Tenez! tenez! tenez!...

Stanislas la saisit par la taille pendant qu'elle le frappe, lui baise le bras à plusieurs reprises.

FRANCINE.

Vous m'avez cassé mon éventail.

STANISLAS.

Mais je vous ai embrassée.

FRANCINE.

Eh bien, mon cher, vous embrassez très mal! (A Lucien en venant à lui.) Il a insulté ta femme légitime. Tue-le!

LUCIEN.

C'est toi qui l'as provoqué, tant pis pour toi.

FRANCINE, lui tendant son bras et sa joue.

Alors, efface!

LUCIEN, lui baisant le bras et la joue.

Mais, maintenant, tiens-toi tranquille!

FRANCINE, bas, à Lucien.

Dis-moi que tu m'aimes.

LUCIEN.

Mais oui, je t'aime, tu le sais bien!

FRANCINE.

Dis-le mieux que ça.

LUCIEN.

Je ne peux pas te le dire autrement, devant tout le monde.

FRANCINE.

Alors renvoyons-les.

LUCIEN.

Laisse-moi lire mon journal et va te recoiffer.

FRANCINE.

Comme c'est poli de lire son journal chez soi, quand madame Smith est là...

THÉRÈSE, assise à une table avec Henri.

Monsieur de Riverolles, ne vous occupez pas de moi; je fais mon bézigue avec M. de Symeux.

FRANCINE, à Stanislas.

Vous m'avez toute décoiffée, vous ; vous me paierez ça, En attendant, sonnez deux coups pour la femme de chambre.

STANISLAS, en sonnant.

Si je vous ai décoiffée, vous en serez quitte pour changer de chignon.

FRANCINE.

Impertinent! Tous mes cheveux sont à moi. Et puis vous saurez qu'on ne porte plus de chignon. (Laissant tomber ses cheveux sur ses épaules.) Tenez, voilà qui défrise vos demoiselles, mon cher. (A la femme de chambre qui est entrée.) Apportez-moi tout ce qu'il faut pour me recoiffer.

La femme de chambre sort.

STANISLAS.

J'attendais la scène des cheveux ; mais je connais plus long que ça.

FRANCINE, devant la glace.

Ce n'est pas vrai !

STANISLAS.

Si. Nous connaissons une personne qui a un mètre quatre-vingts de cheveux, n'est-ce pas, Lucien ?

LUCIEN.

Oui.

FRANCINE, s'approchant de Lucien.

Qu'est-ce que c'est que cette femme ?... Tu connais une femme qui a les cheveux plus longs que les miens...?

LUCIEN.

Elle les défait continuellement ; elle les montre à tout le monde.

STANISLAS.

Comme vous.

ACTE PREMIER.

FRANCINE.

Prenez garde, vous; je vais vous battre encore! (A Lucien.) Et alors, tu es là quand elle les défait.

LUCIEN.

J'étais là, jadis, comme Stanislas, Henri et madame Smith sont là maintenant quand tu défais les tiens.

FRANCINE.

Et son nom, à cette femme? (La femme de chambre a apporté un plateau avec des épingles et un peigne.) Car enfin, elle a un nom, cette femme?...

HENRI.

Elle en a même plusieurs.

FRANCINE.

Vous la connaissez aussi, vous? Je croyais que vous étiez revenu de toutes ces choses-là et que vous viviez avec votre maman comme un petit saint; qu'on vous chargeait, de temps en temps, de missions diplomatiques et que vous écriviez des rapports sérieux sur les questions internationales.

HENRI.

C'est à mon tour maintenant.

FRANCINE.

Eh bien, un de ses noms, à cette demoiselle, car c'est évidemment une demoiselle...

HENRI.

Elle l'était encore avant-hier, au dernier recensement.

FRANCINE.

Et quel est le nom qu'elle a inscrit sur sa feuille?

STANISLAS, après un temps.

Rosalie Michon.

16.

FRANCINE.

Ah! c'est elle! Encore elle! Toujours elle!

Elle pince Lucien.

LUCIEN, impatienté.

Mais tu me fais mal.

THÉRÈSE.

Tu la connais donc?

FRANCINE.

Si je la connais! J'ai été forcée d'attendre que monsieur... (Montrant Lucien.) eût fini de l'aimer pour devenir madame de Riverolles.

STANISLAS.

Contez-nous cela.

THÉRÈSE.

Messieurs! messieurs! Ne l'excitez pas. Elle se grise en parlant. Il arrive un moment où elle ne sait plus ce qu'elle dit.

FRANCINE.

Pourquoi prétendent-ils que ses cheveux sont plus longs que les miens?

STANISLAS.

Les cheveux de Rosalie, c'est connu, ma pauvre Francine (Mouvement de Francine.), chère madame; il faut en prendre votre parti, ils tombent jusqu'à terre. Quand elle va se coucher, on marche dessus.

FRANCINE.

Si vous continuez à dire des inconvenances, je sors.

HENRI.

Alors, Lucien? Contez-nous cette histoire-là.

FRANCINE, riant.

Entre nous, elle est assez drôle.

ACTE PREMIER.

STANISLAS.

Voyons.

FRANCINE.

Eh bien, mes enfants...

STANISLAS.

Chassez le naturel, il revient au galop.

FRANCINE.

Eh bien, la première fois que j'ai vu M. le comte Lucien de Riverolles, mon mari, c'était à l'Opéra; il était dans la loge de mademoiselle Rosalie Michon, une première loge, à droite, entre les colonnes.

LUCIEN.

Il n'y a qu'un malheur, c'est que ces dames ne sont pas admises à l'Opéra dans les premières loges.

FRANCINE.

Excepté en dehors des jours d'abonnement, et c'était à une représentation de charité, un samedi. Papa et maman, comme dirait M. de Symeux, m'y avaient conduite pour me faire voir des artistes appartenant à des théâtres où l'on ne me conduisait jamais, et réunis, ce soir-là, pour la bonne œuvre en question. Il y avait donc, dans la première loge, à droite, entre les colonnes, une ravissante personne, mise comme une jeune fille du meilleur monde, sans un seul bijou, sauf un bracelet d'or, un porte-bonheur, qui lui venait sans doute de toi, misérable!

HENRI.

Oh non! il donnait mieux que ça, lui.

FRANCINE.

Tu l'entends?

LUCIEN.

C'est pour te faire enrager; il ne connaît pas Rosalie Michon.

STANISLAS.

Il n'y a plus que lui à Paris.

FRANCINE.

Mais, si mademoiselle Michon ne portait pas les diamants que vous lui avez tous donnés les uns après les autres...

STANISLAS.

Les uns en même temps que les autres...

FRANCINE.

Elle les avait répandus sur madame sa mère, qui l'accompagnait et qui ressemblait à la constellation de la Grande-Ourse, non seulement comme éclat, mais comme forme! Oh! quelle mère! Les diamants m'offusquaient bien un peu; mais la fille était si jolie, que je demandai au général Vernebon, qui nous accompagnait, s'il connaissait ces dames. Il me répondit que c'étaient des étrangères : la duchesse de Millescudi et sa mère.

LUCIEN.

Il n'était pas bête, le général.

FRANCINE.

Là-dessus, tu es entré dans la loge de ces dames et tu as causé si intimement avec la plus jeune, que j'ai demandé si tu étais son mari. Le général m'a répondu : « Oui », avec le plus grand sang-froid. Je ne te connaissais pas alors, mais je te trouvais très bien et je me disais en moi-même : « Je me contenterais bien d'un mari comme ce duc de Millescudi ». Quand je me suis plus tard retrouvée avec toi chez madame de Barnezay, j'ai dit à sa fille avec qui tu venais de danser : « Ah! vous connaissez le duc de Millescudi? » Vous voyez d'ici la figure de Geneviève. Je soutenais que tu t'appelais Millescudi et que tu étais marié. Elle soutenait que tu t'appelais Lucien de Riverolles et que tu ne l'étais pas.

LUCIEN.

C'était elle qui avait raison.

FRANCINE.

Il n'y a plus à en douter. Mais j'ai compris alors qu'on m'avait fait un mensonge à ton sujet, sans pouvoir deviner pourquoi on me faisait ce mensonge. J'en étais arrivée à me figurer que madame de Millescudi était une jeune fille que tu avais voulu épouser et j'ai demandé une fois au général ce qu'elle était devenue. Il m'a répondu qu'elle était partie avec sa mère pour la Havane.

LUCIEN.

C'était vrai.

FRANCINE.

C'était vrai? — Nous nous marions, et la première fois que nous allons dîner aux Ambassadeurs...

STANISLAS.

Les femmes ne se marient plus que pour ça, maintenant.

FRANCINE.

Les deux premières personnes que j'aperçois en entrant dans le salon, c'est la duchesse de Millescudi et sa mère, la duchesse toujours habillée comme une jeune fille à marier.

HENRI.

A marier le soir même.

FRANCINE.

La mère toujours couverte de diamants; et un autre monsieur, bien entendu. Mais j'étais mariée; je savais déjà que les hommes du monde ne vivent pas seulement avec les femmes qu'ils ont épousées, que c'est même avec celles-là qu'ils vivent le moins; je n'avais pas l'air de regarder, mais je voyais. Elle te faisait des petits signes auxquels tu as répondu... (Mouvement de Lucien. Plus haut.) auxquels tu as répondu. Elle avait l'air de te dire, par un mouvement de tête : « Je vous fais compliment! » — ou plutôt : « Je te fais compliment! » — car son regard te tutoyait. Elle me trouvait à son goût. Elle approuvait ton choix. Tu m'avais peut-être déjà montrée à elle, de loin, je l'espère, avant notre mariage. Tu l'avais peut-être consultée avant de te décider! Tu m'as bien parlé d'elle, tu m'as bien raconté!.. Car les maris maintenant, au lieu de cacher le plus possible à leurs femmes légitimes, comme ils le faisaient jadis, les aventures de leur vie de garçon, les leur racontent dans tous les détails et s'en vantent avec anecdotes et photographies à l'appui. Ce que je sais de choses, moi, que je ne devrais pas savoir, c'est effrayant. Et je ne vais pas une fois au spectacle que je ne retrouve trois ou quatre de ces demoiselles ayant les mêmes souvenirs que moi, si toutefois elles ont le temps de se souvenir! Quand je pense qu'il y a quelque chose de commun entre moi et ces créatures et que ce quelque chose, c'est toi! Tiens, ne parlons plus de ça! — Stan, donnez-moi une cigarette.

STANISLAS.

Tout allumée!

FRANCINE.

Oh! je n'ai pas envie de rire.

HENRI, en lui donnant une cigarette.

Vous avez même envie de pleurer.

FRANCINE, à Henri.

Est-ce qu'il l'a revue, cette créature?

HENRI.

Jamais!

FRANCINE.

Vous ne voulez pas me le dire?

HENRI.

On dit que c'est Carillac maintenant. C'est pour ça qu'il n'est pas venu dîner ici, j'en suis sûr.

FRANCINE.

Laissez-moi donc tranquille. Vous vous entendez tous comme larrons en foire. Et vous prétendez que vous avez de l'amitié pour moi! Je croyais à votre amitié, à vous : vous valez un peu mieux que les autres; elle est jolie, votre amitié; elle ne vaut pas mieux que votre cigarette.

Elle jette la cigarette, puis elle se dirige vers la porte.

HENRI.

Où allez-vous?

FRANCINE.

Je vais voir mon fils. (A Thérèse qui se lève et qui veut la suivre.) Non! ne m'accompagne pas. Je n'ai besoin de personne. (A part.) J'étouffe.

Elle sort.

SCÈNE IV

Les Mêmes, moins FRANCINE.

THÉRÈSE.

Ça devait finir ainsi : elle est très nerveuse, très agitée.

LUCIEN.

Elle est insupportable, voilà ce qu'elle est.

THÉRÈSE.

Allez la retrouver.

LUCIEN.

Je la connais bien; il vaut mieux la laisser seule; et quand elle sera calmée, elle reviendra.

THÉRÈSE.

Elle vous aime trop, voilà sa faute !

LUCIEN.

Elle m'aime mal, surtout.

THÉRÈSE.

Elle est jalouse.

LUCIEN.

Sans raisons.

THÉRÈSE.

Oh! sans raisons. Vous serez peut-être retourné chez cette personne dont on parlait tout à l'heure? Elle l'aura appris, ou elle s'en doute, ou elle le craint. Moi, je l'ai entendu dire. (Silence de Lucien.) Je me mêle de choses qui ne me regardent pas; — pardon; je n'ajoute plus qu'un mot : prenez garde. Avec la nature que je connais à Francine, dans la disposition physique et morale où elle se trouve, ménagez-la; elle tombera malade ou elle fera un coup de tête.

HENRI.

Ah! pour le coup de tête, il n'y a pas de danger : nous sommes là; tout est prévu.

THÉRÈSE.

Comment?

HENRI.

Faites-vous le serment, chère madame, mais un vrai serment, sur la tête d'Alfred, de ne révéler à personne dans le monde, surtout à madame de Riverolles, ce que nous allons vous dire?

THÉRÈSE.

Je fais le serment.

STANISLAS.

Sur la tête d'Alfred?

THÉRÈSE.

Sur la tête d'Alfred. Quand on est avec des fous, il faut faire ce qu'ils veulent, crainte de pire.

STANISLAS.

Pourquoi n'est-il pas venu avec vous. Alfred?

THÉRÈSE.

Il est pris, ces jours-ci, par une très grosse affaire.

STANISLAS.

La question de la combustion de l'air. Total : trois ou quatre millions de bénéfices. Mademoiselle Smith sera un beau parti.

THÉRÈSE.

Pas pour vous, à coup sûr.

STANISLAS.

Il ne faut répondre de rien. Je ferai un excellent mari, moi, quand je serai un peu plus fané.

THÉRÈSE, à Henri.

Voyons votre secret, maintenant.

HENRI.

Eh bien, voici ce que c'est : Lucien de Riverolles, Stanislas de Grandredon, Jean de Carillac, qui va probablement venir tout à l'heure et moi, Henri de Symeux, tous plus ou moins camarades d'enfance ou de jeunesse, nous avions pris la résolution de ne jamais nous marier et de nous en tenir à ces amours dispendieuses, mais faciles, qui sont le caractère particulier des classes supérieures dans la seconde partie du siècle qui nous a vus naître. Il ne faut pas se dissimuler, en effet, que l'éducation des jeunes filles du monde diffère beaucoup maintenant de celle qu'elles recevaient autrefois. Sans rechercher toutes les causes qui ont amené cette modification, telles que l'invasion des étrangères, la glorification des courtisanes, la religion des couturiers, l'avènement de l'argot, l'argent voulant acheter la noblesse, la noblesse voulant retrouver l'argent, un arrivage quotidien de mœurs exotiques par toutes les lignes des chemins de fer venant précipiter les dégénérescences locales résultant de mélanges imprévus, la publicité donnée à tous les scandales, la fusion et la communion de toutes les classes aristocratiques, bourgeoises et interlopes sous les espèces du plaisir quand même...

STANISLAS.

Mon Dieu! que tu parles bien!

LUCIEN.

Est-ce que tout le monde parle comme ça au ministère?

HENRI.

Non, il n'y a que moi. Toujours est-il que la jeune fille actuelle, à quelque milieu qu'elle appartienne, ne paraît plus disposée à reconnaître l'homme pour son maître naturel et indiscutable. Mais la Providence, qui a ses voies secrètes, devait justement choisir cette même Rosalie Michon, dont il a été parlé récemment, pour la conversion d'un des incrédules, de Lucien, qui n'eut plus qu'à se trouver deux ou trois fois avec mademoiselle Francine de Boistenant pour rêver mariage.

THÉRÈSE.

Dites comment?

HENRI.

Demandez plutôt à Stanislas, puisqu'il connaît Rosalie Michon mieux que moi.

STANISLAS.

Vous n'êtes pas, madame, sans avoir entendu parler de ces espèces d'agences universitaires, où, moyennant une somme de... on prépare en quelques mois, au baccalauréat, les jeunes cancres qui n'ont, jusque là, montré aucune disposition pour ce premier degré des licences dont le diplôme réjouit et flatte tant nos mères, que nous croyons devoir ordinairement en rester là toute notre vie...

THÉRÈSE.

Ce qu'on appelle les boîtes à bachot ; mon fils commence à en parler.

STANISLAS.

Eh bien, Rosalie Michon a quelque ressemblance avec les entrepreneurs de cette instruction superficielle et instantanée. Rosalie Michon est une personne qui a reçu de la nature ce don particulier de préparer au mariage les célibataires les plus endurcis. Elle dispose à la vie de famille. La maison est bien tenue ; on y mange à des heures régulières et remarquablement. La mère surveille tout, et, le soir venu, elle fait des patiences, ou des layettes pour les crèches. Rosalie, avec cet air pudique qui a frappé madame de Riverolles, la première fois qu'elle l'a vue et qui ne la quitte jamais, Rosalie se livre au crochet ou à la tapisserie ; sa petite sœur a une gouvernante et fait de la musique. A neuf heures elle embrasse tout le monde...

THÉRÈSE.

Rosalie ?

STANISLAS.

Non ! la petite sœur.

THÉRÈSE.

Déjà !

STANISLAS.

Et elle va se coucher. Jamais un mot à double sens. Ce que nous disions tout à l'heure dans ce salon ne serait pas toléré chez ces dames. La *Revue des Deux Mondes*: la *Revue bleue* ; le *Journal des Débats*... une atmosphère de bien-être, de décence, de travail, d'affection! Quand on rentre chez soi, on sent le vide de sa vie, et on ne pense plus qu'à une chose : à se marier.

THÉRÈSE.

Avec une autre ?

STANISLAS.

Bien entendu ! Quoique toute cette mise en scène doive cacher et entretenir l'espoir de faire un jour un mari pour elle-même avec quelque naïf.

LUCIEN.

Tu dis plus vrai que tu ne penses.

STANISLAS.

Qu'est-ce que tu sais ?

LUCIEN, voyant entrer Carillac.

Silence !

HENRI, à Carillac.

Tiens, voilà Carillac !

SCÈNE V

Les Mêmes, CARILLAC.

Carillac serre la main à madame Smith et aux hommes.

LUCIEN.

Pourquoi arrives-tu si tard ?

CARILLAC.

J'avais dîné au cercle ; un véritable empoisonnement.

LUCIEN.

Il fallait venir dîner ici.

ACTE PREMIER.

CARILLAC.

Je ne pouvais pas ; je présentais Dumont-Talus, qui a été nommé hier et qui venait dîner aujourd'hui ; mais, après le dîner, j'étais si mal à mon aise que l'idée m'est venue de monter chez mademoiselle Rosalie Michon et de demander à sa mère quelque chose de chaud pour me remettre. Elle m'a fait elle-même une tasse de camomille, un rêve ! De ma vie, je n'ai rien bu de pareil, et me voilà !

STANISLAS, à Thérèse.

Qu'est-ce que je vous disais?

CARILLAC.

Tu parlais de moi ?

STANISLAS.

Je parlais de Rosalie.

CARILLAC.

De mademoiselle Michon?

STANISLAS.

De mademoiselle Michon ! Comme la camomille te rend respectueux !

CARILLAC.

Je n'ai malheureusement pas le droit d'appeler mademoiselle Michon « Rosalie » tout court.

STANISLAS, à part.

Oh ! oh ! (Haut.) Ni moi non plus.

HENRI.

Ni moi !

LUCIEN.

Ni moi !

THÉRÈSE.

Ni moi !

STANISLAS, à Carillac.

Nous disons: « Rosalie Michon » comme nous disons ; « Ninon de Lenclos » ou « Sophie Arnould ». La renommée est familière avec ses élus !

THÉRÈSE.

Revenons-en à notre secret.

STANISLAS.

Une fois la résolution de Lucien arrêtée, notre vœu prit un autre caractère; un des nôtres courait le danger du mariage; nous résolûmes de lui venir en aide, et une convention fut stipulée entre nous sur les bases suivantes : 1° solidarité complète entre les amis célibataires et l'ami marié, pour la défense du territoire conjugal ; 2° l'épouse déclarée sacrée pour lesdits célibataires, ceux-ci s'engageant d'ailleurs à procurer à la jeune femme toutes les distractions et, le cas échéant, toutes les consolations que la morale approuve en cas d'infidélité du mari.

THÉRÈSE.

Vous avez été forcés de prévoir l'infidélité du mari?

STANISLAS.

Il n'y a pas eu moyen de faire autrement. Que cherche une femme qui croit avoir à se plaindre de son mari? Elle cherche un ami qui la plaigne, ou un amant qui la venge. Un certain âge, des cheveux grisonnants, appellent naturellement les confidences d'une jeune femme incomprise. Ce rôle a été dévolu à Henri, célibataire inamovible, résigné à cet emploi. Si l'amitié ne suffit pas, s'il faut absolument l'agitation ou les étourdissements de l'amour mystérieux à la jeune Ariane, moi, qui passe pour la gaieté même, je suis le Caprice, et Carillac, qui a un mauvais estomac, est la Passion. L'un sera Fantasio, l'autre sera Werther, et immédiatement le mari sera prévenu de l'état d'esprit et de cœur de sa femme. En échange de quoi, ledit mari s'engage à tenir fidèlement ses associés et amis au courant de tous incidents, péripéties, impressions bonnes ou mauvaises résultant du mariage, afin que ceux-ci puissent décider sur renseignements exacts et personnels s'ils doivent s'y aventurer à leur tour ou se maintenir dans le célibat. Telle est la pensée morale, tels sont les statuts secrets de notre confrérie. Qu'en dites-vous, chère madame ?

THÉRÈSE.

Que la pensée est peut-être ingénieuse, originale, spirituelle même, si vous voulez, mais finalement inutile. Si vous étiez de mon sexe, au lieu de n'être que du vôtre, vous sauriez que quels que soient les mœurs, le milieu, les apparences, les formes extérieures des sociétés, la femme reste toujours la femme, qu'elle arrive toujours au mariage et même à la faute, avec un idéal toujours le même: être aimée; que, dans son ignorance des réalités, quelques renseignements sans preuves que lui ait donnés un entourage frivole et quelquefois dangereux, je vous l'accorde, elle est affamée de tendresse et de respect, et que la seule combinaison qui ait chance de réussir avec elle dans le mariage, c'est toujours et tout bêtement l'amour! Cela est éternel, comme la joie que cause aux plus mélancoliques un beau soleil d'été et aux plus corrompus le sourire d'un enfant; cela est né avec notre monde et cela lui survivra pour en créer d'autres. Quant à vouloir, si on a été maladroit, injuste, infidèle, quant à vouloir, le moment psychologique venu, lutter de finesse ou de ruse avec une femme décidée à prendre ses revanches, n'y comptez pas, mes enfants, comme dit Francine. Les hommes auront beau s'associer, ils ne seront pas de force. (A Lucien.) Croyez-moi, mon cher monsieur de Riverolles, vous avez une femme jeune, jolie, irréprochable, intelligente, un peu excentrique, mais de fière et noble race. C'est un petit cheval de sang avec lequel il faut avoir la main légère. Elle vous aime. Ce que vous appelez aimer mal, c'est aimer ceux qui n'aiment pas. Si vous ne l'aimez pas (Parlant plus bas.) faites du moins tout ce que vous pourrez pour qu'elle croie que vous l'aimez. A force de le lui faire croire, vous le croirez vous-même. L'amour vous viendra peut-être à la longue, par surcroît, comme la grâce, sans que vous l'ayez mérité autrement que par l'intention et la patience. (Haut.) Là-dessus, je vais retrouver mon mari et mes cinq enfants. (Elle remonte.) (A Lucien.) Vous direz à Francine... (Francine entre.) Ah ! la voilà ! (A Francine.) Tu arrives bien : je m'en allais. (Elle l'embrasse.) Ton fils dort ?

FRANCINE.

Annette m'a renvoyée quand il a été endormi; elle m'a dit que cela ne me regardait plus.

THÉRÈSE.

Je vais les embrasser tous les deux. Tu es plus calme?

FRANCINE.

Oui. Ta voiture est-elle là?

THÉRÈSE.

Depuis une heure.

STANISLAS.

Nous allons vous y conduire, chère madame.

THÉRÈSE.

Tous?

HENRI.

Tous! Vous n'aurez jamais une escorte assez digne de vous.

Thérèse et Francine s'éloignent en causant.

STANISLAS, à Lucien.

Adieu. A demain.

LUCIEN.

A tout à l'heure.

STANISLAS.

Tu vas venir au cercle?

LUCIEN.

Oui.

HENRI, à Lucien.

Vous feriez mieux de rester.

LUCIEN.

Vous aussi, cher ami, de la morale! Laissons cela à madame Smith.

CARILLAC, qui s'est versé un petit verre et qui le boit.

Ah! que j'ai mal à l'estomac!

STANISLAS.

Va te coucher, va.

CARILLAC.

C'est ce que je vais faire.

STANISLAS, à Francine qui rentre.

Madame Riverolles, j'ai l'honneur de vous présenter mes respects.

FRANCINE.

Je ne vous parle plus.

STANISLAS.

Alors, à demain; à vos cinq heures.

FRANCINE.

Adieu, adieu.

HENRI.

Moi, j'ai été bien sage.

CARILLAC.

Et moi aussi.

FRANCINE, à Carillac.

Ah! c'est vrai, je ne vous avais pas vu; vous êtes arrivé pendant que je n'étais pas ici. Alors, bonsoir et adieu.

Carillac et Henri sortent.

LUCIEN, qui a sonné à Célestin, qui entre.

Qu'on attelle!

CÉLESTIN.

Le coupé?

LUCIEN.

Oui. Et le cheval bai.

Célestin sort.

SCÈNE VI

FRANCINE, LUCIEN, puis **CÉLESTIN.**

FRANCINE.

Tu sors?

LUCIEN.

Oui.

FRANCINE.

A cette heure? Où vas-tu?

LUCIEN.

Au cercle.

FRANCINE.

Qu'est-ce que tu vas faire au cercle?

LUCIEN.

Voir mes amis que je n'ai pas vus depuis quelques jours, puisque j'étais chez mon père.

FRANCINE.

Ni moi non plus, tu ne m'as pas vue depuis quelques jours. Ne les as-tu pas assez vus ce soir, tes amis?

LUCIEN.

J'en ai d'autres.

FRANCINE.

C'est donc bien amusant d'aller au cercle!

LUCIEN.

Pendant que tu dors.

FRANCINE.

Je n'ai pas sommeil.

LUCIEN.

Moi non plus.

FRANCINE.

Eh bien, alors, ne va pas au cercle!

LUCIEN.

J'ai promis.

FRANCINE.

Tu m'as fait aussi une promesse, à moi, et bien avant celle-là!

LUCIEN.

Laquelle?

FRANCINE.

La promesse de faire tout ce que je voudrais. Tu promettais ça quand nous n'étions pas mariés.

LUCIEN.

Tu m'avais fait la même promesse.

FRANCINE.

Je l'ai tenue, il me semble. Tu n'as qu'à vouloir quelque chose, là, tout de suite, tu verras que je le ferai.

LUCIEN.

Je suis devenu discret. Je ne me permettrais plus de vouloir quelque chose.

FRANCINE.

Qu'est-ce que j'ai fait?

LUCIEN.

Rien. Seulement, tu es un peu nerveuse.

FRANCINE.

C'est que tu n'es plus le même, mais plus du tout, depuis...

LUCIEN.

Depuis?...

FRANCINE.

Depuis la naissance de Gaston. Tu ne m'aimes plus.

LUCIEN.

Je t'aime, comme il faut t'aimer maintenant !...

FRANCINE.

Maintenant ! Qu'est-ce que ça veut dire?

LUCIEN.

Tu n'étais occupée que de ton fils; j'ai pensé que tu l'aimais mieux que moi.

FRANCINE.

Oh! si tu pouvais être jaloux, même de ton fils, que je serais heureuse!

LUCIEN.

Je l'ai été.

FRANCINE.

Tu ne l'es plus?

LUCIEN.

Non. — J'ai compris les bonnes raisons que tu m'as données, quand...

FRANCINE.

Quand?...

LUCIEN.

Quand je t'ai conseillé de prendre une nourrice...

FRANCINE.

Ma mère m'a nourrie, ta mère t'a nourri...

LUCIEN.

Oh! dans ce temps-là !...

FRANCINE.

Comment, dans ce temps-là!... (Riant.) Alors tu m'en veux d'avoir... Eh bien! je ne nourrirai pas son frère...

LUCIEN.

Son frère?...

FRANCINE.

Ou sa sœur...

LUCIEN.

Je ne te demande plus rien... seulement, pendant que tu prenais de nouvelles habitudes, il était tout naturel...

FRANCINE.

Que tu reprisses tes anciennes...

LUCIEN.

Peut-être!

FRANCINE.

Le cercle?

LUCIEN.

Le cercle.

FRANCINE.

Et mademoiselle Rosalie Michon?

LUCIEN.

Il n'y a pas que mademoiselle Rosalie Michon dans le monde!

FRANCINE.

Une autre alors?

LUCIEN.

Qui sait?

FRANCINE.

Tu veux me faire de la peine, c'est visible, et tu y arriveras bien vite. Je n'ai jamais vu qu'on reprochât à une femme d'avoir fait son devoir de mère. Si tu étais forcé de prendre les armes et de faire campagne pendant des mois, pendant des années, crois-tu que j'aurais besoin de me distraire avec d'autres que toi? Je t'attendrais tout simplement à côté du berceau de mon enfant. La maternité, c'est le patriotisme des femmes, et le sang que vous êtes si fiers de verser pour votre pays, ce n'est que le lait que nous vous donnons. Bref, tu aimes une autre femme que moi. — Prouve-moi au moins que tu m'estimes, si tu ne m'aimes plus. Ne me trompe pas, ne me rends pas ridicule. Si tu aimes une autre femme, dis-le-moi tout de suite; que je ne l'apprenne pas par une de mes bonnes amies: que je sois au moins la première à le savoir.

LUCIEN.

J'aurais beau faire, tu ne serais jamais que la seconde.

FRANCINE.

Pas tant d'esprit ; ce n'est pas le moment, je t'assure.

CÉLESTIN, paraissant.

La voiture de monsieur le comte est avancée.

LUCIEN.

C'est bien. (Célestin sort. — A Francine, en l'embrassant sur le front.) Bonsoir.

FRANCINE.

Bonsoir, ou plutôt bonne nuit, car je ne te reverrai probablement que demain.

LUCIEN.

Probablement.

Il se dispose à sortir.

FRANCINE.

Mais, si tu as rendez-vous avec tes amis une demi-heure après qu'ils nous ont quittés, c'est que vous allez quelque part ensemble.

LUCIEN.

En effet.

FRANCINE.

Où allez-vous ?

ACTE PREMIER.

LUCIEN.

Tu veux absolument le savoir?

FRANCINE.

Oui.

LUCIEN.

C'est ce soir bal masqué à l'Opéra; nous avons une loge.

FRANCINE.

La loge où était madame de Millescudi?

LUCIEN.

Justement! Et nous allons voir ce que sont ces bals dans cette salle énorme. Comme, depuis onze mois, tu me voyais et me laissais sortir tous les soirs, je ne pouvais espérer qu'il te viendrait tout à coup, aujourd'hui, l'idée de me retenir, et je me suis engagé.

FRANCINE.

Emmène-moi.

LUCIEN.

Au bal de l'Opéra? Ce n'est pas la place d'une honnête femme! Que dirait madame Smith?

FRANCINE.

Masquée?

LUCIEN.

Raison de plus pour qu'on te prenne pour une autre et qu'on te manque de respect!

FRANCINE.

Avec toi, il n'y a pas de danger. Tu peux être sûr que je ne te quitterai pas.

LUCIEN.

Et ton fils, il resterait seul?

FRANCINE.

Tu sais bien qu'à partir de ce soir, il demeure dans

la chambre d'Annette. Puisque c'était probablement la crainte de l'éveiller qui t'empêchait de venir dans la mienne, je me suis séparée de lui, la nuit... Et je puis m'absenter, pour une fois, pendant quelques heures.

LUCIEN.

Et un domino ? Tu ne vas pas louer un domino chez un costumier ?

FRANCINE.

J'ai celui que j'avais à Nice, à la fête des Fleurs, quand j'y suis allée avec mon père et ma mère.

LUCIEN.

Il est rose. Une femme comme il faut ne met pas un domino rose au bal de l'Opéra !

FRANCINE.

Alors, fais-moi le sacrifice de ce bal ! Je t'en supplie.

LUCIEN.

Impossible ! j'ai promis.

FRANCINE.

Vas-y seulement une heure et reviens. Je t'attendrai.

LUCIEN.

Nous devons souper entre hommes. A demain !

FRANCINE.

C'est bien, va. (Lucien va pour l'embrasser sur le front. — Elle recule.) A quoi bon ?

LUCIEN.

Comme tu voudras.

FRANCINE, le retenant après avoir essuyé ses yeux.

Tu vas retrouver une femme ?

LUCIEN.

Je vais retrouver mes amis.

FRANCINE.

Trop de subtilités.

LUCIEN.

Trop d'interrogatoire.

FRANCINE.

Écoute alors, et qu'il n'y ait pas de malentendu entre nous. Regarde-moi bien. Je t'aime passionnément ; j'adore l'enfant né de cet amour, je suis très une honnête femme et je n'ai qu'une idée, c'est de continuer à l'être ; mais, comme je tiens le mariage pour un engagement mutuel, comme nous nous sommes volontairement juré respect et fidélité, que je te suis fidèle et que tu n'as à me reprocher que d'avoir fait mon devoir, je te donne ma parole que, si jamais j'apprends que tu as une maîtresse, une heure après que j'en aurai acquis la certitude...

LUCIEN.

Une heure après?...

FRANCINE.

J'aurai un amant. Et je te promets, moi, que tu seras le premier à le savoir. Œil pour œil, dent pour dent !

LUCIEN.

Voyons tes dents? (Francine montre ses dents en souriant et les lui présente pour un baiser.) Une honnête femme à qui une pareille idée peut passer par la tête est une femme qui a la fièvre et qui a besoin de repos. A demain !

FRANCINE.

A demain.

SCÈNE VII

FRANCINE, seule ; puis ÉLISA.

FRANCINE prend son mouchoir, s'essuie les yeux fiévreusement, et sonne deux fois ; Élisa paraît.

Donnez-moi des gants noirs, longs, le manteau qu'on m'a apporté aujourd'hui et que je n'ai pas encore mis, ma toque de loutre et mon manchon de loutre, un gros voile. Prenez dans mon secrétaire et apportez-moi mon portefeuille en maroquin gris. (La femme de chambre sort. — Francine écrit pendant que la femme de chambre est absente. — Elle plie la lettre, se lève et puis elle réfléchit un moment la tenant entre ses doigts. Elle finit par la déchirer en disant : C'est inutile ! (Elle jette la lettre au feu.)

ÉLISA, entrant et aidant Francine à s'habiller.

Madame la comtesse sort ?

FRANCINE.

Évidemment !

ÉLISA.

Faut-il faire atteler une autre voiture ? Le cocher de madame la comtesse n'est pas encore couché...

FRANCINE.

Qu'il se couche !

ÉLISA.

Alors, madame la comtesse prendra une voiture de place ?

FRANCINE.

J'irai à pied.

ÉLISA.

Madame sait qu'il gèle ?

ACTE PREMIER. 307

FRANCINE.

Parfaitement!

ÉLISA.

Madame ne veut pas qu'on l'accompagne?

FRANCINE.

Ce n'est pas nécessaire!

ÉLISA.

Si monsieur le comte rentre avant madame la comtesse, faudra-t-il lui dire quelque chose?

FRANCINE.

Comme vous voudrez.

ÉLISA.

Dois-je attendre madame la comtesse?

FRANCINE.

Non!

SCÈNE VIII

ÉLISA, seule; puis CÉLESTIN.

ÉLISA, appelant Célestin par la porte de l'appartement de Lucien.

Célestin! Célestin! (Célestin paraît.) Prends ton chapeau, vite, vite! dis au portier que tu accompagnes madame la comtesse et trouve moyen de la suivre sans qu'elle te voie. Elle est à pied. Sache où elle va et ne dis rien à personne. (Elle le pousse. — Il sort. — Elle sonne. — Au domestique qui paraît.) On peut éteindre.

Elle sort.

ACTE DEUXIÈME

Même décor.

SCÈNE PREMIÈRE

ANNETTE, Un Domestique, puis HENRI.

Annette, assise dans un grand fauteuil, tenant machinalement un livre ouvert de la main gauche, la tête appuyée sur sa main droite et rêvant.

UN DOMESTIQUE, entrant.

Madame la comtesse n'est pas encore visible, et M. de Symeux vient demander de ses nouvelles.

ANNETTE, comme réveillée en sursaut.

Faites entrer M. de Symeux.

HENRI, entrant.

Je n'osais pas entrer, vous sachant seule, mademoiselle?

ANNETTE.

Est-ce que cela vous fait peur?

HENRI.

Un peu; et je trouble votre lecture.

ANNETTE.

Je ne lisais plus ; ce livre est ennuyeux, comme tous ceux qu'on permet aux jeunes filles de lire ; je pensais.

HENRI.

A un plat nouveau ?

ANNETTE.

Non, monsieur, à des choses moins sérieuses.

HENRI.

Et à quoi pensiez-vous ?

ANNETTE.

Je pensais qu'il fait ce que nous appelons, nous les gens heureux, une belle journée ; que Francine et moi nous allons patiner au bois de Boulogne, ce qui est certainement une des grandes joies de ce monde, mais qu'il y a quatre ou cinq degrés au-dessous de zéro, et, par conséquent, bien des gens qui ont froid sans pouvoir faire de feu et qui ont faim sans pouvoir manger. Je cherchais une combinaison pour qu'il n'en fût plus ainsi et je ne trouvais pas. Voilà à quoi je pensais, monsieur. Vous voyez que cela ne touche à la cuisine que bien indirectement et par son côté le plus défectueux. Vous n'êtes jamais triste, vous ?

HENRI.

Mais si, mademoiselle, non seulement de ma peine à moi, mais aussi quelquefois de la peine des autres.

ANNETTE.

Je vous ai toujours vu gai.

HENRI.

Parce que, quand on vient voir les gens, il ne faut pas les ennuyer de ses tristesses.

ANNETTE.

Alors je vous ennuie ?

HENRI.

Les tristesses d'une jeune fille, surtout quand elles n'ont pas d'autre cause que la bonté de leur cœur, sont charmantes, passent vite, et c'est un grand honneur d'en être le confident. Avant ce soir, vos pauvres sauront ce que vos tristesses leur rapportent. Permettez-moi d'ajouter mon offrande à vos aumônes.

Il dépose son offrande sur la table.

ANNETTE.

Merci. Mais je n'ai pas que ces tristesses-là.

HENRI.

Seulement, les autres, vous les gardez pour vous.

ANNETTE.

Il ne faut pas ennuyer les gens.

HENRI.

Dites-les-moi.

ANNETTE.

Me répondrez-vous sérieusement?

HENRI.

Sérieusement.

ANNETTE.

Quoi que je vous demande?

HENRI.

Quoi que vous me demandiez.

ANNETTE.

Votre parole?

HENRI.

Ma parole.

ANNETTE.

La vraie?

HENRI.

La seule qu'on puisse donner à une personne comme vous.

ANNETTE.

Eh bien! je veux vous demander trois choses.

ACTE DEUXIÈME.

HENRI.

Voyons.

ANNETTE.

La première : mon frère aime-t-il véritablement sa femme?

HENRI.

Certes.

ANNETTE.

Voilà déjà que vous me répondez comme vous répondriez à tout le monde.

HENRI.

Eh bien! il l'aime autant qu'il peut aimer; on ne peut pas demander plus.

ANNETTE.

Soit. Secondement : est-ce de cette façon que tous les hommes aiment leurs femmes?

HENRI.

Il y en a qui les aiment moins.

ANNETTE.

Peut-il y en avoir qui les aiment plus?

HENRI.

Oui, seulement on les cite.

ANNETTE.

Troisièmement : si vous étiez une jeune fille, si vous étiez moi, par exemple, vous marieriez-vous?

HENRI.

Cela dépendrait de ce que je demanderais au mariage.

ANNETTE.

L'amour! Roméo et Juliette.

HENRI.

Nous ne sommes plus au xvi° siècle.

ANNETTE.

Paul et Virginie !

HENRI.

Nous ne sommes pas à l'île de France.

ANNETTE.

Alors ?

HENRI.

Alors, puisque vous voulez que je sois bien sincère, mademoiselle, si j'étais une jeune fille, sachant ce que je sais, je ferais ce que j'ai fait étant un homme, je ne me marierais pas ; mais je ne suis pas une jeune fille, et une jeune fille ne peut pas savoir ce que je sais. Alors le monde continuera d'aller comme il allait, comme il va et comme il peut aller, entre l'idéal des uns et l'ignorance des autres, au petit bonheur.

ANNETTE.

Dites-moi ce que vous savez ?

HENRI.

Malheureusement, mademoiselle, c'est impossible.

ANNETTE.

Pourquoi ?

HENRI.

Parce qu'il est convenu qu'une jeune fille ne peut être renseignée sur la vie que par sa mère et son confesseur.

ANNETTE.

Et je n'ai plus ma mère ! Elle est morte à trente-quatre ans, d'un rhume pris en sortant d'un bal, par un temps comme celui d'aujourd'hui. C'est pour cela que je pense à ceux qui ont froid ! Et je ne suis pas encore allée et je n'irai jamais au bal.

HENRI.

Reste le confesseur.

ANNETTE, après un temps.

... Il y a encore mon frère ; mais, si mon frère savait ce qu'il faut savoir, il est probable qu'il ne laisserait pas sa femme toute seule comme il a fait hier après votre départ. Il y a aussi notre père qui nous aime bien, que j'aime beaucoup, qui me donne tout ce que je puis désirer et même au delà, mais qui est demeuré plus jeune que moi, non seulement de caractère, mais je crois vraiment d'âge; et la chasse à l'automne, le monde l'hiver, la saison de Londres au printemps, une ville d'eaux l'été suffisent à son bonheur et à sa philosophie. Il me sait auprès de ma belle-sœur qu'il a toujours vue de belle humeur, il est persuadé que je m'amuse, il est sûr que je me porte bien, il me donnera une belle dot, il trouve que tout est pour le mieux, et, en effet, tout est peut-être pour le mieux. Je regrette que vous ne croyiez pas devoir me dire les choses que vous savez; je me sentais en bonnes dispositions ce matin pour m'instruire un peu. J'ai veillé tard. C'était la première fois que mon neveu dormait dans ma chambre; je n'osais pas fermer les yeux. Je contemplais ce petit être si frêle, déjà si intéressant, et je faisais toutes sortes de réflexions sur la vie. Vous devez, vous qui en savez si long, mépriser d'avance les réflexions d'une cervelle de jeune fille ordinairement occupée de salades japonaises. C'est que, quelquefois, je regrette d'être née dans la classe dont je suis. J'aurais voulu être une petite bourgeoise, très occupée, une bonne ménagère. Lorsque j'entre dans un magasin et que je vois une jeune femme avenante qui me demande, en souriant toujours, ce que je désire, j'ai toujours envie de lui répondre : « Ce que je désire, madame, c'est d'être à votre place. » Si je me faisais religieuse, comme mon confesseur m'y exhorte souvent, cela arrangerait tout ! Si maman était là, ça irait encore mieux. J'ai eu plaisir, hier au soir, à vous entendre dire maman, à propos de cette salade. C'est gentil de dire encore maman, quand on est un grand garçon.

HENRI.

Un vieux garçon.

ANNETTE.

Vous l'aimez bien, votre mère?

HENRI.

Oh! oui.

ANNETTE.

Quel âge a-t-elle?

HENRI.

Soixante-deux ans.

ANNETTE.

Elle a une bonne santé?

HENRI.

Excellente.

ANNETTE.

Que Dieu vous la garde! Vous la voyez souvent?

HENRI.

Tous les jours. Je demeure avec elle.

ANNETTE.

Dans le même appartement?

HENRI.

Dans la même maison.

ANNETTE.

Que vous êtes heureux! Que parlez-vous de votre âge? Un homme de quarante-deux ans qui n'a jamais quitté sa mère est toujours un enfant. Et votre père?

HENRI.

Mon père est mort quand j'étais tout petit. Je ne me le rappelle que très vaguement. Ma mère était fort belle, mais elle aimait mon père.

ACTE DEUXIÈME.

ANNETTE.

Sans être du xvie siècle ni des colonies, vous voyez que c'est encore possible.

HENRI.

Elle est demeurée fidèle à ce souvenir et n'a jamais voulu se remarier. Elle s'est consacrée entièrement à moi. Alors, je me suis consacré à elle. Je me suis mis à l'aimer tant, je la voyais si parfaite, que j'ai oublié de me marier.

ANNETTE.

Il vous semblait, avec ce que vous saviez, que vous ne trouveriez pas une seconde femme comme elle.

HENRI.

Peut-être.

ANNETTE.

Et si vous la perdiez?

HENRI.

Il ne se passe pas de jours sans que j'y pense.

ANNETTE.

Elle aurait dû y penser aussi et vous chercher une femme qui lui ressemblât. Elle l'aurait peut-être trouvée, elle, à moins...

HENRI.

A moins?...

ANNETTE.

A moins que vous n'aimiez une personne que vous ne pouvez pas épouser... (Un temps, pendant lequel Henri regarde Annette, comme pour deviner où elle veut en venir). Vous vous taisez, pour me faire comprendre que la chose dont je parle fait partie de celles que je ne dois pas savoir. Mais rien que les livrets d'opéra suffiraient à nous apprendre qu'il y a quelquefois des amours contrariées. Du reste, aujourd'hui, je parle à tort et à travers. N'importe, la vie est bien compliquée. Bref! si vous aviez une sœur, que lui souhaiteriez-vous?

HENRI.

Je lui souhaiterais de vous ressembler, mademoiselle.

ANNETTE.

Encore une phrase pour tout le monde! Ce n'est digne ni de vous ni de moi ce que vous me répondez là.

HENRI.

Eh bien, mademoiselle, si j'avais une sœur, qu'elle vous ressemblât, j'y tiens, et qu'elle me demandât sérieusement conseil sur la vie, je lui prendrais la main.

<small>Annette lui tend sa main sur la table, qu'il ne prend pas.</small>

ANNETTE.

Eh bien, — prenez.

HENRI, lui prenant la main.

Et je lui dirais : Oui, l'amour existe, et comme tu es jeune, intelligente, honnête, tu as tout ce qu'il faut pour inspirer l'amour et pour l'éprouver toi-même; mais, en plus, avec les qualités que tu as reçues de la nature, tu as reçu du hasard et de la société des privilèges refusés à la plupart des femmes : tu es jolie, tu es noble, tu es riche. Si tu avais encore l'amour que tu rêves, ce serait une injustice dont tu serais peut-être réduite à te cacher et dont les autres auraient le droit d'être jaloux, car le bonheur complet n'est pas de ce monde. Je ne te dirai pas comme ton confesseur ou comme Hamlet, l'un avec sa foi, l'autre avec son doute : Entre dans un couvent. Non; tu peux avoir une autre mission à remplir contenant peut-être autant de résignation et d'utilité, mais ne demande pas à l'amour plus qu'il ne peut donner. Demande-lui, par le mariage, le moyen d'accomplir ta destinée naturelle, et, s'il t'apporte la maternité, tiens-toi pour satisfaite; sois indulgente à l'homme et sois reconnaissante à Dieu. Voilà, — ma chère sœur, — tout ce que je peux dire à ce petit être curieux, troublant et sacré qu'on appelle une jeune fille.

ANNETTE.

Merci. Vous me ferez faire connaissance avec votre mère, n'est-ce pas?

HENRI.

Quand vous voudrez, mademoiselle.

ANNETTE.

Dès aujourd'hui, alors; je veux aller faire devant elle la salade japonaise, pour qu'il n'y ait pas d'erreur et puisque, décidément, je ne suis bonne qu'à cela.

Francine entre.

SCÈNE II

Les Mêmes, FRANCINE, puis LUCIEN.

FRANCINE, voyant Henri qui serre la main d'Annette.

N'épouse pas plus celui-là qu'un autre, ma chérie. Qu'ils soient nobles ou roturiers, qu'ils soient riches ou pauvres, qu'ils soient jeunes ou vieux, ils sont tous aussi menteurs et aussi lâches.

HENRI.

Merci, chère madame.

ANNETTE.

Qu'est-ce que tu as?

FRANCINE.

Moi, je n'ai rien. Je te donne tout de suite et tout haut un bon conseil à tout hasard. Fais-en ce que tu voudras. Tu as bien dormi?

ANNETTE.

Et toi ?

FRANCINE.

Moi aussi. Ton fils n'a pas crié ?

ANNETTE.

Non, il s'est réveillé, je lui ai donné à boire.

FRANCINE, l'embrassant avec émotion.

Bonne fille ! ça te coûtera cher d'être si bonne.

ANNETTE.

Tu te lèves seulement ?

FRANCINE.

Oui.

ANNETTE.

Je craignais que tu ne fusses malade... Élisa m'a dit, quand je me suis levée, que tu avais dû te coucher tard et que tu dormais encore.

FRANCINE.

Elle t'a dit vrai.

ANNETTE.

As-tu vu Gaston ?

FRANCINE.

Oui, il t'attend pour déjeuner ; et habille-toi ; tu sais que nous allons patiner aujourd'hui. (L'embrassant.) Ne te marie pas.

ANNETTE, sortant, à elle-même.

Qu'est-ce qu'elle a ?

Elle sort.

SCÈNE III

FRANCINE, HENRI.

FRANCINE.

Elle pense à vous, ma parole! Une fille de vingt ans qui aime un homme de quarante-deux!

HENRI.

Vous rêvez.

FRANCINE.

Je ne rêve pas. Les hommes sont lâches, mais les femmes sont bêtes. Faites donc un monde qui marche avec ça. Puisque vous avez causé seul avec Annette pendant dix minutes seulement, vous savez bien à quoi vous en tenir. Quand l'épousez-vous?

HENRI.

Je ne pense pas à épouser mademoiselle de Riverolles. Vous êtes bien agitée depuis hier.

FRANCINE.

Mais non, mais non. Et pourquoi le serais-je d'ailleurs?

HENRI.

Voyons, dites-moi ce que vous avez. Vous m'inquiétez, je vous assure. Je suis venu exprès de bonne heure aujourd'hui pour le savoir.

FRANCINE.

Bon apôtre. Alors vous ne vous doutez pas de ce qui m'agite, pour me servir du même terme que vous?

HENRI.

Non.

FRANCINE.

Et cependant vous êtes mon ami.

HENRI.

Bien sincère.

FRANCINE.

Seulement, vous êtes encore plus l'ami de M. de Riverolles.

HENRI.

Comment ça ?

FRANCINE.

Vous ne trahissez pas ses secrets.

HENRI.

Il ne m'en a pas confié.

FRANCINE.

Et vous n'en avez pas surpris ?

HENRI.

Non.

FRANCINE.

Il ne vous a pas dit qu'il a une maîtresse ?

HENRI.

Jamais.

FRANCINE.

Et vous ne vous en êtes pas aperçu ?

HENRI.

Pas davantage.

FRANCINE.

Dites-moi tout de suite que vous êtes un niais...

HENRI.

Si c'est votre idée, vous n'avez pas besoin que je vous le dise pour le croire.

FRANCINE.

Eh bien, sachez donc que mon mari a une maîtresse. Il ne l'a pas prise depuis que je suis sa femme, non, il ne m'a pas même fait l'honneur d'une nouveauté, il est retourné à l'ancienne. C'est à elle qu'il a été infidèle en m'épousant; j'ai été un entr'acte dans les galanteries de cette demoiselle; quel honneur pour moi! C'est cette personne dont nous parlions hier. Vous n'en saviez rien, pauvre innocent! Vous êtes-vous bien amusé au bal de l'Opéra?

HENRI.

Je n'y suis pas allé.

FRANCINE.

Lucien y était cependant.

HENRI.

Ce n'est pas une raison.

FRANCINE.

Je croyais que vous vous suiviez partout, et il m'avait dit qu'il y allait avec ses amis. Il mentait une fois de plus, qu'importe! Il n'y allait donc bien que pour elle. Vous avez eu tort de ne pas y aller; c'était charmant.

HENRI.

Comment le savez-vous?

FRANCINE.

J'y suis allée.

HENRI.

Lucien vous y a conduite?

FRANCINE.

Pour qui le prenez-vous? J'y suis allée toute seule.

HENRI.

Allons donc!

FRANCINE.

Qu'est-ce qu'il y a d'étonnant? M. le maire, quand il nous a mariés, quel beau jour! ne m'a-t-il pas dit : « La femme doit suivre son mari. » Mon mari sortant, je l'ai suivi. Il allait au bal de l'Opéra; je suis allée où il allait. Ce n'est pas ma faute, s'il est allé là. Du reste, j'étais absolument résolue à le suivre n'importe où il irait. Pas un de ceux qui se disent mes amis n'a pensé à essayer de faire comprendre à M. de Riverolles, que, quand on quitte une femme comme moi à une heure du matin, pour aller rejoindre une fille comme celle-là, on est un sot d'abord et un manant ensuite.

SCÈNE IV

Les Mêmes, LUCIEN.

LUCIEN, entrant.

Je viens de voir Annette... (A Henri.) Ah! bonjour... (A Francine.) Elle me dit que tu es tout agitée. Qu'est-ce que tu as encore?

Henri va pour parler bas à M. de Riverolles.

FRANCINE.

Il est inutile, mon cher monsieur de Symeux, de prévenir tout bas M. de Riverolles; je ne veux rien lui cacher; et, si vous voulez assister à notre conversation, je ne demande pas mieux que de l'avoir devant vous et devant n'importe qui.

LUCIEN.

Bref, qu'y a-t-il?

FRANCINE.

Il y a que je suis allée au bal de l'Opéra, comme M. de Symeux allait vous le dire tout bas.

LUCIEN.

Parce que?...

FRANCINE.

Parce que ça m'a plu.

LUCIEN.

Avec qui?

ACTE DEUXIÈME.

FRANCINE.

Toute seule.

LUCIEN.

C'est une plaisanterie.

FRANCINE.

Demandez à la femme de chambre, qui m'a donné tout ce qu'il fallait pour sortir, au portier qui m'a ouvert la porte, au cocher de la compagnie qui m'a conduite. Je lui ai dit qu'il aurait vingt francs, s'il marchait bien, il a bien marché et il a été poli. Voici son numéro.

<small>Elle lui donne le bulletin du cocher qu'elle tire de son petit portefeuille.</small>

LUCIEN.

Et pourquoi êtes-vous allée au bal de l'Opéra?

FRANCINE.

Parce que vous y alliez.

LUCIEN.

J'avais refusé de vous y conduir .

FRANCINE.

C'est pour cela que j'y suis allée sans vous.

LUCIEN.

Refuser de vous y conduire, c'était vous défendre d'y aller.

FRANCINE.

Il fallait le dire ; mais je ne vous aurais probablement pas obéi, n'ayant d'ordres à recevoir de personne.

LUCIEN.

Excepté de moi.

FRANCINE.

Parce que?

LUCIEN.

Parce que je suis votre mari.

FRANCINE.

A quelle heure?

LUCIEN.

En tout cas, je suis votre maître.

FRANCINE.

Pour invoquer les droits du maître, il faut remplir les devoirs de l'époux. En vous dérobant aux uns, vous renoncez aux autres.

LUCIEN.

Laissons là les phrases et les axiomes. Oui ou non, êtes-vous allée à ce bal?

FRANCINE.

Puisque je vous l'ai déjà dit une fois.

LUCIEN.

Vous êtes sortie, cette nuit, de l'hôtel?

FRANCINE.

Oui.

LUCIEN.

A quel moment?

FRANCINE.

Cinq minutes après vous ; seulement je suis sortie à pied ; je ne voulais pas que l'on sût où j'allais. La première voiture qui passait, je l'ai prise.

LUCIEN.

Et vous vous êtes fait mener...

FRANCINE.

A la porte de votre cercle où je vous ai attendu et d'où vous êtes sorti à deux heures du matin, disant à votre cocher : « A l'Opéra. »

LUCIEN.

Et alors?

FRANCINE.

J'ai dit au mien de me conduire chez un costumier, ce qu'il a fait, et j'ai acheté et revêtu un domino de satin noir, avec un masque à barbe de dentelle, tout neuf, bien entendu. J'ai laissé ma toque et mon manchon chez le costumier. Vous serez bien aimable de les prendre en passant, pour que nos gens ne soient pas mêlés à tout ceci plus qu'il ne convient. « De la part de mademoiselle Amanda. » J'ai pris le nom d'une chanson pour la circonstance. Le costumier rendra les objets à la personne qui lui dira ce nom et qui lui remettra cette carte qu'il m'a donnée. C'est convenu. (Elle lui remet une carte.) Je suis entrée à l'Opéra, je vous le répète, puisque j'étais sûre que vous y étiez, j'ai congédié mon cocher après lui avoir donné les vingt francs que je lui avais promis. Il ne faut jamais oublier ses promesses. Vous vous rappelez que je vous en ai fait une cette nuit.

LUCIEN.

Et vous l'avez remplie?

FRANCINE.

Je vous ai dit aussi que vous seriez le premier à le savoir, je tiens parole.

LUCIEN, après un temps.

Je ne vous crois pas.

FRANCINE.

Libre à vous, n'en parlons plus. Venez-vous au patinage avec Annette et moi, dans une heure?

LUCIEN.

Et vous m'avez retrouvé dans ce bal?

FRANCINE.

Ah! nous reprenons : oui, je vous ai retrouvé facilement, puisque je savais que vous seriez dans la loge où je vous ai vu pour la première fois ; vous aviez eu la bonté de me le dire. Je n'ai pas perdu un seul de vos mouvements, de la loge où je me trouvais moi-même.

LUCIEN.

Quelle loge?

FRANCINE.

La loge de M. de Saint-Hutin.

LUCIEN.

Vous êtes entrée dans cette loge ?

FRANCINE.

Je ne pouvais pas vous voir autrement que d'une loge faisant face à la vôtre. M. de Saint-Hutin étant tout seul dans cette loge, je me la suis fait ouvrir.

LUCIEN.

Vous lui avez dit qui vous étiez?

FRANCINE.

Il ne l'a pas soupçonné une minute, si j'en juge par les propos qu'il m'a tenus.

LUCIEN.

Indécents?

FRANCINE.

Un vrai charretier! Mais je lui pardonne, d'abord parce que c'était prévu, ensuite parce qu'il a une excellente lorgnette avec laquelle je voyais jusqu'au fond de votre loge. Il y a eu un moment où vous avez certainement pensé à moi, à mon désavantage, il est vrai ; c'est quelques minutes après que le prince Aderowitch était entré dans votre loge. Vous avez tenu à lui faire voir les cheveux de mademoiselle Rosalie Michon qui les a défaits tout de suite. C'est à cela que je l'ai reconnue. Cette envie de montrer ses cheveux répondait dans votre esprit à la conversation que nous avions eue à ce sujet.

ACTE DEUXIÈME.

Ses cheveux sont plus longs que les miens, je vous fais toutes mes excuses de vous avoir contredit sur ce point. Êtes-vous convaincu maintenant que j'ai été au bal de l'Opéra?

LUCIEN.

C'est possible.

FRANCINE.

Et vous ne me demandez pas le reste?

LUCIEN.

Non.

FRANCINE.

Cela vous suffit?

LUCIEN.

Pour le moment.

FRANCINE.

Vous n'êtes pas curieux.

LUCIEN.

Je ne veux pas que vous disiez, même devant un ami des choses que, vraies ou fausses, vous regretteriez un jour d'avoir dites.

HENRI.

Je me retire.

FRANCINE.

Pourquoi? Si M. de Riverolles n'est pas disposé à tout savoir, moi je suis résolue à tout dire. N'est-il pas convenu que nous disons tout ce que nous pensons, les uns devant les autres? N'est-ce pas l'originalité de la maison? Sans cela, nous serions dans la vulgarité la plus basse. Un homme du monde épouse une jeune fille d'aussi bonne noblesse que lui, devant une assistance aussi nombreuse que choisie, disent les journaux, aux sons de la plus belle musique, sous la bénédiction d'un évêque, qui s'est dérangé exprès pour cela. Quelques mois après, l'homme retourne à ses drôlesses, la femme prend un amant connu de tout le monde, mais en se cachant de son mieux; voilà ce que nous voyons tous les jours. Je n'ai pas voulu de cette platitude pour moi. Il m'a semblé plus original que la femme ne sût même pas le nom de son amant et qu'elle racontât tout de suite le fait à son mari et à ses amis.

LUCIEN, à Henri.

Elle est folle ! Mon cher ami, voulez-vous bien aller jusque chez mon père et le prier de passer tout de suite ici, et revenez avec lui, je vous en prie. J'aurai encore besoin de vous. Priez aussi Stan de venir. Je puis avoir besoin de vous deux.

HENRI.

A bientôt !

FRANCINE, qui s'est mise à écrire.

Soyez donc aussi assez bon pour expédier cette dépêche à ma mère, pour lui annoncer mon arrivée.

LUCIEN.

Si je vous laisse partir.

FRANCINE.

Je vous défends bien de m'en empêcher. Je défends bien à qui que ce soit maintenant de m'empêcher de faire ce que je voudrai. (Donnant la main à Henri.) Allez, mon cher Henri, et merci. Pardonnez-moi mes vivacités de tout à l'heure ; vous voyez que j'avais quelques raisons d'être émue.

HENRI, à part.

Étrange femme !

Il sort.

SCÈNE V

FRANCINE, LUCIEN.

LUCIEN.

Et maintenant, dites-moi tout.

FRANCINE.

Vous êtes pressé. On vous attend.

LUCIEN.

Ne perdons pas de temps en railleries; allons droit au fait.

FRANCINE.

Vous avez relevé et renoué de vos propres mains les cheveux de mademoiselle Rosalie Michon, ce que vous n'aviez pas fait pour les miens ; vous l'avez embrassée sur la nuque, là, pour votre récompense ; c'était un tableau charmant et vous avez remis le capuchon par-dessus les cheveux et le baiser. Pendant ce temps, j'ouvrais la porte de la loge de M. de Saint-Hutin et je me frayais avec peine un chemin jusqu'au bas de l'escalier, à travers une cohue d'hommes à moitié ivres et de femmes à moitié nues. Je suis arrivée avant vous au péristyle. Vous avez fait signe au valet de pied de cette dame, car elle a un valet de pied tout comme nous ; il est allé chercher sa voiture et pendant que vous attendiez auprès d'elle, là où nous attendons, quand nous sortons des représentations du mercredi, je vous regardais, appuyée contre une colonne.

LUCIEN.

C'était vous qui me regardiez en respirant des roses?

FRANCINE.

Que M. de Saint-Hutin m'avait données. C'était moi. Rien ne vous l'a dit ! Pas un pressentiment ! Pas un souvenir! Il m'a passé un instant par l'esprit d'aller vous prendre le bras, de me nommer et de vous emmener avec moi pour en finir. Mais non, ce que vous faisiez était tellement ignoble que j'ai voulu aller jusqu'au bout de votre trahison et de ma menace. Je vous ai laissé partir.

LUCIEN.

Vous avez eu tort : je vous jure...

FRANCINE.

Ne jurez rien. Trop tard. Il était trois heures du matin. La voiture de cette dame s'est avancée, vous y avez pris place auprès d'elle, en disant au cocher : « A la Maison d'Or. » Est-ce bien cela?

LUCIEN.

C'est bien cela.

FRANCINE, prenant un moment sa tête dans sa main.

Alors j'ai regardé autour de moi, et, au milieu des allants et venants, j'ai aperçu un grand jeune homme de vingt-huit à trente ans, de ceux à qui toutes les femmes comme celle que vous veniez d'emmener diraient : « Comme tu es beau ! » Faut-il continuer?

LUCIEN.

Continuez.

FRANCINE.

Au lieu de vous regarder toujours, vous, j'ai commencé à le regarder, lui. Il paraît que cela suffit. Tous les hommes sont prêts à aimer comme à trahir, tout de suite. Ce beau garçon, évidemment en quête d'une intrigue dans cette halle du plaisir, s'approcha de moi. Il me devina jeune, il me supposa jolie, car il m'offrit son bras, avec toutes les formes apparentes du respect. Je le pris, en disant d'une voix parfaitement déguisée ce que vous aviez dit : « A la Maison d'Or. » Nous y sommes allés à pied. Vous occupiez seul avec cette femme le cabinet numéro 7.

LUCIEN.

Comment le savez-vous ?

FRANCINE.

J'ai donné de l'argent au garçon, un gros.

LUCIEN.

Eugène.

FRANCINE.

Eugène, si vous voulez, et je lui ai demandé les noms des hommes qui soupaient. Il vous a nommé avec les autres sans hésitation, comme si c'était la chose du monde la plus simple, qu'un homme marié vienne souper publiquement dans un cabaret avec sa maîtresse. J'ai pris le cabinet numéro 9, qui était justement libre. Nous n'étions séparés de vous que par une cloison. Je vous entendais rire ; vous étiez très gai. J'aimais encore mieux vos éclats de rire que vos silences. J'ai dit au garçon de nous servir tout ce qu'il servait au numéro 7. Ça lui a paru original ; il a ri aussi, Eugène. Nous avons mangé exactement les mêmes choses que vous, vous pouvez contrôler, voici la carte. (Elle tire un morceau de papier de son portefeuille et le remet à Lucien.) Tranquillisez-vous, c'est moi qui l'ai payée. Je ne suis pas de celles à qui on paye à souper.

LUCIEN.

Le nom de cet homme ?

FRANCINE.

Je ne le sais pas, pas plus qu'il ne sait le mien. J'avais une vengeance à exercer, j'avais un crime à commettre, il me fallait absolument un complice, j'ai pris celui que j'ai trouvé sous ma main, mais de façon qu'il ne pût jamais me dénoncer. Ce monsieur n'existe plus pour moi. Il a été ce qu'aurait pu être un flacon de lau-

danum ou un boisseau de charbon. Il n'y aura personne
de mort, il n'y aura qu'un infidèle de plus et une honnête femme de moins. D'ailleurs, qu'est-ce que vous lui
voulez, à cet homme? Le tuer! Ah! oui! vous avez ce
moyen-là, vous, les hommes, quand vous en haïssez un
autre. Ce n'est pas un homme qu'il faudrait tuer, c'est
un fait et cela est impossible. Entre hier et aujourd'hui,
il y a votre trahison et mon infamie, c'est-à-dire ce qui
est inoubliable pour l'un comme pour l'autre, irréparable pour vous comme pour moi. Dieu lui-même n'y
pourrait rien. Je ne vous aime plus et je me méprise. Je
n'ai plus de pudeur; je n'ai plus d'espérance; je n'ai
même ni les regrets ni les remords avec lesquels on
assure qu'on peut refaire tout cela. Si, ayant horreur du
vide dans lequel je me sens à tout jamais, je voulais
mourir, je ne sais pas à quelle place de mon corps il
faudrait frapper pour trouver quelque chose à achever
en moi. Il me semble que j'ai passé cette nuit sur les
tables de pierre et dans les linceuls de glace de la Morgue, et la crudité de mon récit n'est que le dernier soupir de ma dignité perdue.

Elle se laisse tomber sur le canapé.

LUCIEN, se promenant avec une grande agitation.

C'est bien! c'est bien! Il vous reste maintenant à me
jurer que tout ce que vous venez de me dire est vrai.

FRANCINE.

Je le jure.

LUCIEN.

Sur quoi?

FRANCINE.

Sur l'honneur.

LUCIEN.

Lequel?

FRANCINE.

Celui d'hier.

LUCIEN, levant les bras sur elle.

Malheureuse !

FRANCINE, restant droite devant lui.

Mais tuez-moi donc! vous voyez bien que je ne demande que ça.

LUCIEN.

C'est bien. Rentrez dans votre appartement et attendez mes ordres. Puisque vous voulez être déshonorée, vous le serez, je vous en réponds.

FRANCINE.

Tant que vous voudrez. Adieu!

LUCIEN.

Oh! oui, adieu.

FRANCINE, à part, en sortant.

Ah! puisses-tu souffrir seulement la moitié de ce que j'ai souffert.

Elle sort.

SCÈNE VI

LUCIEN, puis ÉLISA, puis CÉLESTIN,
puis LE MARQUIS.

Lucien seul s'assied sur le canapé. Il réfléchit et prend machinalement une cigarette sur la table à côté du canapé. Il va à la cheminée pour l'allumer et la jette au feu, puis il prend son chapeau, le met sur sa tête pour sortir, sort, puis rentre aussitôt en songeant et en marchant lentement. Il sonne deux fois et va remettre son chapeau sur un meuble au fond du théâtre.

ÉLISA, entrant.

C'est bien monsieur qui a sonné deux fois ?

LUCIEN.

Et c'est bien à vous que j'ai affaire. Madame est sortie cette nuit ?

ÉLISA.

Oui, monsieur.

LUCIEN.

Elle ne vous a pas défendu de me le dire?

ÉLISA.

Non, monsieur. Quand je lui ai demandé s'il fallait dire quelque chose à monsieur le comte, madame m'a dit : « Faites ce que vous voudrez. »

LUCIEN.

Alors, vous avez pensé qu'il valait mieux vous taire.

ÉLISA.

Il est toujours temps de parler, si on vous interroge.

LUCIEN.

Et qu'avez-vous supposé?

ÉLISA.

Que madame devait avoir une raison bien grave pour sortir seule à pied, par ce froid, à pareille heure. Mais ce dont monsieur peut être sûr, c'est que madame n'a rien fait de mal.

LUCIEN.

Personne ne l'accuse. Et vous avez cherché cette raison qui faisait sortir madame?

ÉLISA.

Et je l'ai trouvée, je crois. Je me suis dit que madame était jalouse et voulait savoir où allait monsieur. Alors...

LUCIEN.

Alors?..

ÉLISA.

Alors, j'ai appelé Célestin, je l'ai mis au courant en deux mots et je lui ai dit de suivre madame la comtesse sans qu'elle le sût, et cela, surtout, pour protéger ma maîtresse qui paraissait fort troublée, qui pouvait courir un danger, seule, la nuit, dans les rues de Paris. Célestin était au service de monsieur le comte avant que monsieur le comte fût marié, et monsieur le comte n'a jamais douté de son dévouement...

LUCIEN.

Et Célestin l'a suivie ?

ÉLISA.

Oui, monsieur le comte, il a cru bien faire.

LUCIEN.

Il a bien fait. Sonnez Célestin, je vous prie. (Elle s'éloigne et sonne.) Allons, me voilà à la merci des valets, maintenant. (A Élisa.) Vous pouvez vous retirer.

Elle sort, Célestin entre par la porte de l'autre côté.

LUCIEN, à Célestin.

Vous avez suivi la comtesse cette nuit ?

CÉLESTIN, un peu embarrassé.

Monsieur le comte...

LUCIEN.

Parlez franchement, je viens de dire à votre femme que vous aviez eu raison.

CÉLESTIN.

Je parlerai d'autant plus volontiers que monsieur le comte verra qu'il n'a rien à reprocher à madame.

LUCIEN.

Je le sais. Qu'a dit le portier en la voyant sortir ainsi ?

CÉLESTIN.

Il en était tout étonné. Lorsqu'il avait entendu madame demander le cordon et s'en aller à pied, il s'était précipité pour lui ouvrir la porte cochère ; mais lorsqu'il m'a vu suivre tranquillement madame, comme lorsque je marche derrière elle en plein jour, quand elle sort à pied, il a pensé qu'elle allait dans le voisinage et qu'elle m'avait dit de l'accompagner. Je me tenais à grande distance, pour que madame ne me voie pas, et en effet elle ne m'a pas vu. Elle allait, elle allait. Enfin, elle a pris une voiture qui passait, elle a dit au cocher : « Au cercle de la rue Royale ». J'ai couru, je suis arrivé aussi vite que la voiture, dont j'avais vu le numéro de loin, 3728.

LUCIEN, regardant le bulletin que lui a remis Francine.

C'est bien cela.

CÉLESTIN.

La voiture a attendu à peu près une demi-heure.

LUCIEN.

Et, pendant ce temps-là, vous n'avez pas eu l'idée de monter m'avertir que madame me guettait !

CÉLESTIN.

Je ne savais pas que monsieur le comte était au cercle. Monsieur avait donné les ordres au cocher sous la voûte, où je n'étais pas, moi.

LUCIEN.

Ne pouviez-vous demander, au cercle, si j'y étais ?

CÉLESTIN.

Et si monsieur n'y avait pas été ?

LUCIEN.

Eh bien, je n'y aurais pas été, voilà tout.

CÉLESTIN.

Alors, j'aurais pu supposer que ça n'était pas pour monsieur que madame était là.

LUCIEN.

Insolent !

ACTE DEUXIÈME.

CÉLESTIN.

Monsieur me demande de parler franchement, je parle franchement. On est embarrassé dans ces cas-là. Que madame sache que monsieur... C'est ennuyeux, évidemment, mais ça s'arrange toujours, tandis que si, par une maladresse, j'avais été apprendre à monsieur... enfin je tenais à ne pas faire de bêtises. Je n'en faisais pas, quand monsieur était garçon, ce n'est pas pour commencer maintenant. La vérité, que je comprends maintenant, c'est que madame soupçonnait monsieur et qu'elle le suivait. Élisa est comme ça. Ce qu'elle m'a suivi de fois ! Une femme jalouse, monsieur le comte, il n'y a plus d'éducation, il n'y a plus de rang, il n'y a plus rien, il n'y a plus que de la jalousie.

LUCIEN.

C'est bien. Allez ! allez !

CÉLESTIN.

Monsieur est descendu, et il a dit à son cocher, qui ne savait pas, qui ne sait pas, je ne lui ai pas dit que j'étais là.

LUCIEN.

C'est heureux.

CÉLESTIN.

Monsieur a dit à son cocher : « A l'Opéra ». Alors madame la comtesse, qui avait entendu aussi bien que moi, s'est fait conduire chez le costumier de la rue Halévy, madame est ressortie quelques instants après en domino, elle a remonté dans son fiacre, et elle est allée à l'Opéra, où elle est entrée bravement. Alors, c'était tout à fait clair pour moi.

LUCIEN.

Du moment que c'était tout à fait clair pour vous, vous pouviez entrer dans la salle de l'Opéra, me chercher et me prévenir.

CÉLESTIN.

On ne m'aurait pas laissé entrer avec une livrée.

LUCIEN.

Vous n'aviez qu'à faire comme la comtesse, aller chez le costumier et vous mettre en pierrot ou en polichinelle.

CÉLESTIN.

J'y ai bien pensé encore, mais j'étais sorti si précipitamment que je n'avais que quarante sous sur moi.

Le marquis entre.

LE MARQUIS.

Que se passe-t-il? M. de Symeux m'a dit de venir tout de suite. Bonjour.

LUCIEN.

Bonjour, mon père! Si vous voulez vous asseoir... (Il donne la main à son père et lui avance un siège. Le marquis dépose sa canne et son chapeau et s'assied. A son père :) Écoutez!... écoutez!

LUCIEN, à Célestin.

Alors, vous êtes rentré à l'hôtel?

CÉLESTIN.

Oui, monsieur le comte.

LUCIEN.

Seul.

CÉLESTIN.

Évidemment.

LUCIEN.

Et qu'avez-vous dit au portier qui vous voyait rentrer sans la comtesse?

CÉLESTIN.

Ma foi, monsieur le comte, j'ai peut-être eu tort, mais comme j'étais sûr que madame ne faisait rien que de très naturel, je n'ai pas voulu qu'elle puisse être soupçonnée et je me disais : « Si madame rentre sans son mari et sans moi, qu'est-ce que le portier va penser ? » Alors, ma foi ! je lui ai tout dit, au portier.

LUCIEN.

Bien !

CÉLESTIN.

Il a attendu. Il a tiré le cordon à monsieur, quand monsieur est rentré, et, un quart d'heure après, à madame, quand madame est revenue ; car madame est revenue pas plus d'un quart d'heure après monsieur.

LUCIEN.

Vous êtes un brave homme, Célestin.

CÉLESTIN.

Je n'ai pas besoin de dire à monsieur le comte qu'il n'y a qu'Élisa, le portier et moi qui sachions l'histoire.

LUCIEN.

Ça suffit bien !

CÉLESTIN.

N'empêche que je me disais de temps en temps : monsieur le comte se fera pincer, il ne se cache pas assez. Et madame aime tant monsieur le comte.

LUCIEN.

Tenez, prenez ceci et ayez toujours plus de quarante sous dans votre poche.

Il lui donne un billet de 500 francs.

CÉLESTIN.

Oh ! merci, monsieur le comte. (Il met le billet dans son portemonnaie. A part, en sortant.) Bah ! Madame pardonnera.

Il sort.

SCÈNE VII

LUCIEN, LE MARQUIS, puis HENRI STAN, THÉRÈSE.

<small>Le marquis va pour parler à Lucien qui l'arrête.</small>

LUCIEN.

Vous permettez mon père. (Il va au téléphone, où il frappe et revient à son père. Au moment où il va lui parler, on sonne au téléphone.) Pardon, mon père!

<small>Il va au téléphone.</small>

LE MARQUIS.

Si c'est pour ça que tu m'as fait venir...

LUCIEN.

Excusez-moi, mon père, je suis un peu troublé. — (Parlant au téléphone.) Hallo! hallo! Oui, en communication avec Me Gandonnot, notaire, rue de Berlin, 91.

LE MARQUIS.

M. de Symeux m'a mis au courant en quelques mots. Tu t'es fait pincer, comme dit ton valet de chambre qui a l'air d'un finaud.

LUCIEN.

Si ce n'était que ça?

LE MARQUIS.

Qu'est-ce qu'il y a encore?

<small>Sonnette au téléphone. Entrent Stanislas et Symeux, pendant que Lucien va au téléphone.</small>

LUCIEN.

Pardon, mon père! — (Au téléphone.) C'est vous, maître Gandonnot?

STAN.

Qu'est-ce qui lui prend?

ACTE DEUXIÈME.

LUCIEN.

Non? qui êtes-vous? Son premier clerc, bien... Je suis M. de Riverolles, priez M° Gandonnot, s'il rentre avant cinq heures, de passer chez moi... Merci, monsieur.

Il quitte le téléphone.

THÉRÈSE, entrant.

On me dit que Francine est partie avec Annette pour aller au patinage. Mais, comme je voulais me retirer, Élisa a pris des airs mystérieux et m'a priée d'attendre madame et de parler à monsieur. Qu'y a-t-il?

LUCIEN.

Il y a que votre amie madame de Riverolles, hier, après votre départ... vous vous rappelez de quelle humeur elle était?...

THÉRÈSE.

C'est pour ça que je reviens de bonne heure, je le lui avais promis.

LUCIEN.

Eh bien, après votre départ, m'ayant vu sortir, elle m'a fait une scène de jalousie intempestive et m'a menacé si...

LE MARQUIS.

Si?

LUCIEN.

Si elle apprenait jamais que je lui fusse infidèle, d'en faire autant de son côté. Je n'ai fait qu'en rire, bien entendu. Elle m'a suivi au bal de l'Opéra, sans que je me doutasse de rien, de là à la Maison d'Or, en compagnie d'un monsieur qu'elle ne nomme pas, parce qu'elle prétend ne pas le connaître et dont elle vient de me dire en face qu'elle a été la maîtresse. Voilà ce qu'il y a. J'ai espéré un moment que c'était un jeu qu'elle jouait, soit avec Henri, soit avec Stanislas; mais ce n'est ni vous, Henri, ni toi, Stanislas, qui avez accompagné la comtesse?

STANISLAS.

Non, mais c'est peut-être Carillac.

LUCIEN.

Je suis sûr que ce n'est pas Carillac. Je ne l'ai pas convoqué. Je ne veux pas qu'il soit mêlé à tout cela pour des raisons que je vous dirai plus tard. Nous n'avons pas de secrets les uns pour les autres, je suis aussi sûr de votre discrétion que vous êtes sûr de ma confiance. Voilà la situation, mon père, qu'est-ce que vous en pensez?

LE MARQUIS.

Je pense que c'est à la fois monstrueux, absurde et possible. Sur cent femmes amoureuses, il y en a quarante qui disent à l'homme qu'elles aiment ce que ta femme t'a dit : « Si tu avais une maîtresse, j'aurais un amant; » il y en a vingt qui disent : « Si tu me trompais, je partirais et tu ne me reverrais plus; » il y en a quinze qui disent : « Si tu m'étais infidèle, je te tuerais ou je me tuerais, ou je te tuerais et moi ensuite. »

THÉRÈSE.

Et les autres?

LE MARQUIS.

Les autres ne disent rien, ce sont les plus inquiétantes, elles se réservent la diversité des moyens de représailles ou d'attaques. Maintenant, combien y en a-t-il qui font ce qu'elles ont menacé de faire, autre question?

THÉRÈSE.

Et Francine n'a pas fait ce qu'elle a dit à son mari. Je sais bien ce qu'elle me disait aussi, à moi, hier, à cette même place et sur ce même sujet. La femme qui parlait de la sorte n'a pas fait ce dont on l'accuse, ce dont elle s'accuse; j'en réponds, j'en réponds.

LUCIEN.

Vous m'avez prévenu cependant qu'elle était capable

d'un coup de tête. Eh bien! ce coup de tête, le voilà.
Quand tout le monde répondrait de l'innocence de madame de Riverolles, à laquelle personne n'a plus d'intérêt que moi à croire, à quoi cela me servirait-il, tant qu'elle ne trouvera pas le moyen de me la prouver elle-même? Et comment me la prouverait-elle? Elle ne le peut plus. Elle a brûlé ses vaisseaux. Elle m'a fait une certaine menace, elle arrive et elle me dit : « Cette menace est exécutée. » Quel est le complice? Un inconnu. Où est-il? Je n'en sais rien. Comment voulez-vous savoir la vérité? C'est insoluble. Supposons qu'elle dise tout à coup le contraire de ce qu'elle a dit tout d'abord, qui prouverait qu'elle dirait vrai maintenant? Où retrouver l'inconnu en question? Et si, par miracle on le retrouvait, comment le faire parler? Et s'il disculpait la comtesse, comment le croire? Il ne ferait que son devoir le plus élémentaire de galant homme en gardant le secret et en garantissant l'honneur d'une femme dans une pareille circonstance.

THÉRÈSE.

Quand je vous disais qu'il ne faut pas lutter de ruse avec une femme! Francine n'a fait qu'une bouchée de toutes vos combinaisons.

STANISLAS.

Bien joué, évidemment, bien joué!

LUCIEN.

Tu trouves ça bien joué, toi, je te remercie.

STANISLAS.

Ne deviens pas aigre, ne deviens pas aigre, ce n'est pas de ma faute.

LUCIEN.

Demandez à Henri, qui a entendu le commencement de notre conversation entre la comtesse et moi, demandez-lui si elle avait l'air d'une personne qui joue un rôle.

HENRI.

Certainement, non; elle paraissait bien sincère; mais comme madame Smith, je réponds de madame de Riverolles.

LUCIEN, à Stanislas.

Et toi, qu'est-ce que tu penses?

STANISLAS.

Montagne eût dit : « Que sais-je! » et Rabelais : « Peut-être... » Je ne peux pas croire, non plus, que madame de Riverolles ait fait ce qu'elle dit; mais je ne mettrai jamais ma main au feu qu'une femme est innocente ou coupable. C'est un jeu où le diable lui-même jette ses cartes.

LUCIEN.

Et Stan a raison. Si maligne que soit une femme, il y a des choses qu'elle ne saurait inventer, il y a des mots et des accents qu'elle ne trouve que dans le souvenir d'une réalité, surtout quand elle est une femme du monde... Pour être sortie seule, Francine est sortie seule, c'est positif; pour être allée au bal de l'Opéra, elle est allée au bal de l'Opéra; c'est certain; pour avoir soupé à la Maison d'Or avec un homme que nous ne connaissons ni les uns ni les autres, pas même elle, peut-être, elle y a soupé. Quand je lui ai demandé de me le jurer sur l'honneur, elle me l'a juré sur l'honneur et si nettement que j'ai vu tout rouge et que j'ai cru que j'allais la tuer. Tout ce que m'a dit la comtesse est donc aussi certain que précis; elle veut que je le croie; eh bien, je le crois et je m'en tiens là.

LE MARQUIS.

Et alors?

LUCIEN.

Et alors ou madame de Riverolles prouvera aujourd'hui même et devant nous tous, d'une manière irréfutable, qu'elle n'a rien fait de ce qu'elle avance, ou il y aura rupture complète entre elle et moi, et cela immédiatement. Je viens de téléphoner à mon notaire de venir me parler, et, si je vous ai prié de vous rendre tout de suite ici, mon père, c'était d'abord pour vous informer de ce qui se passe, et maintenant pour vous prier d'accompagner la comtesse à Nice et de la remettre entre les mains de ses parents, à qui elle a écrit du reste qu'elle comptait aller les rejoindre. Après tout, puisqu'elle veut y aller, qu'elle y aille !

LE MARQUIS.

Soit !... Mais qu'est-ce que ton notaire a à voir là-dedans ?

LUCIEN.

Je veux qu'il établisse bien exactement l'état respectif de nos deux fortunes. Je ne compte naturellement rien garder de ce qui appartient à madame de Riverolles, dont la fortune d'ailleurs est égale à la mienne. Séparation de biens d'abord, séparation de corps ensuite, et tout cela le plus tôt possible.

LE MARQUIS.

Où ai-je lu une histoire dans le genre de la tienne ? Ah ! c'est dans la vie des dames galantes de Brantôme. Le sire de Pontamafrel, marié à une belle et honnête dame, crut devoir comme toi, tandis qu'elle faisait noblement fonction naturelle et respectable de nourrice, se donner passe-temps joyeux avec une de ses suivantes. La dame en eut connaissance, ne souffla mot et mena l'allaitement jusqu'au terme profitable à son rejeton, très friand du sein maternel ; après quoi elle donna assignation, comme on disait alors, à l'écuyer de son époux, et vint, sur l'heure, avertir son seigneur — et traître, — c'est l'expression de Brantôme, de ce qu'elle avait fait, ajoutant : « Monsieur, nous voilà quittes ! »

LUCIEN.

Et que fit le seigneur de Pontamafrel?

LE MARQUIS.

Brantôme assure qu'ayant ouï le récit de sa femme, il s'écria piteusement : « Je n'ai que ce que je mérite, ayant donné à Agar la place de Sara, sans avoir les bonnes raisons d'Abraham. » Il demanda au roi, qui lui devait récompense pour quelques beaux faits d'armes, d'anoblir son écuyer, afin qu'un vilain n'eût pas bu dans son verre, puis il arma pour le nouvel anobli une compagnie de cinquante hommes et l'envoya guerroyer contre les Turcs, dans l'un desquels combats le jeune chevalier reçut en plein giron, trois grands coups de lance dont il mourut chrétiennement ainsi que devait faire un homme ayant obtenu si grandes faveurs d'une dame et d'un roi.

LUCIEN.

Et ensuite?

LE MARQUIS.

Ensuite le seigneur de Pontamafrel attendit le temps congru pour être sûr que bâtard d'écuyer ne se glisserait pas par représailles même légitimes de femme dans la première noblesse de France et qu'il n'y aurait pas à biffer d'une barre les besans d'or de son champ d'azur. Puis, le temps révolu, il offrit un riche présent à sa femme et lui demanda pardon à genoux de l'injure qu'il lui avait faite, et, pour mettre fin à tout malentendu de cette sorte, il la rendit mère de trois enfants qu'elle nourrit comme elle avait fait du premier, sans que le sire de Pontamafrel se livrât jamais plus aux ébats irréguliers et clandestins. Ce furent deux garçons qui devinrent de vaillants capitaines et une fille qui fut abbesse et mourut en telle odeur de sainteté qu'il ne resta plus trace dans la mémoire de Dieu du manquement que l'épouse avait fait à l'un des premiers commandements.

LUCIEN.

Le conte est fort joli, mon père; mais autres temps, autres mœurs.

LE MARQUIS.

Il n'y a pas d'autres temps, il n'y a pas d'autres mœurs, monsieur mon fils, surtout pour les gens de notre race. Fais ce que dois, advienne que pourra, voilà de quoi traverser tous les temps et faire face à toutes les mœurs. Depuis que je vous écoute ici, je ne vous entends parler que des représailles de ma bru dont tout le monde doute et vous ne dites rien de votre faute à vous, dont nous sommes tous sûrs. Il serait bon d'en parler cependant. Si vous vous étiez conduit comme vous auriez dû, nous n'en serions pas à convoquer un congrès comme à Vienne, à cette fin de discuter sur le *to be or not to be* de votre honneur. Quand un gentilhomme a fait serment devant Dieu à une honnête fille, choisie parmi ceux de son rang, comme est votre femme, son égale en naissance et en fortune, n'ayant fait en l'épousant ni commerce d'argent, ni calcul de vanité, quand un gentilhomme a fait serment à cette honnête fille de lui donner protection et de lui garder fidélité, il n'y a pas de promesse de souper à la Maison d'Or, si sacrée qu'elle soit, qui le relève de ce serment. Vous n'êtes pas de cet avis, je le regrette pour vous et même pour moi qui puis être soupçonné, étant votre père, de vous avoir donné ces mauvais exemples, ce qui n'est pas. La jeune fille que l'on vous a confiée et qui ne savait rien de la vie, vous la pouviez pétrir à votre guise. Il vous a convenu de lui raconter vos anciennes fredaines, de lui nommer vos anciennes maîtresses, de la mener dans tous les cabarets et lieux de plaisirs mal famés et malsains où elle pouvait se trouver en contact et en lutte avec des créatures dont elle ne devait même pas soupçonner l'existence! soit; mais alors ne vous étonnez pas que le jour où elle apprend votre perfidie et où elle veut vous la faire payer, ce soit une idée de dame galante qui lui traverse l'esprit. J'espère, je suis convaincu, je suis certain que ce que madame de Riverolles vous a dit est faux et qu'elle veut tout simplement vous donner bonne et rude leçon ; mais si cela est vrai, vous n'avez que ce que vous méritez, comme le sire de Pontamafrel, et il ne vous reste plus qu'à faire comme lui. Allez-vous-en acheter pour vingt-cinq mille francs de dentelles avec madame Smith, afin de ne pas être trop volé par le marchand, et déposez-les aux pieds de votre femme en lui disant : « Je ne crois pas un mot de votre histoire et voici, madame, de quoi faire la robe de baptême de notre prochain enfant », et que dans dix mois au plus, nous mangions tous des dragées. Est-ce votre avis, madame ? est-ce votre avis, messieurs ?

THÉRÈSE.

C'est parler d'or, monsieur le marquis.

HENRI.

Approuvé à l'unanimité, n'est-ce pas Stanislas ?

STANISLAS.

Ça ne se demande même pas.

LUCIEN.

Grand merci, messieurs, je ne dirais peut-être pas non, s'il n'y avait dans le monde que des gens d'esprit pour faire l'opinion, mais il y a trop d'imbéciles.

LE MARQUIS, haussant les épaules.

C'est vrai, et il y en a même presque toujours un de plus qu'on ne croit.

Lucien sonne

LE MARQUIS.

Qu'est-ce que tu sonnes encore ?

LUCIEN.

Je vais sortir; j'ai une course à faire. (A Célestin qui entre.) La voiture est en bas?

CÉLESTIN.

Oui, monsieur le comte.

LUCIEN.

Mon chapeau.

Célestin donne le chapeau et sort.

LE MARQUIS.

Comme je veux embrasser ma fille qui est avec ta femme, nous allons les attendre en faisant un whist.

THÉRÈSE.

Je ne m'en irai certainement pas sans avoir vu Francine.

LUCIEN.

Pardon, mon père, c'est que je voulais demander à Henri d'aller faire une course pour moi.

LE MARQUIS.

Soit, nous jouerons avec un mort.

LUCIEN.

C'est que j'ai aussi besoin de Stan.

THÉRÈSE.

Nous ferons un piquet, monsieur le marquis.

LE MARQUIS.

Va pour le piquet. (A Lucien.) Fais-nous faire grand feu et envoie-nous des biscuits et du madère.

LUCIEN, sortant.

Je ne serai pas longtemps.

LE MARQUIS.

Va, va ; l'air ne peut te faire que du bien.

Henri et Stan sortant après avoir salué le marquis et lui avoir donné la main. Pendant ce temps, il a donné les cartes. Célestin arrange le feu, un autre domestique apporte un plateau.

LE MARQUIS, à Thérèse.

Ma chère baronne, c'est vous qui allez nous savoir la vraie vérité.

THÉRÈSE.

Je ne pense qu'à ça.

LE MARQUIS.

En attendant, voulez-vous que je vous dise mon opinion sur mon fils? C'est un simple serin... J'ai une seizième majeure et quatorze d'as.

ACTE TROISIÈME

Même décor.

SCÈNE PREMIÈRE

Au lever du rideau, LE MARQUIS et THÉRÈSE sont dans la même position qu'à la fin de l'acte précédent, puis HENRI, STAN, FRANCINE, ÉLISA, puis LUCIEN.

LE MARQUIS.

Baronne, vous avez perdu.

THÉRÈSE.

Je suis un peu distraite. Je voudrais voir revenir Francine. Avec une tête aussi folle que celle-là, on peut s'attendre à tout.

LE MARQUIS.

Il n'y a rien à craindre, elle est sortie avec ma fille.

THÉRÈSE.

C'est vrai, mais j'aimerais autant qu'elle fût là. Ah! voici M. de Symeux! (Henri entre au fond, à droite tenant un carton.) D'où arrivez-vous avec ce petit carton?

HENRI.

Lucien m'a prié d'aller reprendre chez le costumier le manchon et la toque de sa femme. Il avait peur d'être rencontré, reconnu, tandis que moi, célibataire, je ne compromets personne et je rends l'incident vraisemblable. (Ouvrant le carton et montrant la toque et le manchon.) Voilà les pièces de conviction.

LE MARQUIS.

Et M. de Grandredon, où l'a-t-il envoyé?

HENRI.

A la Maison d'Or, interroger Eugène.
Henri porte le carton dans la chambre de Lucien. Stan entre. Il a entendu les derniers mots.

STAN.

Et Eugène m'a dit un mot admirable; je n'ai pas perdu ma course.

THÉRÈSE.

Enfin, Francine a-t-elle soupé là?

STAN.

Elle y a soupé.

THÉRÈSE.

Ce garçon a vu son visage?

STAN.

Non, elle ne s'est pas démasquée et elle ne disait pas un mot pendant qu'il servait; mais la taille, la tournure, le bouquet de roses, tout est conforme au récit de madame de Riverolles, récit que Lucien nous a fait à Henri et à moi dans tous ses détails, plutôt deux fois qu'une. Tout ce que sait Eugène, c'est que cette dame a très peu mangé, quelques huîtres, un peu de raisin, et elle a bu un demi-verre de vin de Champagne. Quand l'inconnu a voulu payer l'addition, la chose était déjà faite. C'est là qu'est le mot d'Eugène. — Je lui dis : « Alors si cette dame a payé l'addition, c'est une femme du monde. » Il m'a répondu : « Ah! monsieur, ça ne prouve plus rien maintenant. Les autres se sont mises aussi à payer. »

ACTE TROISIÈME.

LE MARQUIS.

Et le monsieur?

STAN.

Eugène ne l'a jamais vu auparavant, et il a une mémoire remarquable des figures. Ce n'est pas un homme de *notre* monde, m'a-t-il dit.

THÉRÈSE.

Jeune?

STAN.

Jeune. Trente ans au plus.

THÉRÈSE.

Blond ou brun?

STAN.

Brun, assez grand, l'air distingué; beau garçon, pas de décorations.

LE MARQUIS.

Il sera plus facile à retrouver alors.

THÉRÈSE.

Et cet Eugène ne soupçonne pas le nom de la dame?

STAN.

Il ne s'en doute pas. C'est pourquoi j'ai tenu à ce que Lucien me chargeât de la mission. Lui, se serait trahi. Il est agité. Pour un homme agité, c'est un homme agité, quoiqu'il le cache le plus possible.

LE MARQUIS.

Le monsieur a-t-il bien mangé?

STAN.

Il a mangé de tout, dit Eugène.

LE MARQUIS

C'est un parent.

THÉRÈSE.

Et comment sont-ils partis?

STAN.

Il l'a accompagnée jusqu'à une voiture de place qui stationnait derrière la seule voiture de maître qui se trouvait là, celle de Rosalie, sans doute ; il lui a dit quelques mots par-dessus la portière ; alors elle a retiré son gant, elle lui a tendu sa main qu'il a baisée le plus respectueusement du monde et elle lui a donné son bouquet de roses. Il s'est éloigné à pied, et elle est restée dans la voiture, attendant que celle qui était devant s'éloignât. Elle a dit alors quelques mots au cocher qui a suivi.

THÉRÈSE.

Qui vous a raconté tout cela ?

STAN.

Le chasseur qui fait le service des voitures. Il voit tout, il se rappelle tout, et il raconte tout.

LE MARQUIS.

Maintenant, je suis d'avis que lorsque Francine va rentrer, nous paraissions tous ignorer cette histoire. Lucien ne nous a rien dit. C'est madame Smith seule qui interviendra, quand elle le jugera convenable.

STAN.

C'est entendu.

HENRI.

C'est dit.

Francine entre.

THÉRÈSE.

La voici !

FRANCINE.

Excusez-moi, mon cher beau-père, de ne pas m'être trouvée là quand vous êtes venu, mais j'avais promis à Annette de l'accompagner au patinage. Les journées de glace comme celle-ci sont rares ; je voulais tenir ma parole et causer avec elle. Et puis j'avais quelques emplettes à faire ; maintenant, c'est avec vous que j'ai besoin de causer pendant qu'elle n'est pas là et de choses sérieuses... (A Thérèse en l'embrassant.) Tu vas bien?

THÉRÈSE.

Et toi?...

FRANCINE.

A merveille!

THÉRÈSE.

Moi aussi; j'aurai besoin de causer avec toi, quand tu auras fini avec le marquis.

FRANCINE.

Et que j'aurai essayé mes robes. La couturière m'attend avec Annette.

THÉRÈSE.

Quand tu voudras : je reste ici.

FRANCINE, donnant une poignée de main à Henri.

Bonjour, mon cher monsieur de Symeux. (A Stanislas.) Je ne sais si je dois vous donner la main à vous : vous avez bien peu d'amitié pour moi.

STANISLAS.

Peut-on dire cela, peut-on dire cela!

Elle lui donne la main.

FRANCINE.

Enfin, comme je ne vous verrai plus souvent, maintenant, je vous pardonne.

STANISLAS.

Où allez-vous donc?

FRANCINE.

Je pars.

STANISLAS.

Pour?

FRANCINE.

Pour Nice.

STANISLAS.

Quand?

FRANCINE.

Ce soir.

STANISLAS.

Seule?

FRANCINE.

Seule. (Elle le quitte pour aller au marquis.) Mon cher beau-père, je veux vous parler, avant de partir d'une personne que j'aime comme si elle était ma sœur, — de votre fille, J'ai profité de son séjour ici pour la bien étudier. C'est une enfant très simple, très raisonnable, très réfléchie, quelquefois un peu triste, toujours sérieuse, et qui ne rêve pas sur la vie plus qu'il ne faut. Nous vivons dans un monde un peu tapageur, surtout depuis quelques années ; elle a peur de ce monde dont elle n'est que de nom et de naissance, et cependant elle ne peut ni ne doit en sortir. Bref, je ne vous étonnerai pas en vous apprenant qu'au milieu de tous les hommes plus ou moins jeunes, plus ou moins séduisants, plus ou moins frivoles qui nous entourent, ses pensées se sont portées sur le moins jeune, mais aussi sur le moins léger, sur celui qui pouvait le moins prévoir une pareille distinction et qui n'a rien fait pour la provoquer. Il a plus de quarante ans et il a les cheveux presque gris.

LE MARQUIS.

Et c'est?...

FRANCINE.

C'est M. de Symeux.

LE MARQUIS.

Elle vous a fait part de ses sentiments?

FRANCINE.

Non; elle n'est pas fille à les révéler à qui que ce soit, avant de vous en avoir parlé, à vous ; elle vous respecte trop pour cela; mais elle m'a parlé souvent de M. de Symeux et tout à l'heure encore, en termes tels, qu'il n'y a pas de doute pour moi. Je ne dirai pas qu'elle l'aime, ce mot a servi à tant de choses banales, étranges ou honteuses, qu'on ne sait plus si on peut l'employer, mais elle ne voit certainement que lui dont elle consentirait à être la femme, avec qui elle accepterait de passer toute sa vie. Voilà dans quel état moral je vous rends votre fille, après mes deux mois de tutelle.

LE MARQUIS.

Vous partez décidément?

FRANCINE.

Oui. Il fait trop froid à Paris.

LE MARQUIS.

Lucien part avec vous?

FRANCINE.

Je ne pense pas.

LE MARQUIS.

Voulez-vous que je vous accompagne?

FRANCINE.

Je vous remercie. Il ne m'arrivera rien; j'ai ma femme de chambre.

LE MARQUIS.

Vous emmenez votre fils?

FRANCINE.

Non. Le voyage le fatiguerait trop; je le laisse à Annette.

LE MARQUIS.

Et voilà tout?

FRANCINE.

Et voilà tout. Est-ce que vous avez, vous, quelque chose à me communiquer?

LE MARQUIS.

Non, rien.

ÉLISA, à Francine.

La couturière est aux ordres de madame la comtesse.

Elle sort.

FRANCINE.

C'est bien. J'y vais. (A Thérèse.) A tout à l'heure.

Elle sort.

THÉRÈSE, au marquis.

Eh bien, que vous a-t-elle dit?

LE MARQUIS.

Elle m'a parlé d'Annette.

THÉRÈSE.

Et d'elle-même?

LE MARQUIS.

Pas un mot.

THÉRÈSE.

Et vous ne l'avez pas interrogée?

LE MARQUIS.

J'ai été au moment de le faire, malgré nos conventions, et je me suis arrêté.

THÉRÈSE.

Pourquoi?

LE MARQUIS.

Je n'ai pas osé.

THÉRÈSE.

Tant vous avez peur de la trouver coupable!

LE MARQUIS.

Tant je la trouve simple et calme à la surface, tant je la crois blessée profondément. Il n'y a pas là une personne ordinaire. Quelle que soit la main qui a fait cette blessure, je ne saurais y toucher, pas plus qu'aucun des hommes qui sont ici. Il y faut décidément la délicatesse d'une femme.

THÉRÈSE.

Je lui ai dit que j'avais aussi à causer avec elle et je l'attends.

<small>Pendant les derniers mots de Thérèse, Lucien est entré et a causé bas avec Stanislas qui attendait auprès de la cheminée.</small>

THÉRÈSE.

M. de Riverolles est là.

LE MARQUIS.

Il revient probablement de faire quelque bêtise.

<small>Ils s'éloignent et sortent en causant.</small>

STANISLAS, à Lucien.

Voilà, mon cher, le résultat de mon ambassade. Et toi, où es-tu allé pendant ce temps-là ?

LUCIEN.

Je suis allé au patinage sans m'y montrer. J'ai regardé de loin. Je voulais voir si madame de Riverolles s'y rencontrerait avec des gens que je ne connusse pas.

STANISLAS.

Elle accompagnait ta sœur; tu pouvais être bien sûr...

LUCIEN.

De quoi est-on sûr? Elle a patiné avec Annette comme si de rien n'était; elle ne s'est entretenue qu'avec nos amis communs et elles sont revenues tranquillement. Je les suivais à distance.

STANISLAS.

Et maintenant, comment te sens-tu ?

<small>Il lui prend la main.</small>

LUCIEN.

Comment je me sens! Qu'est-ce que ça veut dire ?

STANISLAS.

Oui, je te demande ce que tu éprouves. As-tu toujours envie d'égorger ce monsieur? Te sens-tu encore des velléités de tordre le cou à ta femme, qui n'a jamais été si jolie, ni paru si tranquille qu'aujourd'hui. Vas-tu tout oublier et l'aimer de plus belle? Ça se voit quelquefois et ça simplifie tout. Crains-tu, au contraire, d'en mourir de chagrin peu à peu, ou crois-tu, que tu t'y feras à la longue? Les romanciers et les moralistes ergotent à qui mieux mieux là-dessus, mais ce n'est le plus souvent que subjectif, littéraire et conventionnel. Je voudrais être renseigné par quelqu'un qui soit de la partie.

LUCIEN.

Quand tu auras fini de te moquer de moi.

STANISLAS.

Mais je ne me moque pas du tout de toi. Si tu ne peux pas me répondre tout de suite, si tu as besoin d'un peu de recueillement et de méditation, nous remettrons ta réponse à plus tard. J'ai le temps; ne te fatigue pas; mais j'y tiens.

LUCIEN.

Tu finirais par me faire rire, et Dieu sait que je n'en ai pas envie.

STANISLAS.

Tu n'as pas envie de rire; voilà déjà une bonne observation à noter. Après?

LUCIEN.

Après, après? Sincèrement, je ne sais pas moi-même où j'en suis. Mon père a des idées si étranges! Et d'un autre côté, c'est un si honnête homme! Évidemment je suis résolu à rompre avec Francine. Demeurer avec une femme qui vous a jeté un pareil récit à la figure, c'est impossible. Mets-toi à ma place!

STANISLAS.

Non, merci, n'y compte pas de sitôt.

LUCIEN.

Tantôt je me dis, moi qui connais le caractère de Francine : Elle en est bien capable ! Tantôt je me dis : C'est impossible !

STANISLAS.

Tantôt tu te dis : « C'est ceci. » Tantôt tu te dis : « C'est cela. » C'est ce qu'on appelle être ahuri. Tu es ahuri, voilà !

LUCIEN.

Voilà !

STANISLAS.

Mais ce n'est pas une situation durable ; on ne peut pas être éternellement ahuri. Tâchons de mettre de l'ordre là-dedans. L'aimes-tu encore, ta femme ?

LUCIEN.

Oh ! ça, non, par exemple, là-dessus je suis fixé !

STANISLAS.

Pour longtemps ?

LUCIEN.

Pour toujours...

STANISLAS.

Va pour toujours... L'aimais-tu avant ?

LUCIEN.

Avant quoi ?

STANISLAS.

Avant l'accident.

LUCIEN.

Tu y crois, n'est-ce pas ?

STANISLAS.

Si tu veux, si tu m'assures que c'est vrai, j'y croirai.

naturellement. Ce n'est pas tellement rare. Enfin, que ce soit ou que ce ne soit pas, l'aimais-tu avant?

LUCIEN.

Évidemment, je l'aimais.

STANISLAS.

Ne rougis pas; si tu l'aimais, dis-le.

LUCIEN.

Eh bien, oui, je l'aimais.

STANISLAS.

Pourquoi allais-tu chez Rosalie, alors?

LUCIEN.

C'est toi qui me fais une pareille question! Tu vas prêcher à présent! Quand mon père me dit de ces choses-là devant madame Smith, je ne peux rien lui répondre, c'est bien certain; mais toi! Pourquoi j'allais chez Rosalie? D'abord, je n'allais pas chez Rosalie, j'y retournais. Ah! si j'avais été chez une femme nouvelle! Mais Rosalie, ça ne compte pas! Il n'y a qu'à supposer que j'y suis allé quelques fois de plus avant mon mariage.

STANISLAS.

C'est du report; parfaitement. Mais, hier, puisque ta femme voulait te garder, tu n'avais pas d'excuse; pourquoi t'obstinais-tu à aller retrouver Rosalie au bal de l'Opéra? Il n'y a qu'un homme marié ou un provincial qui puisse avoir une idée pareille! J'y pense, ce doit être un homme de province.

LUCIEN.

Qui?

STANISLAS.

L'invité de ta femme. Et s'il est reparti pour la province, qu'est-ce que ça te fait?

LUCIEN.

Es-tu sérieux, oui ou non?

STANISLAS, sérieux.

Très sérieux!

LUCIEN.

Il est évident que si j'avais pu prévoir ce qui est arrivé, mais, outre que je ne voulais pas me mettre à céder à tous les caprices de Francine, j'avais absolument promis à Rosalie. Elle voulait me consulter.

STANISLAS.

Tu es de si bon conseil! Sur quoi?

LUCIEN.

C'est tout ce qu'il y a de plus cocasse.

STANISLAS.

Si nous entrons dans le cocasse, restons-y, hein! veux-tu?

LUCIEN.

Tu me promets de garder pour toi ce que je vais te dire et de n'en pas parler au club?

STANISLAS.

Je te le promets, un secret de Rosalie! ça se garde, c'est rare.

LUCIEN.

Elle va se marier.

STANISLAS, indifférent.

Ah!

LUCIEN.

Ça t'étonne?

STANISLAS.

Non. Rien ne m'étonne. Et qui épouse-t-elle?

LUCIEN.

Devine...

STANISLAS.

Je le connais ?

LUCIEN.

Parfaitement.

STANISLAS.

J'ai de jolies connaissances. Va, va, je ne cherche pas.

LUCIEN.

Carillac.

STANISLAS.

Il aimait trop la camomille; ça devait mal finir. Et comment ça s'est-il déclaré?

LUCIEN.

Il en est fou, mon cher, il en est fou!

STANISLAS.

Ce n'est pas une raison pour l'épouser. Nous en avons tous été fous.

LUCIEN.

Elle lui résistait.

STANISLAS.

Drôle de fille! Par amour pour toi?

LUCIEN.

Je ne crois pas.

STANISLAS.

Une idée alors! Une anomalie! un instinct! Elle flairait le mariage! Alors elle t'a demandé ton avis?

LUCIEN.

Naturellement.

STANISLAS.

C'est gentil, ça. Carillac aurait dû te le demander aussi, de son côté.

LUCIEN.

Elle m'a montré ses lettres; nous avons passé presque tout notre souper à les lire.

STANISLAS.

Presque... Ça devait te monter la tête de penser que tu soupais avec une fiancée, heureux coquin?... Et elle te faisait venir à l'Opéra et à la Maison d'Or pour te lire les lettres de Carillac! Elle ne pouvait pas te les lire chez elle?

LUCIEN.

Elle ne reçoit plus un homme, mon cher, depuis six semaines! Pas même moi!

STANISLAS.

Elle est en retraite?

LUCIEN.

Elle n'admet que lui et pas plus tard que onze heures! Mais elle tenait à me consulter. Elle a quatre-vingt bonnes mille livres de rentes.

STANISLAS.

Sans compter tes diamants. Crois-tu qu'elle les reprendra à sa mère?

LUCIEN.

Alors, elle voulait savoir si Carillac...

STANISLAS.

Était aussi riche qu'elle?

LUCIEN.

D'abord, et s'il est honorable.

STANISLAS.

C'est elles maintenant qui prennent des renseignements sur nous pour voir si elles doivent nous épouser. Parfait! Et tu lui as garanti la fortune et l'honorabilité de Carillac.

LUCIEN.

Je lui ai promis de la renseigner. Nous avons le même notaire, Carillac et moi.

STANISLAS.

En causant avec M⁰ Gandonnot de tes affaires à toi, tu pourras t'occuper de ses affaires à elle. Tu ferais même mieux de ne t'occuper que de ses affaires à elle.

LUCIEN.

Mais tu comprends pourquoi je n'ai pas convoqué Carillac, ce matin.

STANISLAS.

Parfaitement. Et à quand le mariage?

LUCIEN.

Après les délais pour les sommations. La mère de Carillac refuse son consentement.

STANISLAS.

Je te crois. Tu es témoin?

LUCIEN.

Es-tu fou? Mais elle a eu l'aplomb de me le demander. Je lui ai dit que je partais. C'était un prétexte qui est devenu une réalité.

STANISLAS.

Tu pars?

LUCIEN.

Qu'est-ce que tu veux que je fasse à Paris, maintenant?

STANISLAS.

Et où vas-tu?

LUCIEN.

A Rome. Croirais-tu que je n'ai jamais vu Rome?

STANISLAS.

C'est curieux; moi non plus, du reste.

LUCIEN.

J'y vais surtout pour voir le cardinal Hortilio. C'est lui qui m'a fait faire ma première communion. Je lui deman-

derai s'il n'y a pas moyen de faire annuler mon mariage.
Ils ont des moyens à Rome. Autant que Francine et moi
nous redevenions libres. Au fond, je crois que je n'étais
pas fait pour le mariage. Une fois en règle avec l'Église,
si Francine veut divorcer, nous divorcerons. Les gens
comme il faut commencent à s'y mettre. Tu ne trouves
pas l'histoire des plus comiques?

STANISLAS.

Quelle histoire? la tienne?

LUCIEN.

Non, celle de Rosalie.

STANISLAS.

Tout ce qu'il y a de plus comique. Toi aussi, tu es comique; moi aussi, je suis comique! Nous sommes tous comiques. Mais le diable m'emporte si je sais comment ça finira d'être aussi comique que nous le sommes! Tu me disais tout à l'heure : « Mets-toi à ma place. » Eh bien, je m'y mets. Si j'étais à ta place, je partirais pour Rome, puisque tu as envie d'y aller, et par le même train que ta femme, qui part justement pour Nice et qui, avant d'arriver à Bercy, trouverait bien le moyen de te prouver qu'il n'y a rien de vrai dans l'histoire de cette nuit. Si elle la maintenait, si ce qu'elle t'a raconté était vrai, je continuerais tout de même mon chemin, toujours en sa compagnie. Si tu ne veux pas suivre mon conseil, tire à pile ou face ce que tu dois faire; tu auras au moins une chance sur deux de prendre le bon parti. Quand nous ne savons plus nous conduire, demandons au hasard de nous mener. Pour moi, je ne suis plus bien sûr, depuis quelque temps, que la terre ne tourne pas à l'envers et que nous n'avons pas tous les pieds en l'air et la tête en bas. Il y a des moments, quand je reviens du cercle, la nuit surtout, où je me demande d'abord pourquoi j'y suis allé, et ensuite pourquoi j'en reviens, pourquoi au

lieu de rentrer chez moi, dans ma peluche bleue et mes
faux objets d'art, je ne vais pas jusqu'au pont faire un
plongeon dans la Seine. C'est là que j'aurais la tête en
bas et les pieds en l'air; mais au moins ce serait pour
la dernière fois. Cela vaudrait toujours mieux que d'épouser comme toi une honnête fille, pour la trahir et l'amener
au désespoir ou à l'avilissement, ou de ne pas avoir
d'autre idéal dans la vie comme Carillac que d'apporter
à une coquine, sur un plat d'or, sa fortune, son honneur
et son nom. Peut-être faut-il l'envier? Il croit encore
à quelque chose. Il croit qu'elle se repent et il croit qu'il
aime. Peut-être finirai-je plus mal que lui. Rions donc,
mon vieux. Hélas! nous ne pourrons bientôt plus rire,
et nous ne saurons pas pleurer. Triste! triste!... (Voyant
Annette et le marquis entrer dans la serre en causant.) Tiens, voilà
ta sœur; voilà la jeunesse; voilà le printemps; voilà la
vérité!

LUCIEN.

Pourquoi n'as-tu jamais eu l'idée d'épouser Annette?

STANISLAS.

Parce qu'elle n'aurait jamais eu l'idée de m'épouser,
elle, et qu'elle aurait eu bien raison de ne pas avoir cette
idée. Sais-tu de quoi elle cause avec ton père?

LUCIEN.

Comment veux-tu que je le sache?

STANISLAS.

Ne le lui demande pas, elle ne t'en dirait rien. Décidément, tu n'es pas un grand observateur. Embrasse-
la, ça t'apprendra peut-être quelque chose.

Stanislas va à Annette qui vient au-devant de lui.

LUCIEN, l'embrassant.

Tu vas bien, petite sœur?

ANNETTE.

Mais oui, très bien.

STANISLAS.

Bonjour, mademoiselle!
Elle lui tend la main.

ANNETTE.

Bonjour, monsieur !

STANISLAS.

Soyez tranquille, mademoiselle, nous nous retirons, puisque nous ne pouvons être qu'inconvenants ou ennuyeux, ce qui est vrai... (A Lucien.) Viens fumer un cigare en attendant ton notaire, quoiqu'ils sont bien mauvais, tes cigares. Il n'y a même plus de bons cigares.
Il sort.

LUCIEN, prenant un cigare et le suivant.

Sceptique, va !
Il sort à son tour.

SCENE II

LE MARQUIS, ANNETTE,
puis HENRI DE SYMEUX et FRANCINE.

LE MARQUIS.

Alors, tu as bien réfléchi?

ANNETTE.

Oui. J'étais toute troublée, parce que Francine m'a dit tout à coup et tout haut, ce matin, devant M. de Symeux : « N'épouse pas plus celui-là que les autres. Tous les hommes sont menteurs et lâches! » J'ai cru qu'elle perdait la raison. Voyez-vous ma figure, mon cher papa, devant M. de Symeux, apprenant de cette façon mes dispositions à son égard, que je ne lui avais laissé soupçonner en rien, je vous prie de le croire. Je ne savais quelle contenance prendre. Pendant notre promenade, j'ai demandé à Francine de s'expliquer et ç'a été tout le contraire. Elle n'a pas tari d'éloges sur le compte de M. Henri. Elle avait du chagrin ce matin, c'était visible : ça lui arrive quelquefois maintenant, et c'est une des choses qui me confirment dans le projet dont je vous fais part: car ces chagrins-là, je voudrais bien ne pas les avoir un jour, bien que je ne les mérite pas plus qu'elle.

LE MARQUIS.

M. de Symeux a quarante ans.

ANNETTE.

Quarante-deux; mais l'âge, qu'est-ce que ça fait? Ce n'est n'est pas là qu'est la différence; elle est dans les goûts et dans les caractères. Si j'ai les mêmes goûts que M. de Symeux, je suis aussi vieille que lui; si nous avons le même caractère, il est aussi jeune que moi. Vingt ans! Qu'est-ce que c'est que ça? Je l'aurai bien vite rattrapé! Il est dans la nature qu'il meure longtemps avant moi et me laisse seule : voilà ce qu'on peut me dire. La preuve? Vous êtes encore là, mon cher père, heureusement, et maman est morte! Oui, j'ai bien réfléchi, j'ai bien comparé, je ne vois que lui. Tous les jeunes gens que je connais me paraissent encore plus vieux. Mon frère est un beau garçon, il est jeune, je l'aime bien, je ne l'épouserais pas; vous, je vous épouserais.

LE MARQUIS.

Ah! les sacrées femmes, il n'y en a pas une qui ressemble à une autre.

ANNETTE.

Qu'est-ce que vous dites, papa?

LE MARQUIS.

Rien.

ACTE TROISIÈME.

ANNETTE.

Je ne vous fais pas de peine?

LE MARQUIS.

Tu es un ange.

ANNETTE.

Dites-le-lui sans faire semblant de rien. Du reste, vous savez que c'est un conseil que je vous demande et que je ne ferai que ce que vous voudrez.

LE MARQUIS.

Et Francine, pendant votre promenade, ne t'a pas parlé d'autre chose?

ANNETTE.

Non.

LE MARQUIS.

Comment était-elle?

ANNETTE.

Elle regardait toujours du même côté à travers la glace de la voiture, mais on voyait qu'elle avait pleuré.

LE MARQUIS.

Il fallait lui demander pourquoi elle avait pleuré.

ANNETTE.

Oh! papa! Vous ne savez pas qu'on peut demander à une femme pourquoi elle pleure, mais qu'il ne faut jamais lui demander pourquoi elle a pleuré! Elle ne se le rappelle plus. Tâchez de savoir de M. de Symeux ce qu'il pense de moi.

LE MARQUIS.

Et s'il ne veut pas de toi? S'il trouve qu'un homme de quarante ans, de quarante-deux ans, ne peut plus, ne doit plus se marier avec une jeune fille.

ANNETTE.

Alors, j'en chercherai un de soixante.

HENRI entrant, à Annette.

Je viens de voir ma mère, tout à l'heure, mademoiselle, je lui ai fait part du désir que vous aviez de la connaître. Elle ne veut pas attendre votre visite, elle viendra voir madame de Riverolles, et vous remercier de la recette japonaise.

LE MARQUIS.

Mais Francine part ce soir et d'ailleurs je ne veux pas que madame votre mère se dérange, vous allez me présenter à elle tout de suite, et je vais lui mener Annette. (A Annette.) Va te préparer.

ANNETTE.

Je suis prête dans cinq minutes. (A Francine qui entre.) Tu pars ce soir? Pourquoi?

FRANCINE.

Je vais voir ma mère.

ANNETTE.

Et bébé?

FRANCINE.

Je te le laisse.

ANNETTE, l'embrassant.

Oh! que tu es gentille! (A Henri.) A propos, monsieur, mes pauvres vous remercient bien. Ils m'ont promis de prier pour que Dieu vous accorde tout ce que vous désirez.

HENRI.

Mais ils ne savent pas ce que je désire.

ANNETTE.

Dieu doit le savoir.

Elle s'éloigne en causant avec Francine.

HENRI, regardant Annette s'éloigner. A part.

Ce serait insensé! n'y pensons plus.

LE MARQUIS, à Francine.

Je viens de causer avec Annette. Vous aviez raison. (A Henri.) Monsieur de Symeux, vous êtes chasseur?

HENRI.

Certainement.

LE MARQUIS.

Voulez-vous venir faire une battue à Riverolles?

HENRI.

Avec plaisir.

LE MARQUIS.

Nous pourrons partir demain.

Ils sortent. Thérèse est entrée en scène, sortant de chez Lucien.

SCÈNE III

FRANCINE, THÉRÈSE.

FRANCINE.

Eh bien!... qu'est-ce que tu as à me dire?

THÉRÈSE.

Regarde-moi en face.

FRANCINE, la regardant.

Voilà.

THÉRÈSE.

Tu as l'air content?

FRANCINE.

Je suis contente en effet.

THÉRÈSE.

Parce que?

FRANCINE.

Parce que je viens d'essayer des robes qui me vont bien.

THÉRÈSE.

Quand finira ta comédie?

FRANCINE.

Quelle comédie?

THÉRÈSE.

Celle que tu joues depuis ce matin.

FRANCINE.

Je ne comprends pas.

THÉRÈSE.

Ton mari nous a tout raconté.

FRANCINE.

C'était facile à prévoir du moment où il faisait prévenir son père et M. de Grandredon!

THÉRÈSE.

Personne de nous ne croit un mot de ton récit.

FRANCINE.

Excepté M. de Riverolles.

THÉRÈSE.

Peut-être.

FRANCINE.

C'est tout ce qu'il faut. Alors pourquoi vous a-t-il raconté cette histoire?

THÉRÈSE.

Il voulait un conseil.

FRANCINE.

Eh bien, que lui avez-vous conseillé?

ACTE TROISIÈME.

THÉRÈSE.

Son père, tes amis, moi en tête, t'avons déclarée incapable d'une pareille infamie!

FRANCINE.

Infamie, quand c'est nous; bagatelle, quand c'est eux.

THÉRÈSE.

Je me rappelais ce que tu me disais ici, à cette même place, hier.

FRANCINE.

Dans ce temps-là! comme dit mon mari! Mais tu devais te rappeler aussi que je te disais que si jamais j'étais sûre de son infidélité, je trouverais le moyen de n'être pas longtemps au partage. Eh bien, j'ai trouvé le moyen et je m'en suis servie.

THÉRÈSE.

Je viens de causer avec M. de Riverolles; je l'ai décidé à avoir une explication avec toi.

FRANCINE.

Celle que nous avons eue ne lui suffit pas. Elle était pourtant claire.

THÉRÈSE.

Tu refuses?

FRANCINE.

Je refuse. Je n'ai plus rien à lui dire.

THÉRÈSE.

Alors, le cas étant prévu, il me charge de te faire connaître ses résolutions.

FRANCINE.

Tu m'effraies.

THÉRÈSE.

Oh! je t'en prie, ne plaisante pas; tu n'en as pas plus

envie que moi. La pudeur, la dignité, le respect de soi-même, l'estime des honnêtes gens, des enfants, ne sont pas choses avec lesquelles on plaisante. J'ai obtenu enfin de M. de Riverolles qu'une simple dénégation de ta part aux affirmations de ce matin lui suffirait. Si tu lui jures seulement que tu ne lui as raconté cette histoire que pour te venger un moment de ce qu'il t'avait fait et l'alarmer, il est prêt à te tendre la main.

FRANCINE.

Quelle bonté! Il me pardonnera ses torts, si moi je n'en ai pas eu; il m'a crue quand je me suis déclarée coupable, il me croira aussi bien quand je me déclarerai innocente! Ce sont des habitudes qu'il a été forcé de prendre avec mes devancières.

THÉRÈSE.

Ta réponse?

FRANCINE.

Je refuse! Voyons ses résolutions maintenant?

THÉRÈSE.

Il y aura séparation.

FRANCINE.

Séparation à l'amiable ou judiciaire?

THÉRÈSE.

Il te laisse le choix.

FRANCINE.

Judiciaire, c'est plus net.

THÉRÈSE.

Soit! mais, en tout cas, il n'accusera que lui; il mettra tous les torts de son côté!

FRANCINE.

Pourquoi?

ACTE TROISIÈME.

THÉRÈSE.

Il fait cela pour le monde, pour son nom, pour le tien.

FRANCINE.

Je refuse. Nous nous séparons pour des fautes réciproques ; nous ferons connaître ces fautes au tribunal qui nous jugera.

THÉRÈSE.

Et ton fils, qui ne doit pas rougir un jour de toi.

FRANCINE.

Ne me dis pas de lieux communs ! Nous n'en sommes plus là ! J'ai donné plus de trois cents nuits à mon fils. Pendant plus de trois cents nuits, je l'ai tenu dans mes bras ; après l'avoir fait de ma chair, je l'ai nourri de mon sang. C'est le premier grief que M. de Riverolles ait à me reprocher ; hier encore c'était le seul. Il pourra le faire valoir devant les juges. Amoureuse, lâchement amoureuse, j'ai demandé au père de mon enfant quelques heures de sa vie ; il me les a refusées parce qu'il les avait justement promises à une autre. J'implore, il raille ; je pleure, il rit ; je menace, il répond : « Va te reposer, tu as la fièvre ! » Et il part. Il fallait aller me coucher tout bonnement, en effet, prier en silence, me résigner, attendre patiemment qu'au petit jour l'autre me le rendît. Eh bien, non, et j'ai fait comme lui. Pourquoi ne m'adore-t-il pas, maintenant que je suis aussi méprisable que toutes celles qu'il aime.

THÉRÈSE.

En se déclarant seul coupable, ton mari expie d'abord publiquement une partie de sa faute, et il t'autorise à garder ton fils avec toi.

FRANCINE.

A quoi bon ? Je ne me sens plus la force de lutter contre les instincts et les hérédités d'une race et d'empêcher le fils de tenir du père. Riche, gentilhomme, oisif, dispensé et d'ailleurs incapable de tout travail, bon pour les roturiers, à vingt ans, mon fils aura déjà été l'amant des courtisanes les plus renommées de Paris, peut-être filles de celles qu'aura aimées son père; à trente ans, il épousera une vierge pour voir ce que c'est, et quand il aura vu, il la rejettera en disant : « Pareille aux autres! » Mon fils! mon fils! Hélas! ce sera un homme. Il faudra qu'il méprise les honnêtes femmes, autant qu'il ait commencé par sa mère; ça ira plus vite.

THÉRÈSE.

Tu deviens folle!

FRANCINE.

Je n'ai jamais eu plus de sang-froid.

THÉRÈSE.

Mais tu souffres?

FRANCINE.

Évidemment, j'ai beaucoup souffert. C'est fini. Continue. Quelles sont les autres décisions de mon mari?

THÉRÈSE.

Il attend son notaire.

FRANCINE, riant.

Ah! ah!...

THÉRÈSE.

Cela te fait rire?

FRANCINE.

Oui, dans une question comme celle qui nous occupe, question d'honneur, de vie, de mort peut-être, ce mot : « le notaire », fait un drôle d'effet. Je ne voyais pas de « notaire » dans tout cela. Tu ne trouves pas que « le notaire » est de trop. Enfin, va pour « le notaire ». Qu'est-ce que « le notaire » va avoir à faire là-dedans?

THÉRÈSE.

Il va avoir à établir exactement l'état de vos deux fortunes, avec ton notaire à toi, car M. de Riverolles veut d'abord et avant tout te restituer intégralement tout ton bien...

FRANCINE.

Que c'est noble! que c'est grand! Il est vrai que c'est tout ce qu'il peut me rendre désormais.

THÉRÈSE.

Ensuite la procédure suivra son cours dans le sens qui te conviendra.

FRANCINE.

Très bien!

THÉRÈSE.

Tu n'as plus rien à me dire?

FRANCINE.

Rien du tout.

THÉRÈSE.

Alors c'est fini. Plus d'honnête femme, plus d'épouse, plus de mère?

FRANCINE.

Plus rien; il a tout tué. Le moyen que j'ai trouvé et dont je ne conteste pas la bassesse n'a qu'un avantage, mais il l'a, c'est de ne pas permettre la discussion, c'est d'être infaillible, irrémédiable, de me délivrer en vingt-quatre heures et pour toujours d'un mari que je hais. Ce moyen tranche comme un couperet de guillotine; il jette mon corps d'un côté, mon âme de l'autre. Tu m'as vue rire tout à l'heure devant un certain mot, dans une situation qui n'a pourtant rien de risible, pour toi du moins. Sais-tu pourquoi j'ai ri? Je vais te le dire. J'adorais mon mari moralement, physiquement, complètement. J'étais aussi prête à toutes ses fantaisies que résolue à tous mes devoirs. Il était un dieu pour moi. Seulement, j'aimais dans un monde où l'on avait oublié de me prévenir qu'on n'aime pas ; de sorte que j'ai pris au tragique une situation qui m'apparaît tout à coup comme grotesque, et voilà mon héros d'hier qui me donne envie de rire aujourd'hui. Tu comprends bien qu'une femme comme moi ne se jette pas brutalement, de toutes les données et de toutes les traditions de son éducation et de son origine en pleine boue et en pleine fange, sans avoir une raison et un but. En entendant un récit comme celui que je lui ai fait, un homme qui a aimé, qui aime encore un peu la femme, n'a que deux partis à prendre : ou achever la misérable d'un coup, ou la relever d'un mot. Je me disais : Quand il va entendre ça, il va me tuer, bien sûr. Lorsqu'il a levé les poings sur moi en criant : « Malheureuse! » je me suis dit : « Je vais mourir, enfin! » Je lui ai même crié, comme pour l'encourager : « Mais tuez-moi donc! Je ne demande que ça! » Ah! bien oui! il ne m'a pas touchée. Un homme comme il faut ne frappe pas sa femme, il la tue encore moins. Il ne coulerait pourtant pas de sang ; les hommes sont en étoupe et les femmes sont en chiffon. Il m'a demandé le nom de mon complice, comme si on lisait le nom et l'adresse du coutelier sur le couteau qu'on se plonge dans la poitrine! Rentrée, selon son ordre, dans mon appartement, j'ai attendu, assez naïve, assez candide encore pour espérer qu'il allait venir m'y rejoindre et me faire une scène quelconque, se terminant par ces mots : « Je t'aime, je te pardonne! » et toutes les fièvres et tous les délires des jalousies et des pardons :

Va, je cède éperdu...

comme dans *la Favorite*. Il n'est pas venu, il prenait des renseignements auprès des valets ; il cherchait des preuves chez le costumier ; il me guettait au patinage, se croyant bien caché ; il demandait conseil à son père et à ses amis, conseil qu'il ne suivait même pas! Ni

Othello, ni Fernand ! Sganarelle ! C'est à se tordre, comme nous disions encore hier ! — il y a cent mille ans...

THÉRÈSE.

Tout ce que tu voudras; il t'a trahie; il n'a pas de cœur; il ne te comprend pas; il ne te comprendra peut-être jamais; déteste-le, méprise-le, plains-le !... mais garde-le. C'est le mari, c'est le père de l'enfant. C'est celui dont nous ne pouvons jamais nous passer, tant qu'il vit, tant qu'il n'a pas fait une bassesse ou une lâcheté publique. Garde-le ! garde-le ! Il ne sera pas déshonoré pour avoir eu une maîtresse, tu le seras à tout jamais pour avoir laissé croire que tu as eu un amant. Pas un homme n'est digne que nous nous dégradions pour lui, pas même que nous le lui fassions croire ! Accepte tout, consens à tout, mais que le monde continue à te saluer comme une honnête femme ! Garde-le !

FRANCINE.

Soit... Personne n'écoute ?

THÉRÈSE.

Qu'est-ce que tu veux dire ?

FRANCINE.

Tu étais sûre de mon innocence, convaincue que tu me la ferais avouer; tu as peut-être aposté mon mari et mes amis derrière ces portes en leur disant : « Elle ne se doutera de rien; à moi, elle dira tout; elle se disculpera malgré elle; vous paraîtrez alors subitement et tout le monde s'embrassera. »

THÉRÈSE.

Il n'y a personne; regarde.

FRANCINE.

Tant mieux; ce petit piège à prendre un enfant m'aurait humiliée. Eh bien ! puisque nous sommes seules, que nous pouvons tout nous dire, que tu m'aimes...

THÉRÈSE.

Tu le sais bien.

FRANCINE.

Et que, moi aussi, je t'aime, veux-tu que nous nous donnions une preuve mutuelle de notre amitié?

THÉRÈSE.

Je te le demande à genoux.

FRANCINE.

Soit! je vais te la donner, la première, cette preuve, en te disant la vérité que tu tiens tant à savoir. (Émotion de Thérèse.) Qu'est-ce que tu as?

THÉRÈSE.

Dis.

FRANCINE.

Tout ce que j'ai raconté à mon mari est vrai.

THÉRÈSE, des larmes dans la voix.

Va! va...

FRANCINE.

Mais puisque tu es convaincue que, pour ma famille, pour mon fils, pour le monde, il vaut mieux qu'il n'y ait ni séparation ni scandale; puisque personne autour de nous ne veut croire à cette vérité que nous sommes seules à connaître, toi et moi; enfin, puisque, par égoïsme ou par amour-propre, M. de Riverolles se contentera d'un mot de dénégation de ma part pour me croire innocente, maintenant que tu sais tout, me conseilles-tu de dire ce mot?

THÉRÈSE.

Non.

FRANCINE.

Alors ne viens plus me parler de l'amitié, je n'y croirai pas plus qu'à l'amour.

ACTE TROISIÈME.

THÉRÈSE.

Parce qu'il y a une chose au-dessus de l'amour et de l'amitié et de tous les sentiments humains; c'est la conscience. Dieu veuille qu'il ne soit pas trop tard quand la tienne poussera enfin le cri qui doit te sauver.

FRANCINE.

Adieu! (Au domestique qui passe cherchant le comte.) Que voulez-vous?

LE DOMESTIQUE.

Quelqu'un qui demande à parler à M. le comte, de la part de M⁰ Gandonnot, notaire.

FRANCINE.

Faites entrer ce monsieur ici, et prévenez M. le comte qui doit être dans son appartement...

Célestin fait signe à Pinguet d'entrer et sort par le côté opposé. — Pinguet, voyant Thérèse et Francine, salue et se dirige vers le fond du théâtre, son chapeau d'une main, son portefeuille de l'autre. — Francine, apercevant Pinguet, pousse un cri qu'il ne peut pas entendre, mais que Thérèse entend seule, malgré elle.

THÉRÈSE.

Qu'est-ce que tu as?

FRANCINE.

Rien. (A Pinguet.) Veuillez vous asseoir, monsieur; mon mari va venir tout de suite.

PINGUET, saluant très respectueusement, mais restant debout.

Mille remerciements, madame.

FRANCINE.

Viens-tu, Thérèse?

THÉRÈSE.

Non, pas encore, j'ai un mot à dire au comte.

FRANCINE.

Vraiment! Je le lui dirai bien moi-même. (Lucien entre avec Stanislas. — A Lucien et à Thérèse, leur montrant Pinguet.) Voilà l'homme que vous voulez connaître! Demandez-lui la vérité; je vous en défie! (Saluant de nouveau Pinguet et lui faisant signe d'entrer.) Monsieur!...

Elle sort.

SCENE IV

LUCIEN, STANISLAS, PINGUET, THÉRÈSE.

LUCIEN, interrogeant le clerc du regard.

Alors, monsieur, vous êtes...

THÉRÈSE, bas, à Lucien.

De la prudence!

Thérèse s'approche de Stan qui se disposait à s'éloigner et lui parle bas. Stanislas redescend en scène en regardant Pinguet avec curiosité.

PINGUET.

Le premier clerc de M⁰ Gandonnot; c'est moi, monsieur le comte, qui vous ai répondu tout à l'heure par le téléphone.

LUCIEN.

Ah! parfaitement.

PINGUET.

M⁰ Gandonnot n'étant pas rentré à l'heure où vous attendiez, j'ai cru devoir venir à sa place prendre vos ordres.

LUCIEN.

Je vous en suis très obligé. Voici ce dont il s'agit.

STANISLAS, à Lucien.

Fais-moi faire connaissance avec monsieur, je te prie.

LUCIEN.

A quel propos?

STANISLAS.

Va toujours! (Bas.) Tu ne serais pas assez maître de toi!

LUCIEN.

Votre nom, monsieur!

PINGUET.

Pinguet.

LUCIEN, montrant Stanislas.

M. Stanislas de Gandredon.

STANISLAS, à Pinguet.

Mon excellent ami, M. Jean de Carillac, n'est-il pas un des clients de M⁰ Gandonnot?

PINGUET.

En effet, monsieur.

STANISLAS.

J'allais justement demander à M⁰ Gandonnot un renseignement que vous pouvez, je crois, me donner en son lieu et place, puisque j'ai l'honneur de vous rencontrer ici, sans trahir le secret professionnel.

PINGUET.

Vous ne me demanderiez pas, monsieur, un renseignement qu'il ne me serait pas permis de vous fournir.

STANISLAS.

Évidemment, voici ce que c'est. M. Jean de Carillac veut se marier. La personne qu'il recherche en mariage désirerait savoir si la fortune qu'il accuse est réellement de cent vingt mille livres de rente

PINGUET.

Cette fortune est bien celle de M. de Carillac, et il peut épouser aussi facilement une jeune fille pauvre qu'une jeune fille riche. (A Lucien.) Maintenant, monsieur le comte, si vous voulez bien me communiquer ce que vous vouliez dire à M⁰ Gandonnot, si toutefois je puis le remplacer ?...

LUCIEN, embarrassé.

C'est qu'il faudrait pour cela que mon père qui est sorti, en ce moment, fût rentré ; il s'agit de ma sœur qui arrive à sa majorité et à qui mon père voudrait rendre bien exactement ses comptes de tutelle.

PINGUET.

Je puis attendre, ou, ce qui vaudrait encore mieux, revenir plus tard.

Il salue pour se retirer.

STANISLAS, à Pingnet.

Pardon, monsieur, plus je vous regarde... n'étiez-vous pas sur la place de l'Opéra, cette nuit, vers trois heures ?

PINGUET.

Vous m'y avez vu, monsieur ?

STANISLAS.

Nous étions, M. de Riverolles et moi, au bal de l'Opéra.

PINGUET.

Monsieur le comte aussi ?

THÉRÈSE.

Oh! ce n'est pas un mystère, la comtesse le sait.

STANISLAS.

Quand nous sommes entrés tout à l'heure, il m'a bien semblé vous reconnaître. Et figurez-vous qu'il s'agit d'un pari que nous avons fait, le comte et moi, justement à propos de la dame que vous accompagniez. Voulez-vous être le juge de notre pari? (Un signe de demi-acquiescement de la [part de Pinguet. — A Lucien.) Tu reconnais bien monsieur maintenant?

LUCIEN.

Oui, oui. Nous nous disposions à aller souper quand nous vous avons vu sortir du bal de l'Opéra en compagnie d'un domino des plus élégants. Nous avons dit : Voilà deux amoureux qui vont souper aussi probablement. Allons où ils iront. Vous êtes allés à la Maison d'Or.

PINGUET.

C'est vrai.

LUCIEN.

Et, tout en vous suivant, nous faisions, sur la personne que vous accompagniez, toutes sortes de réflexions et de conjectures. C'est permis, n'est-ce pas? au sujet d'une femme masquée et par une nuit de carnaval.

PINGUET.

Certainement.

LUCIEN.

M. de Gandredon soutenait que c'était une simple habituée du lieu où elle se trouvait. Cette supposition ne vous blesse pas?

PINGUET.

Oh! pas du tout! c'est la bonne fortune la plus fréquente de ces sortes d'endroits.

LUCIEN.

Et vous étiez en bonne fortune? (Silence de Pinguet.) Enfin, nous avons parié, mon ami et moi, lui que c'était une femme du monde, moi que ce n'en était pas une.

STANISLAS.

Il s'agit de cent louis pour les pauvres de la comtesse et de madame Smith. Renseignez-nous donc, monsieur, dites-nous donc simplement, si c'était, oui ou non, une femme du monde.

PINGUET, à Stanislas.

Vous avez gagné, monsieur; cette dame était une femme du monde, et du meilleur monde.

LUCIEN, qui commence à s'irriter.

Vous en êtes sûr.

STANISLAS, à Lucien.

Voyons, mon cher, sois beau joueur, que diable ! Tu n'en mourras pas pour cent louis. Et monsieur est bien sûr de ce qu'il dit, puisqu'il connaît personnellement cette dame et qu'il l'avait accompagnée au bal de l'Opéra.

PINGUET.

Pardon; je n'ai pas dit cela, messieurs. J'étais venu seul au bal de l'Opéra, je me disposais à en revenir seul et je traversais le péristyle, quand j'ai aperçu un domino solitaire, immobile, appuyé contre une colonne, et paraissant attendre, en respirant des roses. Je me suis approché de cette dame et je lui ai offert mon bras qu'elle a accepté. « Où allons-nous ? » lui ai-je dit. « A la Maison d'Or! » a-t-elle répondu. La voix de cette dame tremblait, comme toute sa personne, du reste. Elle avait un accent étranger, naturel ou non. En tout cas, il était évident que c'était la première fois de sa vie qu'elle se trouvait en pareil lieu. Elle m'entraîna à pied, et aussi vite que ses petits pieds pouvaient aller, car elle avait de tout petits pieds. Puisque vous nous avez suivis, messieurs, vous avez pu voir de quel train nous marchions. A peine fûmes-nous arrivés à la Maison d'Or qu'elle tira de sa poche un portefeuille, avec un chiffre et une couronne, qu'elle parla bas au garçon et qu'elle lui donna deux ou trois billets de banque. Je ne pouvais pas deviner pourquoi. Vous voyez un homme, messieurs, à qui une dame, inconnue, masquée, a offert et payé à souper. — Ne le dites pas.

STANISLAS, bas, à Lucien.

Il est très bien, ce garçon ! Je te fais mon compliment.

LUCIEN, agacé.

Oui, oui...

STANISLAS.

Et alors ?

PINGUET.

Alors, c'est tout, monsieur.

STANISLAS.

Le reste est et doit rester un mystère.

PINGUET.

Vous m'avez demandé, monsieur, pour savoir qui de vous deux avait gagné, si cette dame était ou n'était pas une femme du monde ; je donne les renseignements que je puis donner. Le reste n'a aucun rapport avec le pari.

LUCIEN.

On ne peut pas compromettre une femme plus délicatement.

PINGUET.

Je ne saurais compromettre cette dame, monsieur le comte, puisqu'aucune des personnes qui se trouvent ici ne sait son nom, pas même moi. Le moindre indice pourrait-il faire reconnaître cette dame, et de grands malheurs pourraient-ils en résulter pour elle, où s'est-elle plu seulement à vouloir intriguer jusqu'au bout un brave garçon qu'elle voyait un peu étourdi de l'aventure ? Toujours est-il qu'elle m'a fait jurer de ne jamais révéler à qui que ce soit un seul mot de notre entretien. Ma discrétion, qui est un devoir professionnel, se double et se fortifie d'un serment qui, bien que prêté dans un cabinet de restaurant, entre un masque et un bouquet de roses, n'en reste pas moins un serment. (A Madame Smith.) N'êtes-vous pas d'avis, madame, que je ne fais que ce que je dois, et si l'un de ces messieurs était à ma place, ne ferait-il pas ce que je fais ?

THÉRÈSE.

Parfaitement, monsieur, vous agissez en galant homme.

Lucien fait un mouvement.

STANISLAS, bas, à Lucien.

Tu sais où le retrouver ; un mot de plus, il devine.

PINGUET, à Lucien.

Je dois rentrer à l'étude pour une affaire très importante, excusez-moi, monsieur le comte, de ne pas attendre monsieur le marquis. Du reste, Mᵉ Gandonnot, du moment qu'il s'agit de mademoiselle votre sœur, tiendra à ses prérogatives de patron... (Saluant.) Madame !... Messieurs !

Il sort.

SCÈNE V

LUCIEN, STANISLAS, THÉRÈSE.

STANISLAS.

Elle a tout prévu.

THÉRÈSE.

Oui, avec les hommes, mais avec les femmes, c'est autre chose.

ACTE TROISIÈME.

LUCIEN, à Thérèse.

Eh bien?

THÉRÈSE, très agitée.

Eh bien! Si je la jette dans vos bras, aimante et innocente, comme hier, commencerez-vous enfin à comprendre quelque chose à sa douleur et à votre devoir?

LUCIEN.

Comme vous êtes émue!

THÉRÈSE.

Ah! il y a de quoi être émue en voyant une honnête femme mettre autant d'acharnement à se diffamer qu'une coupable en pourrait mettre à se défendre. Je vais jouer toute la vie de votre femme sur un mot. Si humiliant qu'il soit pour elle de tomber dans un piège à prendre un enfant, il faudra bien qu'elle y tombe, et dans celui-là même qu'elle m'a indiqué en s'en défiant. Elle va venir certainement savoir ce qui s'est passé. Éloignez-vous, mais tenez-vous à portée de la voix avec M. de Gandredon.

LUCIEN.

Faites tout ce que vous croirez devoir faire.

Ils sortent.

THÉRÈSE, seule.

A nous deux! Il y a plus longtemps que toi que je suis femme.

Francine entre à droite.

SCÈNE VI

THÉRÈSE, FRANCINE, puis LUCIEN, STANISLAS, LE MARQUIS et ANNETTE.

Elle s'étend sur le canapé, son mouchoir et ses mains sur les yeux comme une femme qui pleure.

FRANCINE, allant à elle.

Qu'est-ce que tu as?

THÉRÈSE.

Ce que j'ai? Moi qui malgré tous tes dires, étais convaincue de ton innocence, moi qui étais sûre que ce récit ne pouvait être que ta justification évidente, j'ai amené ce monsieur à nous raconter son histoire, ton histoire, et je souriais et je plaisantais!

FRANCINE.

Eh bien?

THÉRÈSE.

Grâce à Dieu, il ne se doute pas qu'il s'agit de toi, mais c'est un naïf et il n'était pas de force à lutter contre tant de gens ayant intérêt à savoir la vérité. Une fois que ton mari et M. de Grandredon l'ont tenu, à leur tour, ils l'ont fait parler, et il est allé évidemment plus loin qu'il ne voulait d'abord, la vanité des hommes ne perdant jamais ses droits, de sorte...

FRANCINE.

De sorte...

THÉRÈSE.

De sorte qu'avec des airs penchés, des attitudes de Richelieu de la basoche, le misérable, ne se doutant pas du reste qu'il parlait devant le mari et les amis de la dame, le misérable a confirmé tout ce que tu as dit, — tout ce que tu m'as dit, — et bref, il a raconté, avec

ACTE TROISIÈME.

toutes les preuves qu'on peut donner, en pareil cas, que tu avais été sa maîtresse.

FRANCINE, avec un cri involontaire et en courant vers la porte.

Il en a menti!

THÉRÈSE, la retenant.

Allons donc! Le voilà le cri de ta conscience! (Elle la reçoit dans ses bras, l'embrasse sur le front et la pousse sur le canapé où elle tombe en sanglotant.) Crie tant que tu voudras maintenant, l'opération est faite! (A Lucien qui est entré avec Stanislas.) Eh bien, qu'est-ce que je vous disais? (A Francine.) Essuie tes yeux, voici Annette!

Annette entre avec le marquis.

ANNETTE, allant à Francine et la voyant son mouchoir à la main, avec émotion.

Tu pleures? (A Lucien.) Tu lui as encore fait de la peine?

LUCIEN.

Non, une de ses bonnes amies qui s'est crue veuve et dont le mari est guéri. L'inquiétude! la joie!

Il veut prendre la main à Francine qui la retire.

FRANCINE, bas, à Lucien.

Oh! plus tard... pas encore. (A Annette.) Qu'est-ce que tu as fait de M. de Symeux?

ANNETTE.

Il est resté avec sa mère à qui je crois que j'ai plu. Voilà comment ça s'est passé. Nous sommes arrivés avec papa. Elle nous attendait. Elle a l'air encore jeune avec ses cheveux tout blancs.

LE MARQUIS, à Thérèse.

Allons! venez avec moi chercher les dentelles.

STANISLAS, à Lucien pendant que Thérèse remet son chapeau.

Qu'est-ce qu'on disait donc que le mariage est monotone : c'est très mouvementé !

LUCIEN.

Et ça te décide...

STANISLAS.

A rester garçon.

Il pousse Lucien vers Francine et sort avec le marquis.

FIN DE FRANCILLON

Puys. — Août-octobre 1886.

NOTES SUR FRANCILLON

Je me trouvais, un soir, il y a au moins vingt-cinq ans, dans la loge d'un de mes amis, à l'Opéra. Sa femme très belle, très honnête et très spirituellement originale, occupait le devant de la loge. J'étais à côté d'elle; mon ami derrière nous, perdu dans l'ombre de sa loge, lorgnait assidûment, sans qu'elle pût le voir, une très jolie mondaine qui occupait une des avant-scènes à notre droite. Sa femme s'en aperçut.

— Lorgne madame X., fais-lui la cour même tant que tu voudras, lui dit-elle, mais je t'ai prévenu; si jamais j'apprends que tu as une maîtresse, celle-là ou une autre, une heure après, j'aurai un amant.

— Je voudrais voir ça!

— Ça dépend de toi, d'autant plus que je te le dirai tout de suite.

Le ton de ma voisine était très sérieux.

Pendant l'entr'acte, son mari sortit.

— Je n'ai que ce moyen-là, me dit-elle, de l'empêcher de me faire des infidélités. Il est très jaloux de moi et il est convaincu que je ferais ce dont je le menace. Mais on menace de ces choses-là, on ne les fait pas!

Francillon est née de cette conversation. Cependant elle ne serait peut-être jamais née, si une autre circonstance fortuite n'était venue aider à sa naissance. Louis Ganderax, plus jeune alors d'une douzaine d'années, ce qui ne l'empêche pas d'être encore tout jeune, avait fait

une pièce dont un de ses amis me demanda de lire le
manuscrit, ce que je fis volontiers. Cette pièce, remplie
d'esprit, représentée depuis sous le titre de *Miss Fanfare*,
me paraissait tourner trop au drame. A mon avis le sujet
ne comportait pas un dénouement aussi tragique. J'offris
à mon jeune confrère de remanier sa pièce ou tout au
moins de la retoucher dans le sens que j'indiquais, car
elle contenait des morceaux excellents qu'il fallait respecter; mais il m'arriva ce qui m'est arrivé toujours en
pareille circonstance, je composai et j'exécutai une pièce
nouvelle sur le point de départ de la première. Lorsque
j'eus écrit le premier acte, je m'aperçus que j'avais complètement modifié le sujet de Ganderax, que j'allais le
modifier bien plus encore et que j'allais mener l'auteur
où il ne voudrait peut-être pas aller. Je lui racontai
alors comment je m'étais laissé entraîner par l'idée qui
m'était venue à propos de la sienne, et je lui offris de lui
donner connaissance de ce premier acte dont il ferait ce
qu'il voudrait après l'avoir lu, me montrant tout disposé
d'ailleurs à continuer pour son compte, s'il le voulait.
Il me répondit très judicieusement et très délicatement
qu'alors ce ne serait plus une pièce de lui; qu'il préférait
rester dans l'ignorance de la mienne, et qu'il tâcherait
de s'en tirer tout seul à ses risques et périls. Ordinairement cela ne se passe pas ainsi. Le jeune homme à qui
l'on rend ce genre de service accepte tout ce que notre
expérience lui apporte, quitte à déclarer à tous ses
amis avant la représentation que nous avons défiguré
son idée, et après la représentation, s'il y a eu succès,
qu'il n'y a pas un mot de nous dans l'ouvrage. Je remis
mon premier acte dans mon tiroir, ne me reconnaissant
pas le droit de passer au second, tant que Ganderax
n'aurait pas fait jouer ou complètement abandonné son
sujet. Il se passa deux ou trois ans, quatre peut-être.
Miss Fanfare fut jouée au Gymnase; le public et la presse
constatèrent les qualités et les défauts que j'avais signalés.

Là-dessus, Claretie fut nommé administrateur de la Comédie-Française, et me demanda avec instance de lui donner une pièce. J'en commençai une en cinq actes qui est cette *Route de Thèbes* que j'espère donner, l'année prochaine, mais qui n'est pas encore terminée à l'heure où j'écris ces lignes. Ils sont loin les sept jours de la *Princesse de Bagdad*! A mesure que j'avançais dans cette comédie, je me rendais compte des énormes difficultés que j'avais à y vaincre; mais je suis arrivé à l'âge et à l'état d'esprit que cet âge amène où les difficultés seules sont tentantes. Quand on est si près de quitter ce monde, il faut ne plus dire que ce qu'on croit valoir la peine d'être dit, ou se taire, ce qui serait peut-être le commencement de la sagesse. Je reconnus l'impossibilité d'être prêt pour l'époque où Claretie comptait sur moi. Je me souvins alors de ce premier acte tout écrit et des deux autres actes tout faits dans ma tête et qu'il n'y avait plus qu'à écrire. J'avais si peu l'intention d'utiliser jamais ce premier travail, qu'un jour Dalloz m'ayant demandé quelque chose d'inédit pour un numéro illustré du *Moniteur universel* (décembre 1885, je crois), je lui avais donné la grande scène du premier acte entre Francine, son mari et ses amis.

Ce fut justement Ganderax qui eut à rendre compte de *Francillon* dans la *Revue des Deux Mondes*. Non seulement il a écrit ce compte rendu avec la plus grande sympathie pour l'œuvre et pour l'auteur, mais il n'a fait allusion à ses origines que par quelques lignes d'une délicatesse exquise, compréhensibles pour moi seul et où il s'immolait avec toute la bonne grâce d'un homme d'esprit et toute la modestie d'un véritable artiste.

Jugez-en; voici ces lignes

Supposez un tel sujet conçu, exécuté par un auteur de petit génie et de talent novice; il esquissera, sans doute, un plus ou moins joli tableau de mœurs; il y mettra pour per-

sonnage principal, une plus ou moins gentille figure de femme. Mais, se laissant guider par la vraisemblance la plus proche, il donnera pour prétendu complice à l'héroïne quelque galant de son monde qui se tenait tout prêt pour la consoler, et que le mari, même par une fausse piste, saura bien vite retrouver et atteindre. Dès lors la comédie tournera court; elle tournera au noir, et même au rouge sang. Le plaisir du public sera bientôt fini; un duel, événement inévitable en ces conditions, mais qui prend sur le théâtre un odieux air de banalité, voilà toute l'action permise. La femme n'aura pas le temps de montrer davantage son caractère ni le mari. A peine le nœud fait, le drame restera noué; à moins que tout simplement une balle de pistolet ne le tranche. Mauvaise affaire.

Au lieu de cela, voyez cette affaire entre des mains vigoureuses, etc.

Toute l'histoire de *Miss Fanfare* et de *Francillon* est contenue, pour moi, et maintenant pour vous, dans ces lignes où celui qui les a écrites donne une preuve éclatante du sens critique dont il est doué, en l'exerçant sur lui-même si simplement et si franchement. Celui qui se juge ainsi prouve qu'il a le droit de juger les autres, et il est regrettable, pour l'art dramatique, que Ganderax ait renoncé à ce droit. Je voudrais pouvoir reproduire tout cet article, y compris les critiques que j'approuve comme le reste; mais, à mon tour d'être modeste et de ne pas dire trop de bien de moi, même dit par un autre. Si j'ai tant insisté sur ces derniers détails, c'est non seulement pour rendre publiquement hommage au caractère et au talent de mon jeune confrère, mais aussi pour lui restituer un peu de ce que je lui dois, car il est probable, il est certain que s'il n'avait pas eu l'idée d'écrire *Miss Fanfare* je n'aurais jamais eu l'idée d'écrire *Francillon*. A quoi quelques-uns peuvent répondre que l'on s'en serait parfaitement passé. Évidemment, mais enfin chacun fait ce qu'il peut; axiome qui donne un grand avantage à ceux qui ne font rien.

Ce n'est pas tout. Un autre confrère et des plus spirituels encore, celui-là (j'ai vraiment du bonheur d'avoir eu affaire à deux hommes d'esprit), un autre confrère, dis-je, aurait encore plus que Ganderax, le droit de me traiter de plagiaire et même de larron : c'est Aurélien Scholl. Il avait publié, bien avant *Francillon*, en 1869, une nouvelle, dialoguée par-dessus le marché, où se trouve la menace que la femme fait à son mari, et qui est le véritable point de départ, le véritable point d'appui de la pièce. Cette nouvelle ou plutôt ce dialogue a pour titre *le Droit du plus faible* et fait partie d'un recueil très original et très varié intitulé *les Amours de cinq minutes*.

M. de Morlays a trompé sa femme, à Luchon, avec une de ces jeunes étrangères qui sont comtesses dans les villes d'eaux. Madame de Morlays l'a appris et elle se dispose à quitter la maison conjugale. Son mari entre sur ces entrefaites et lui demande ce que signifient ces malles et ces sacs de voyage? Elle lui annonce qu'ayant été informée de sa trahison, elle retourne chez sa mère.

MONSIEUR.

Mais tes serments?

MADAME.

Vous m'en avez dégagée. Encore une fois n'espérez pas m'infliger ce supplice de vivre en présence de l'homme à qui je me suis donnée, moi chaste et orgueilleuse plus que toute autre femme, alors que cet homme a pu jeter à une aventurière quelques éclats de cette tendresse dont j'étais fière et jalouse. Adieu!

MONSIEUR.

Mathilde, tu pars?

MADAME.

Ma résolution est irrévocable.

MONSIEUR.

C'est bien; vous me connaissez, vous savez que ce que je dis je le ferai.

MADAME.

Oui.

MONSIEUR.

Eh bien, je vais me tuer. Vous ne serez pas au bas l'escalier qu'une détonation vous forcera de remonter; vous pardonnerez à mon cadavre.

(Un silence.)

MADAME.

C'est lâche, ce que vous faites là.

MONSIEUR.

Je vous aime et je ne pourrais vivre sans vous. Si vous êtes impitoyable, adieu.

(Il se dirige vers la porte de son cabinet.)

MADAME.

Adieu.

MONSIEUR.

Je suis à vos ordres.

MADAME.

Je resterai, à une condition.

MONSIEUR.

Quelle qu'elle soit, je l'accepte.

MADAME.

Attendez de la connaître. Cette condition, la voici. Je me réserve le droit absolu, incontestable de vous tromper une fois sans que vous ayez rien à redire. C'est mon droit et je le maintiendrai, le droit du plus faible.

MONSIEUR, pris d'un tremblement.

C'est une plaisanterie.

MADAME.

Je vous jure que je ne plaisante pas.

. . . .

Huit jours après M. de Morlays souffre tant de la menace que sa femme lui a faite, il la croit si disposée, si prête à l'accomplir avec un homme du monde par qui elle voulait se faire conduire, la veille, *au bal de l'Opéra,* qu'il en revient à ses idées de suicide, mais cette fois si sérieusement que sa femme est forcée de faire enfoncer par ses domestiques la porte de sa chambre.

. . . .

M. de Morlays approchait de son front le canon d'un pistolet. Mathilde le lui arrache des mains.

MONSIEUR.

Aujourd'hui ou demain, peu importe!

MATHILDE.

Ni aujourd'hui ni demain, grand fou que vous êtes! J'ai voulu vous donner une leçon, et j'ai eu bien peur de la recevoir.

MONSIEUR.

Que dis-tu, chère et adorable sirène?

MADAME.

Je dis que j'ai tort de vous pardonner, parce que vous êtes coupable une fois de plus, vous qui, me connaissant, ayez pu douter de moi.

Ce dialogue a onze pages. C'est bien peu de chose en comparaison d'une pièce en trois actes qui durent chacun quarante-cinq minutes. Il n'en est pas moins vrai que si j'avais eu connaissance de ces onze pages, je n'aurais jamais osé écrire mes trois actes, tant j'aurais considéré l'idée première comme appartenant déjà à un autre. Je n'ai connu ces quelques scènes que par Aurélien Scholl qui me les a envoyées après ma représentation, avec une lettre des plus affectueuses se terminant par les mots : « La nouvelle intitulée : *le Droit du plus faible* a d'abord paru en tête du *Figaro* (1869), mais le parti que vous avez tiré de l'idée première et l'imprévu du dénouement font bien que *Francillon* est une comédie de Dumas. Quant à moi, du fauteuil 42, je l'ai applaudie de tout cœur à la Comédie-Française. »

Il y a donc eu tout simplement rencontre, ce qui peut arriver tous les jours, surtout à propos d'un sujet comme celui-là. Ce qui m'étonne, c'est que nous n'ayons pas été plus nombreux à le traiter. Quel est l'homme ayant beaucoup vécu dans la compagnie des femmes qui n'en a pas rencontré au moins une disant à son mari, si ce n'est à lui-même, ce que la femme de mon ami lui disait devant moi : « Si jamais tu as une maîtresse, j'aurai un amant! » Il y a là une donnée très originale à force d'être naturelle. Seulement il faut conclure, et je sais mieux que personne que ça n'est pas facile.

Si la femme ne va pas jusqu'au bout de sa menace, son caractère se dément, m'ont dit certains critiques. Je voudrais bien savoir s'ils iraient jusqu'au bout de leur raisonnement dans le cas où il s'agirait de leur mère, de leur sœur, de leur femme, de leur fille et même de leur maîtresse. Ils déclareraient celle qui leur tiendrait au cœur par un lien quelconque incapable de cette bassesse; mais les mères, les sœurs, les femmes, les filles et les maîtresses de nos critiques n'étant pas les seules honnêtes femmes de l'univers, j'ai cru devoir leur adjoindre mon héroïne. Je n'ai qu'à vous raconter une histoire authentique qui eût pu me servir d'argument si j'eusse voulu mener Francine où je ne voulais pas qu'elle allât, pour vous convaincre que j'ai eu raison de faire comme j'ai fait.

J'ai là, sous les yeux, une lettre autographe d'Elleviou, le chanteur, racontant une aventure identique à celle dont madame de Riverolles veut, pendant un moment, imposer la réalité à son mari. Voici cette lettre très curieuse. J'en atténue certaines expressions par des à-peu-près tout aussi compréhensibles que je souligne, ayant horreur des crudités de langage et je ne donne pas le nom de la dame, bien qu'elle ait été très haute et très noble dame et fille de prince régnant. Cette lettre est adressée à M. Amédée Rools de Goursolas, maître d'études au collège de Vendôme. Les élèves qui voyaient, pendant la classe, leur maître d'études recevoir et lire cette lettre, ne se doutaient guère de ce qu'elle contenait.

Mon cher cousin,

Voilà une drôle d'aventure qui vient de m'arriver. Tu connais M. de L..., cet homme qui a 200 000 livres de rentes. Il est marié avec une très jolie femme. Ils ne couchent pas ensemble. La femme croit son mari très sage; elle l'est. Le mari tâche de la confirmer dans cette croyance. Le mari, qui aime quelquefois avoir une compagne, écrivit à mademoiselle Alexandrine de venir le trouver et passer la nuit avec lui, moyennant la somme de vingt-cinq louis qu'elle trouva fort honnête. (Ici cinq lignes où les à-peu-près sont impossibles. . . . Alexandrine, voyant son galant évanoui, est effrayée et atteint la sonnette, qui donnait dans la chambre de madame et sonne. Madame vient, voit son mari dans les bras de notre petite actrice. La bonne dame ne manque pas d'esprit ; elle ne fait donc aucun bruit, soigne son mari, le fait revenir. Le pauvre homme, tout honteux de voir que sa femme l'avait découvert et que c'était la faute de sa compagne, s'élance sur celle-ci, la soufflette et la chasse honteusement. Puis il fait à sa femme mille excuses. Celle-ci fait semblant de l'approuver et de lui pardonner ; mais, revenue dans son appartement, elle médite mille projets de vengeance. Croirais-tu qu'elle m'écrivit de venir la trouver? J'y cours, elle me raconte son infortune, elle me demande si je voulais passer la nuit avec elle. Je ne refuse pas. Elle m'invite à dîner. Après avoir bien mangé et les convives étant congédiés, elle se couche et me reçoit dans ses bras. Après les plus doux moments, elle sonne son mari qui vient et me trouve dans les bras de sa femme qui lui dit :

« *Mon mari, je vous croyais très sage ; je l'étais moi-même. Vous m'avez fait cornette et je vous fais cocu, n'est-ce pas juste ? Ainsi raccommodons-nous pour devenir plus unis que jamais !* » Le mari, qui sentait ses torts, se raccommoda et reprit ma place dans le lit où je m'étais tant amusé ; je me rhabille et retourne chez moi. *Je voudrais, je t'assure, qu'il arrive toujours de pareilles infortunes aux jolies demoiselles. Je serais toujours pour les consoler.*

Adieu, mon cher cousin,
  Ton ami pour la vie,
        ELLEVIOU.

Paris, le 15 février 1813.

Il suffit de citer une lettre comme celle-ci pour répondre à ceux qui eussent voulu que Francine allât jusqu'au bout et jusqu'au fond de la menace qu'elle avait faite à son mari. Si spirituelles que soient les représailles de la marquise de L***, cette dernière n'en a pas moins fait acte de simple fille, et si je ne la nomme pas, c'est pour que, s'il lui reste quelque parent éloigné, il n'ait pas à rougir d'elle, car elle n'a pas eu de descendance directe, malgré l'intervention d'Elleviou. Elle ne semble pas non plus avoir eu le moindre remords. En tout cas, si elle en a eu, ils ont mis du temps à la tuer ou elle les a tués très vite, car, née le 22 juin 1786 elle n'est morte que le 11 septembre 1860 à Fontainebleau, munie de tous les sacrements de l'Église. S'est-elle accusée de cette aventure dans sa dernière confession ? Si oui, l'Église est vraiment une mère bien indulgente. Quant aux évanouissements auxquels le marquis était sujet, en certaines circonstances, ils étaient plus dangereux que les remords de sa femme, car il est mort le 3 avril 1844. Il s'était marié, le 8 août 1804, à l'âge de vingt et un ans. Les malins en psychologie vous diront que c'est se marier trop jeune et que tous les malheurs sont venus de là ; n'en croyez rien. Ce n'est pas l'âge auquel on se marie qui cause les malheurs dans le mariage, c'est la manière dont on le comprend. Quant à Elleviou, il est mort en 1850 à l'âge de quatre-vingt-un ans. Je vois d'ici la marquise, âgée de soixante-quatre ans, apprenant cette mort par son journal, tout en prenant son thé ou son chocolat. Elleviou avait donc quarante-quatre ans en 1813, dix-sept ans de plus que la femme, vingt ans de plus que le mari et il ne s'évanouissait ni devant l'une, ni devant l'autre. Voilà qui fait plus d'honneur aux comédiens qu'aux grands seigneurs. N'importe, tout cela est malpropre, et, pour rien au monde, je n'aurais voulu que madame de Riverolles eût quelque chose de pareil à se reprocher; vous ne le voudriez pas non plus.

Mais ce qui fait encore plus d'honneur aux comédiens que la vaillance amoureuse d'Elleviou, c'est de jouer la comédie comme ceux qui ont représenté *Francillon*. Ce que j'ai dit de mademoiselle Bartet à propos du rôle de Denise, j'aurais à le répéter à propos du rôle si différent de Francine, et bien autrement difficile à composer que le premier. Il fallait que Denise restât digne de sympathie malgré le mystère, digne de respect malgré l'aveu; il fallait que Francine, malgré toutes les preuves qu'elle se plaisait à donner de sa faute, fût sentie incapable de l'avoir commise; et, en même temps, il fallait, car c'était là l'intérêt de la pièce, que certains spectateurs pussent se dire : « Et cependant qui sait? »

Où mademoiselle Bartet puisait-elle ce double accent de sincérité, l'un démentant constamment l'autre? Ganderax va nous le dire :

Autre objection : Francine, en présence de Lucien, joue trop bien son rôle, et en même temps, elle est trop sincèrement émue.

C'est qu'elle a une intelligence peu ordinaire et cette lucidité de la passion qui se sait dans son droit; c'est aussi qu'il y a de quoi être émue, même innocente, après une pareille nuit et surtout lorsqu'on la raconte à son mari, et qu'on ajoute à la vérité un pareil mensonge et qu'on guette l'effet de ces déclarations sur cet homme qu'on aime et que de cet effet dépend la certitude qu'on est encore aimée de lui ou qu'on ne l'est plus. Remarquez enfin que Francine s'enivre de sa calomnie à mesure qu'elle parle, et que cet amer poison la soutient et l'aide à jouer son rôle, et qu'en même temps il lui donne la fièvre. Et ne vous étonnez pas d'ailleurs que, cette première fièvre une fois tombée, elle persiste en sa douloureuse fable. Ignorez-vous qu'on s'entête et qu'on s'acharne dans un faux témoignage, même contre soi, qu'on se persuade à la longue, surtout si l'on est femme et qu'on touche à l'hallucination? Et Francine, même de sang-froid, ne veut pas avoir fait et dit pour rien ce qui lui a tant coûté de faire et de dire. Elle ment à son beau-père, à ses amis, à son amie même, pour qu'ils confirment son mensonge à son mari. Et Francine, affolée lorsque reparaît son convive, dit à Lucien : « Voilà l'homme! » parce que, de cette parole qui lui fait voir l'outrage, elle a une dernière chance de réveiller ses sentiments comme d'un coup de fouet ou que du moins elle sera vengée comme par un soufflet inutile.

Impossible de mieux comprendre, de mieux analyser, de mieux expliquer un caractère mis en scène par un autre, que ne le fait Ganderax, et de démontrer, du même coup, de quelle difficulté devait être pour mademoiselle Bartet la composition de ce personnage complexe. Jamais, depuis Desclée, je n'ai vu un de mes rôles de femme dessiné avec cette sûreté, cette grâce et cette vigueur.

Il faut être un comédien consommé comme Febvre pour donner de la consistance et du relief à un personnage aussi plat que M. de Riverolles. Ce *simple serin*, comme l'appelle son père, est de la famille du duc de Septmonts, quelques degrés plus bas. Il n'a pas l'envergure des grands corrompus, le calme et la sérénité des francs vicieux. Il n'est qu'inconscient et inachevé. C'est une fausse couche qui a vécu. Il aurait pu être le petit-fils du marquis et de la marquise de L*** s'ils avaient eu un jour une raison accessoire de se reproduire, raison de nom ou d'héritage. Surpris avec Rosalie Michon dans la situation du marquis avec Alexandrine, il n'eût pas brutalement congédié Rosalie qui lui apparaît comme une personne supérieure et qui d'ailleurs ne se laisserait pas faire. Nos filles d'aujourd'hui savent trop à quoi s'en tenir sur la noblesse actuelle pour en supporter de mauvais traitements; elles traitent d'égal à égal avec elle. Et qui sait, d'autre part, si ce n'est pas avec Rosalie que, de nos jours, la marquise de L*** se serait vengée?

Mais M. de Riverolles n'aurait pas non plus laissé partir Elleviou sans lui faire payer l'accroc fait à son honneur ou plutôt à son orgueil. C'est un homme qui subit l'action des cercles dans lesquels il vit, en même temps que les exigences de ses bonnes digestions, mais il n'aurait pas emprunté d'argent à mistress Clarkson et c'est de très bonne foi, sans le moindre calcul matériel, qu'il a épousé Francine. C'est un homme du monde, ses pareils sont légion, qui ne comprend pas; mais il comprendra peut-être un jour, vers cinquante ans, quand le muscle qui le domine et le gouverne ne se contractera plus aussi facilement, tandis que M. de Septmonts, eût-il vécu cent ans, n'aurait jamais compris. Pour toutes ces raisons, et l'attaque, dans ce mariage, n'ayant pas été la même, Francine a pu croire à de l'amour, elle peut espérer le faire renaître, tandis que Catherine n'a pas pu avoir, une minute, cette illusion. Ainsi ce personnage de Riverolles, découpé dans le gris, est tout en demi-tons. Il a reçu de Febvre une allure, une physionomie, une réalité que Febvre seul pouvait lui donner. Febvre joint à son grand talent de comédien la très bonne habitude de vivre le plus possible dans le commerce des gens du monde où sa grande finesse d'observation a de quoi s'exercer. Les modèles à suivre, en créant ce personnage, ne lui manquaient pas, aussi l'a-t-il rendu en perfection. Une des plus grandes difficultés du rôle était de faire accepter que cet homme, en étoupe et en son, comme Francine le définit quelque part, pût être aimé passionnément par une personne aussi délicate de sentiments que Francine. On le comprenait très bien. Quand un homme a cette voix sonore et chaude, ces épaules larges, ces pectoraux bombés qu'Elleviou devait avoir, il laisse dans l'esprit, dans les sens et jusque dans le cœur de la jeune fille qu'il a épousée franchement, des frémissements qui ne s'effacent jamais, ou qui, s'ils s'effacent, ne laissent que ruine et désolation. L'action durable, physiologiquement et psychologiquement parlant, du véritable mâle sur l'organisme et sur l'âme de la femme qui a connu, dans le mariage, l'abandon complet parce qu'il était légitime et béni, cette action est indéniable et Febvre la faisait sentir tout le temps. C'est là que le comédien ajoute à l'œuvre en faisant entendre tout ce que l'auteur n'a pas pu dire.

Quant à la philosophie amère et douloureuse de cette soi-disant comédie, où un père traite son fils comme on voit M. de Riverolles traiter le sien, tout en restant coupable de l'avoir aussi mal élevé, où une fille de vingt ans n'a qu'une chance de ne pas être malheureuse, c'est d'épouser un homme ayant le double de son âge, faute de jeunes hommes capables de la comprendre, où madame Smith se contente d'être réveillée de temps en temps, à deux ou trois heures du matin par son mari, quand il rentre après avoir soupé chez des demoiselles, et de mettre au monde des enfants nés de l'entrain de ces soupers, où la gastralgie de Carillac finit par épouser la camomille de Rosalie Michon, quant à la philosophie de cette soi-disant comédie, elle a eu son incarnation parfaite dans ce personnage de Stan qui ne revient pas une fois du cercle, la nuit, sans se demander pourquoi il ne va pas se jeter à l'eau au lieu de rentrer chez lui, et qui conclut au célibat, et même au suicide, plutôt qu'au mariage tel qu'on le pratique dans son milieu. Il y a plus qu'on ne croit de ces hommes du monde nés intelligents, spirituels, généreux, sensibles, à qui il n'a manqué qu'un peu de misère, qu'un peu de lutte avec la vie pour devenir des hommes utiles, et développer les forces qu'ils avaient en eux et dont le plaisir s'est emparé. Ils ont le sentiment qu'ils valaient mieux que ce qu'ils font, qu'ils auraient pu être bons à quelque chose, et le regret du « Trop tard » dont ils ont fait leur excuse trop tôt se traduit chez eux par une ironie lugubrement gaie, dissolvante, ne leur faisant pas plus grâce à eux-mêmes qu'aux autres.

Je me rappelle avoir dîné un jour, étant tout jeune homme, chez une personne de mœurs légères qui a laissé un renom dans la haute galanterie vénale. Parmi les convives, tous gens d'esprit d'ailleurs, quelques-uns de mérite, se trouvait le comte G. d. L. T. d. P. Albert, le premier du nom croisé en 1190 lui donnait droit, dans ses armes à la tour d'argent, maçonnée de sable, sur fond de gueules. Il était, avec et même avant Dorsay, un des rois de la mode, comme on disait alors, très joli garçon et le premier cocher de France. On le voyait, tous les jours, aux Champs-Élysées, de quatre à six heures en été, de deux à quatre heures en hiver dans son cabriolet de chez Ehrler, conduisant Alexandre, un grand cheval cap de more qui avait, malgré ses quinze ans, les plus belles actions qu'on pût voir, qu'il menait avec des guides de soie et qu'il a vendu, depuis, 20 000 francs à un petit bossu millionnaire lequel voulait absolument se faire remarquer autrement qu'à pied. Oh! il y a encore des comédies à faire! Le comte avait trente-cinq ans. Il était un des familiers de cette maison facile où se rencontraient d'ailleurs les premiers noms de France, autour d'un publiciste célèbre, très fier de ces rencontres et qui subvenait aux dépenses. Quand, après le dîner, je quittai cette maison, G. d. L. T. d. P. sortit avec moi et nous fîmes route ensemble pendant quelque temps. « Cher monsieur, me dit-il au moment de me quitter, j'ai une grande admiration pour votre père qui me porte quelque amitié. Cette admiration, cette amitié et mon grand âge, car j'ai une quinzaine d'années de plus que vous, m'autorisent-ils à vous donner un bon conseil, bien que j'aie le plaisir et l'honneur de vous voir aujourd'hui pour la première fois ? » J'autorisai le conseil par un sourire et un mouvement de tête. Il reprit : « Vous portez un nom illustre ; vous suivrez peut-être la même carrière que votre père, et nous venons de dîner chez une fille très séduisante et très spirituelle. On voit là des personnages de toutes sortes et vous y pouvez faire d'utiles observations. Faites les observations, mais, quand vous aurez vingt-cinq ans, tâchez que l'on ne vous revoie plus dans cette maison, ni dans d'autres de même spécialité. »

Ce qu'il y avait de gentilhommerie, d'expérience raffinée, aristocratique, un peu hautaine, en même temps que de cordialité, de sollicitude et de protection, dans le ton de ces paroles, je ne saurais l'exprimer. Je répondis cependant : « Mais comment se fait-il, étant d'avis qu'on ne doit plus venir dans ces maisons là quand on a vingt-cinq ans, que vous y veniez encore, vous qui en avez trente-cinq ?

— C'est justement parce que, moi, je suis condamné à y rester que je vous conseille de ne pas y revenir.

Deux ou trois ans après, j'avais écrit le roman de *la Dame aux Camélias* et je suivais le conseil de G. d. L. T. d. P.

Je pensais à lui tout le temps que j'écrivais le rôle de Stan et aussi à ce comte de B***, à qui je devais les premiers renseignements sur *le Demi-monde*, comme je l'ai raconté dans la préface de cette pièce.

La dernière fois que je vis de B*** c'était au Cirque d'Été, à la fin de juillet 1882 ou 1883. J'étais venu à Paris pour les concours du Conservatoire, et, le soir, ayant dîné tout seul dans un restaurant des Champs-Élysées, j'entrai au cirque, où je n'étais pas allé depuis dix ans. En entrant je rencontrai de B... « Tiens, vous voilà ici, me dit-il, il y a bien longtemps que vous n'y êtes venu.

— En effet; mais comment le savez-vous?

— Je vous aurais vu si vous y étiez venu.

— Vous venez donc souvent ici?

— J'y viens tous les jours pendant la saison. Il faut bien aller jusqu'au bout de sa carrière.

Il avait soixante-cinq ou soixante-six ans ! Il attendait encore la mort de sa mère qui devait lui laisser trois ou quatre cent mille livres de rentes. Elle l'a enterré. Elle l'avait toujours eu en aversion, il n'avait jamais su pourquoi. Il m'avait conté cela, dans un de ces moments d'expansion que les hommes comme celui-là ne peuvent pas toujours avoir avec les hommes comme eux. Triste ! triste ! comme dit Stan.

Jusqu'à ce rôle de Stan, Worms paraissait devoir s'en tenir à l'emploi des personnages mélancoliques, dramatiquement passionnés, sombres, fatals, noirs. Moi, qui connaissais bien toutes les ressources de son talent et de sa nature, je rêvais de lui donner un rôle souriant, gai, de belle humeur, de verve acérée et mordante, ce qu'il y a en lui d'observation, de réflexion et par conséquent de tristesse, devant servir de base et de basse aux choses extérieurement folâtres qu'il aurait à dire. Sans aucune indication de ma part, il m'a rendu mes deux modèles comme s'il les eût connus et décalqués. Même élégance, même scepticisme, mêmes regrets intérieurs de n'avoir pas mieux compris la vie, tout en ayant tout ce qu'il fallait pour la bien comprendre ; même lassitude, même découragement, même effroi du vide devant les années à vivre encore.

Je voudrais bien remercier comme ils le méritent les autres artistes qui ont contribué au succès de cette pièce, mais ces éloges successifs prennent l'air un peu ridicule d'une distribution de prix. Le public d'ailleurs ne saurait rien apprendre de moi sur la valeur de mademoiselle Reichemberg, de mademoiselle Pierson, de Coquelin cadet, de Laroche, de Truffier, qui a trouvé moyen de faire sortir un type, presque un caractère des quelques lignes qu'il avait à dire; de mademoiselle Kalb, de Prudhon qui ne paraissait qu'à la fin et dont l'apparition était le danger de la pièce. Il a paré à ce danger en ayant la simplicité et la distinction *sui generis* que devait avoir ce personnage si bien choisi par madame de Riverolles pour avoir le droit de se déclarer coupable et la certitude de rester innocente. Je vivrai peut-être encore assez pour donner aux comédiens que je viens de nommer des rôles nouveaux plus dignes de leur valeur que ceux que je leur ai donnés jusqu'à ce jour. Thiron seul ne me prêtera plus l'appui de sa grande science, de sa composition si large, si fine, si variée, de sa bonne humeur, de sa belle voix claire, sonnant comme l'or sur le marbre et qui faisait tout accepter, même le conte apocryphe et scabreux de Boccace. Je pense très souvent à tous ces comédiens morts, si nombreux aujourd'hui, qui ont mis au service de mes ouvrages leur intelligence, leur talent, leur cœur. J'ai peine à me représenter, dans la rigidité uniforme du sommeil éternellement glacé, tous ces visages que j'ai vus si lumineux, si mobiles, prenant tant d'expressions diverses. Que sont devenues toutes ces âmes en vibration incessante, où tant d'âmes imaginaires ont puisé la vie?

Marly le roi, mai 1892.

APPENDICE

Tandis que je corrigeais les dernières épreuves de ce volume, on m'a donné communication des rapports de la censure qui ont interdit pendant plusieurs mois *la Dame aux Camélias* et *Diane de Lys*, mes deux premières pièces. Il y a trois rapports successifs pour *la Dame aux Camélias* ; il n'y en a que deux pour *Diane de Lys*. Je les transcris tous comme documents intéressants dans l'histoire de la Censure.

THÉATRE DU VAUDEVILLE

LA DAME AUX CAMÉLIAS

Drame en 5 actes et 6 tableaux.

Paris, le 28 août 1851.

Cette pièce est la mise en scène de la vie fiévreuse sans retenue, et sans pudeur de ces femmes galantes sacrifiant tout, même leur santé, aux enivrements du plaisir, du luxe et de la vanité, et finissant parfois, dans leur satiété, par se trouver un cœur, dont elles suivent les entraînements jusqu'aux plus extrêmes excès du dévouement et de l'abnégation de soi-même.

Telle est Marguerite, surnommée la Dame aux camélias, parce qu'elle n'aime et ne porte que cette fleur sans parfum. De simple ouvrière en lingerie elle est parvenue à avoir pour galant protecteur un vieux duc, et pour amant en titre un riche comte dont les libéralités s'élèvent ensemble, et par année, *sans compter les cadeaux étrangers*, à 50 000 francs qu'elle dépense d'autant plus follement que, croyant sa vie atteinte mortellement par un mal inconnu, elle la veut *courte et bonne*.

Au milieu d'une soirée où elle réunit dans son boudoir ses familiers les plus intimes, un nouvel adorateur lui est présenté, c'est Armand Duval, fils d'un receveur général, qui s'est épris pour elle d'une ardente et profonde passion; sa réserve, sa langueur, sa décence excitent d'abord les railleries de la maîtresse du lieu et de son joyeux entourage; mais bientôt, dès les premiers pas d'une scottish, Marguerite s'arrête, saisie par un étouffement subit; une gorgée de sang a rougi son mouchoir; ce n'est rien, elle y est habituée, et, sur son invitation de la laisser seule, ses amis passent indifféremment au salon, *allumer une cigarette*; mais Armand effrayé, pâle lui-même d'émotion et de crainte, reste auprès d'elle, et avec le plus tendre intérêt il lui fait envisager les dangers de la vie dévorante qu'elle mène, la conjure d'y renoncer et de se soigner, s'offrant à la servir comme un frère et promettant de la guérir. Marguerite étonnée ne répond d'abord à son dévouement et à l'aveu de son brûlant amour qu'en l'engageant *à prendre la poste et à se sauver d'elle;* il est trop jeune et trop sensible pour vivre dans un monde comme le sien; avec son bon cœur il a besoin d'être aimé et, elle, *grâce à Dieu, n'a jamais aimé personne*. Ce mot exalte encore plus Armand et Marguerite, par une sorte de pitié, finit par lui dire de *venir la voir et de ne pas trop désespérer*. Ce n'est point assez pour lui; *qu'il demande donc ce qu'il veut et qu'il fasse lui-même sa carte*. Ce qu'il veut, c'est *qu'elle congédie tout le monde et qu'il reste seul avec elle. Ce soir, non, impossible*, mais elle lui donne une fleur de son bouquet, *il la lui rapportera quand elle sera fanée, dans vingt-quatre heures*, et il est minuit, *mais il sera discret, obéissant*. Armand promet tout, et se retire ivre d'espoir et de bonheur. Marguerite songe alors à rejoindre sa société, mais en ouvrant la porte du salon elle trouve sur le seuil un papier où elle lit : *Bonne nuit. Ils ont tout entendu, tout deviné et ils sont partis; eh bien, il ne sera pas dit qu'ils se sont trompés*, et elle ordonne à sa femme de chambre de rappeler M. Duval.

Après quatre jours consécutifs où Armand est *revenu chaque soir à minuit pour ne se retirer qu'à l'heure où partent le matin les gens qu'on aime et qu'on reçoit à minuit,* Marguerite demande à son amant la liberté de cette cinquième nuit ; mais Armand *fou d'amour est déjà jaloux comme un tigre,* il soupçonne qu'elle a quelqu'un à recevoir. « *Non,* mais elle est *fatiguée et ce n'est pas tous les jours ou plutôt toutes les nuits fête. — Jure-moi donc que tu n'attends personne. — Je te jure que je t'aime et que je n'aime que toi, cela te suffit-il ?* » Armand se retire à regret, et le comte *qu'elle a cru aimer aussi* le remplace. Marguerite a rêvé d'aller passer deux ou trois mois à la campagne avec Armand seul à seul ; déjà elle a fait demander 6000 francs au vieux duc qui les lui a envoyés ; elle a besoin encore de 15 000 francs et comme le comte n'est pas en fonds, elle lui demande de lui faire pour 18 000 francs de traites. En ce moment on apporte une lettre ; elle est d'Armand ; en sortant il a aperçu le comte entrer chez Marguerite et renvoyer la voiture ; il lui demande pardon du seul tort qu'il a de n'avoir pas 100 000 francs de rente et lui annonce qu'il quitte Paris à l'instant. *Voilà une bonne nouvelle, mon cher Julien, vous gagnez 18 000 francs à cette lettre, j'étais amoureuse, je voulais te les faire payer, mon pauvre comte, pour pouvoir vivre un peu plus tranquille. — Avec l'autre ? — Oui, allons souper, j'ai besoin de prendre l'air.* Cependant Armand n'est pas parti. Dans son désespoir il a couru chez une amie de Marguerite demeurant dans la même maison, il veut revoir sa perfide, mais cette amie, craignant qu'il ne se fasse une affaire avec le comte, fait prévenir Marguerite (encore à la porte attendant dans sa voiture une pelisse pour se garantir du froid), qu'il faut qu'elle lui parle à l'instant. Celle-ci, remonte et en apprenant qu'Armand est là, elle fait dire au comte qu'elle se trouve indisposée et le congédie. Armand paraît et se précipite à ses pieds. Elle lui rappelle *qu'elle ne s'appartient pas, qu'elle n'a pas un sou de fortune et dépense* 100 000 *francs par an ; il faut prendre les gens comme ils sont et comprendre leur position. Je suis jeune, je suis jolie, je suis bonne fille, vous êtes un garçon d'esprit, prenez de moi ce qu'il y a de bon, laissez ce qu'il y a de mauvais et ne vous occupez pas du reste. J'avais rêvé de passer deux mois à la campagne avec vous, mais pour l'accomplissement de ce rêve j'avais besoin de cet homme. Au bout de ce temps qui aurait suffi à calmer et a éteindre même notre grande passion, car dans notre monde quand une passion a duré deux mois elle a fait tout son temps, nous serions revenus à Paris, nous nous serions donné une bonne poignée de main et nous nous serions fait une bonne amitié des restes de notre amour. Cela t'humilie, ton cœur est un grand seigneur, n'en parlons plus ; tu m'aimes depuis quatre jours, envoie-moi un bijou et que tout soit dit.* Mais Armand n'écoute rien que sa passion, il prie, il conjure, il insiste, et Marguerite subjuguée, transformée cède enfin en s'écriant : *Ne réfléchissons plus, ne raisonnons plus, nous sommes jeunes, nous nous aimons, marchons en suivant notre amour.*

Les deux amants ont passé deux mois à Bougival dans un bonheur toujours croissant; mais le vieux duc et le comte ont à la fois cessé leurs libéralités et Marguerite, qui ne veut pas recourir à la bourse d'Armand, n'a pu suffire à ses dépenses qu'en vendant successivement ses chevaux, sa voiture, ses cachemires et ses bijoux. De plus, ses créanciers n'ayant plus le duc et le comte pour répondants ont exigé leur payement, ils ont saisi les meubles de Paris et s'apprêtent à les faire vendre. D'un autre côté, le père d'Armand a supprimé sa pension de 10 000 francs; Marguerite se dispose à céder à vil prix son riche mobilier et à se retirer avec son amant dans le plus modeste logis, lorsque apparaît M. Duval; il tente d'abord l'effet de son pouvoir paternel sur son fils, ne pouvant en rien obtenir, il s'adresse à Marguerite et finit par arracher à son amour et à son dévouement non seulement qu'elle quitte son amant, mais qu'elle le persuade qu'elle ne l'aime plus. La malheureuse fille consomme ce double sacrifice et pour lui ôter toute incertitude et tout espoir elle accepte les offres d'un de ses riches adorateurs dont elle devient la maîtresse. Mais un si grand effort a épuisé son courage et ses forces : le mal dont dont elle est atteinte fait des progrès rapides, elle est mourante, elle se meurt et bientôt expire dans les bras d'Armand revenu près d'elle plus fou d'amour et dont le pardon à cette heure suprême l'absout et la console.

Cette analyse, quoique fort incomplète sous le double rapport des incidents et des détails scandaleux qui animent l'action, suffira néanmoins pour indiquer tout ce que cette pièce a de choquant au point de vue de la morale et de la pudeur publique. C'est un tableau dans lequel le choix des personnages et la crudité des couleurs dépassent les limites les plus avancées de la tolérance théâtrale. Ce qui ajoute encore à l'inconvenance du sujet et à sa mise en scène, c'est qu'ils ne font que reproduire la vie d'une femme galante, morte récemment, et qui a fourni à un romancier et à un spirituel critique un livre et une biographie devenus populaires et qui expliquent tout ce que certaines situations et certains détails pourraient avoir d'indécis.

Pour ces considérations et d'un avis unanime, nous avons l'honneur de proposer à M. le Ministre de ne point accorder l'autorisation de représenter cette pièce.

THÉATRE DU VAUDEVILLE

LA DAME AUX CAMÉLIAS

Paris, 1ᵉʳ septembre 1851.

M. Bouffé, au nom du directeur du Vaudeville, ayant fait une démarche auprès de nous à l'occasion de la pièce en 5 actes et 6 tableaux, sans couplets, présentée pour ce théâtre sous le titre : *la Dame aux Camélias*, nous a demandé de prendre connaissance d'un nouveau manuscrit de cet ouvrage d'où l'auteur avait, disait-il, fait disparaître les passages qui avaient le plus éveillé la susceptibilité.

Nous n'avons pas cru devoir nous refuser à un nouvel examen. Une seconde lecture de la pièce nous a convaincus qu'elle restait la même quant au fond et aux principaux développements. C'est toujours la même peinture des mœurs et de la vie intime des femmes entretenues. Marguerite continue à prendre des mains du vieux duc et de celles du comte dans la pensée de liquider son passé et de vivre tranquillement quelques mois à la campagne avec Armand qu'elle *aime pour lui-même*; et lorsqu'elle a été amenée à renoncer à cet amant de cœur, elle accepte les offres de fortune de M. de Varville dont elle devient publiquement la maîtresse.

Dans cette situation des choses, nous persistons unanimement dans les considérations des conclusions de notre rapport du 28 août dernier.

THÉATRE DU VAUDEVILLE

LA DAME AUX CAMÉLIAS

Paris, le 1er octobre 1851.

Nous avons reconnu par une troisième et consciencieuse lecture de *la Dame aux Camélias* que de nombreux retranchements ont été opérés sur le manuscrit que nous a renvoyé M. le Ministre. Mais nous sommes convaincus, en même temps, que cette suppression de détails plus ou moins choquants laisse subsister les inconvénients que nous avions signalés, quant au fond de l'ouvrage, dans nos rapports du 28 août et du 1er septembre derniers.

Deux tableaux, il est vrai, ont été fondus en un seul ; mais ce travail, ainsi que les autres retranchements, n'ont rien changé à la portée générale de la pièce. Elle a été raccourcie et non refaite. Le drame reste le même comme point de départ, incidents, mœurs et caractères des personnages.

En conséquence, et tout en regrettant le devoir qui est imposé, nous croyons devoir persister dans nos conclusions des rapports qui précèdent.

THÉATRE DU GYMNASE-DRAMATIQUE

DIANE DE LYS

Drame en 5 actes.

Paris, le 10 janvier 1853.

Acte premier. — Le peintre Paul Aubry travaille à un tableau pour lequel il fait poser Aurore, qui est à la fois son modèle et sa maîtresse. Le baron Maximilien de Ternon vient le prier de lui prêter son atelier pour y recevoir en secret une femme. Paul consent et Maximilien se retire.

Bientôt arrive la visiteuse anoncée; c'est une grande dame, la marquise Diane de Lys, elle est accompagnée de madame Marceline Delaunay, son amie. Elle lui explique qu'elle accepte le rendez-vous de Maximilien parce qu'ils se sont aimés dans leur première jeunesse et qu'il a peut-être un service à réclamer d'elle. Il n'en est rien. Maximilien veut renouer avec la marquise ; mais elle repousse sa déclaration, parce qu'on ne recommence pas des amours d'enfant. Le jeune homme se résigne et sort en soupirant. Diane le suit peu d'instants après, en oubliant sur un bahut une bague qu'elle venait de quitter pour mettre ses gants.

Après leur départ, Paul descend pour fermer les portes de l'atelier ; quand il remonte, Aurore l'embrasse sur les marches de la chambre à coucher où elle entre avec lui.

Acte deuxième. — Nous sommes chez la marquise, elle montre à un de ses intimes, le duc d'Edolly, un tableau de Paul Aubry qu'elle a fait acheter. Le marquis de Lys vient prendre congé de sa femme ; il part pour une de ses terres où il va chasser pendant un mois. Témoin de l'indifférence réciproque des deux époux, le duc conseille l'amour à la marquise, et lui offre le sien qui n'est pas repoussé.

Cependant Marceline fait à Diane de douces remontrances sur ses légèretés. La comtesse, sœur du marquis de Lys, vient de son côté lui reprocher durement les mêmes inconséquences. Mais ces avis ne font qu'irriter la marquise, et Maximilien la trouve dans cette disposition d'esprit où une femme de son caractère est bien près d'un coup de tête. Il lui raconte d'abord qu'il s'est consolé de son échec auprès d'elle avec une danseuse ; ensuite que la visite qu'elle a faite à l'atelier de Paul a eu pour conséquence la rupture de celui-ci avec Aurore ; mais il est pressé, il se rend à l'Opéra avec ce même Paul qui l'attend dans la rue ; il offre à la marquise de le lui présenter et ne lui donne pas le temps de refuser.

Resté seul avec celle-ci, le jeune peintre reconnaît la bague oubliée dans son atelier. Grande scène d'explication. Provoqué à la franchise par Diane, Paul lui dit quels bruits fâcheux courent sur son compte à cause des inconséquences qu'elle commet à tout propos. La jeune femme, touchée jusqu'aux larmes, lui demande son amitié et ses conseils, elle se place en quelque sorte sous sa tutelle et lui impose *la responsabilité de sa vie*. Après cette dangereuse conversation, le peintre et la marquise se quittent, déjà épris l'un de l'autre.

Acte troisième. — Quelques semaines se sont écoulées ; la marquise se livre avec passion aux douceurs de son intimité avec Paul. Ni les prières de Marceline, ni les sévères remontrances de la comtesse, sa belle-sœur, rien ne peut l'arrêter; elle va juqu'à vouloir présenter Paul à la princesse de Riven au milieu d'un bal donné par celle-ci; elle prétend y braver l'opinion du monde au bras de l'homme qu'elle aime. Paul, plus raisonnable, retient Diane et la décide à renoncer à son projet, en lui demandant de passer la soirée dans le charme d'un tête-à-tête.

Tout à coup une chaise de poste se fait entendre, c'est le marquis qui arrive. Prévenu par la comtesse, il vient chercher sa femme pour l'emmener en Allemagne. Scène violente entre les deux époux. Le marquis se montre prêt à employer la force; la marquise déclare qu'elle va appeler Paul Aubry à son secours. Le mari cède devant un déshonneur qu'il voulait ignorer; il dit à Diane qu'il va la conduire auprès de son père et qu'il se séparera d'elle pour toujours.

Acte quatrième. — Nous retrouvons les deux époux à Lyon, ils se rendent à Marseille où demeure le père de Diane. Mais ce voyage a modifié les sentiments du marquis; il convient qu'il a trop négligé sa femme et il lui offre de tout pardonner. La marquise refuse.

Cependant Marceline et le duc d'Edolly se présentent; l'une vient lui apprendre qu'elle a décidé Paul à renoncer à ce fatal amour qui les perdrait tous deux. L'autre, au contraire, amène Paul lui-même. La passion des deux amants se rallume plus ardente que jamais.

Vous êtes ma femme devant Dieu, s'écrie Paul, *partons!* — *Quand partons-nous?* dit le marquis en se montrant. Après cette parole, il s'empare de sa femme, chasse Paul et le prévient qu'il le tuera, s'il le retrouve sur son chemin.

Acte cinquième. — Paul est à la veille de se marier; il a cédé aux bons conseils de ses amis, mais il a renoncé avec peine à la marquise, quoiqu'elle n'ait répondu à aucune de ses lettres. Une dernière preuve d'oubli achève de le décider. Maximilien lui montre une lettre de la marquise dans laquelle elle parle de son bonheur avec son mari. Mais des pas précipités se font entendre, c'est Diane. Reproches de Paul, explications de la marquise ; tout, jusqu'à la lettre qu'il vient de lire, n'était qu'une feinte de celle-ci pour tromper son mari et lui échapper. La voilà libre enfin ; elle pourra ne plus le quitter.

La porte s'ouvre ; un coup de pistolet part ; Paul chancelle et tombe mortellement atteint par le marquis.

Cette analyse, quoique d'une fidélité scrupuleuse, ne pourrait donner qu'une incomplète idée de la dangereuse portée du drame *Diane de Lys*, si nous ne fixions en quelques mots le caractère, les mœurs et le langage de ses principaux personnages.

La marquise, dit l'auteur dès le premier acte, *est le type de ces grandes dames qui ne jettent pas leur bonnet par-dessus les moulins, mais qui les saluent bien un peu quand elle les voient.* Sa coquetterie, son désœuvrement, ses imprudences et son caractère emporté la livrent bientôt à toutes les violences d'une passion partagée. Les développements de cet amour ne sont pas autre chose qu'une longue justification d'un adultère légitimé, en quelque sorte, par un mariage mal assorti. *N'ayant pas trouvé le bonheur dans son ménage*, la marquise dit *qu'il lui a fallu le demander à d'autres impressions. C'est Dieu*, ajoute-t-elle ailleurs, *qui lui a envoyé l'homme qu'elle aime*, donc rien ne l'arrête ni la conscience, ni son enfant (elle est mère !), ni le pardon de son mari, ni même l'oubli de Paul. Elle poursuit sans relâche, et jusqu'au dernier moment, la satisfaction d'un amour qui ne lui cause ni hésitation ni remords.

Paul, quoique plus calme, la suit dans cette voie ; mais il semble plutôt dominé que séduit, ce qui rend encore plus odieux le caractère de la marquise.

La modération du mari tend à produire la même impression contre sa femme.

Deux personnages seulement semblent destinés par l'auteur à représenter le côté moral dans son drame; c'est Marceline et la comtesse. La première avoue qu'elle n'est honnête femme que parce qu'elle est heureuse. *S'il n'y avait que moi pour te blâmer,* dit-elle à son amie, *peut-être à force de t'entendre, je me laisserais convaincre, et je t'absoudrais. Ma vertu vient de mon bonheur et n'a pas le droit d'être sévère.*

La seconde (la comtesse) *est une de ces femmes qui ont passé vingt ans de leur vie à rembourer le fossé où devait tomber leur vertu et qui, furieuses d'être encore sur le bord à attendre qu'on les pousse, font de leur vertu forcée une morale injuste et acariâtre à l'usage des jeunes femmes.*

Quant aux autres personnages, ils vivent dans un milieu de la plus naïve immoralité, sans même avoir la passion pour excuse.

Maximilien fait la cour à la marquise; repoussé, il se rejette sur une danseuse et conseille à Paul de prendre Diane pour maîtresse.

Le duc d'Edolly n'ayant pu, lui aussi, obtenir les faveurs de la marquise, se dévoue au bonheur des amours de la jeune femme et lui amène son amant après avoir tout préparé pour un enlèvement.

De pareilles mœurs sont présentées comme la fidèle peinture de la vie du grand monde. L'opinion de Boursac, un des personnages épisodiques de la pièce, est que *toutes les grandes dames trompent leur mari.* — *Toutes?* lui dit M. de Lussieu. — *Toutes,* reprend Boursac, *excepté les femmes veuves.*

Ce drame est écrit tout entier sur ce ton; quand la passion n'y prêche pas l'adultère, le vice élégant y raconte son immoralité.

Les dangers que pourrait présenter à la scène un ouvrage de cette nature, nous ont paru de trois sortes :

Il atteint la famille, en attaquant les devoirs du mariage.

En peignant sous de fausses couleurs les mœurs du grand monde, il fournit un texte aux déclamations contre les classes élevées de la société.

Enfin, il fait revivre sur la scène ces théories corruptrices qui avaient envahi le drame et le roman modernes après 1830.

En conséquence, *et à l'unanimité*, nous ne croyons pas pouvoir proposer l'autorisation de cet ouvrage.

Ont signé :

A. DE BEAUFORT,
PELLISSIER,
FLORENT,
DE MEYNARD,
ÉMILIEN PACINI.

Approuvé :

F. DE PÉRSIGNY.

THÉATRE DU GYMNASE-DRAMATIQUE

DIANE DE LYS

Drame en 5 actes.

Paris, le 14 novembre 1853.

Sur les conclusions d'un rapport en date du 10 janvier dernier, M. le Ministre n'a point autorisé la représentation de *Diane de Lys*. L'auteur, ayant remanié son œuvre, a demandé un nouvel examen. Les modifications ont été capitales, elles ont porté sur les principales situations qui nous avaient paru rendre sa pièce inadmissible.

La comtesse (c'est le même personnage que la marquise de la première version, c'est-à-dire Diane de Lys), n'est plus présentée comme le type des grandes dames, mais au contraire comme une exception qui n'entraîne (ni comparaison, ni solidarité avec les femmes du monde cela ressort de l'ensemble du caractère de Diane et est particulièrement établi dans la scène III du premier acte); de plus, elle n'a pas d'enfant et l'auteur a supprimé tous les passages où elle semblait, par des théories générales, vouloir justifier sa passion adultère.

Ce personnage est devenu une sorte de Phèdre pour laquelle l'ennui, le délaissement et le désir de l'inconnu ont remplacé la fatalité antique; elle poursuit un but qu'elle n'atteint jamais, et, en définitive, elle est cruellement punie d'avoir méconnu les lois de la morale et même les convenances de la société où elle vit.

Sans nous faire illusion sur les inconvénients qui peuvent résulter d'une pareille création, nous pensons que des précédents et les libertés du théâtre la rendent admissible.

Les personnages qui l'entourent ont d'ailleurs subi des modifications qui atténuent la première version.

Le rôle de Paul est tout à fait dominé par celui du comte de Lys. Le mari donne de cruelles leçons au séducteur, et au dénouement il le tue.

Marceline, l'honnête femme, amie de Diane, reste à l'égard de celle-ci dans les termes d'une amitié qui ne transige plus avec les sévérités du devoir.

La marquise (c'était la baronne dans le premier manuscrit), a cessé d'être odieuse pour n'être plus que ridicule.

Le rôle de Maximilien a été affaibli dans ses parties les plus excentriques.

Le duc d'Edolly (maintenant duc de Riva), restreint les complaisances de son amitié envers Paul et Diane à des services avouables.

Enfin, de nombreuses modifications de détail, soit dans les situations, soit dans le dialogue, ont mis le ton général de l'ouvrage en harmonie avec les changements que nous venons de signaler.

Tel qu'il est aujourd'hui, ce drame ne nous semble pas dépasser les bornes de ce qui est admis sur la scène.

En conséquence nous proposons que la représentation en soit autorisée.

Ont signé :

A. DE BEAUFORT, PELLISSIER, FLORENT, ÉMILIEN PACINI.

Ce second rapport dont je ne connaissais pas les termes quand j'ai écrit la préface de *Diane de Lys*, démontre ce que je disais dans cette préface, que cette pièce avait été défendue pour des raisons particulières, n'ayant aucun rapport avec la littérature et la morale. Ces raisons n'existant plus ou ayant vieilli, la pièce a été autorisée, sans qu'aucune modification de fond ait été opérée. Rien que des changements insignifiants de détails. Il sera facile de s'en convaincre si on lit la pièce après avoir lu ce second rapport; on y retrouve toutes les parties incriminées dans le premier. Seulement la censure qui recevait l'ordre de laisser jouer, ne pouvait pas faire autrement, pour l'honneur, que d'attribuer sa décision nouvelle à des concessions que l'auteur aurait faites.

TABLE

LA PRINCESSE DE BAGDAD............................... 1
    Notes 87
DENISE 103
    Notes 247
FRANCILLON... 257
    Notes 395
APPENDICE.. 413
Rapports de la Censure sur *la Dame aux Camélias*... 415
Rapports de la Censure sur *Diane de Lys*........... 428

ÉMILE COLIN — IMPRIMERIE DE LAGNY

www.ingramcontent.com/pod-product-compliance
Lightning Source LLC
Chambersburg PA
CBHW050915230426
43666CB00010B/2175